高等职业教育财经商贸类专业系列教材

消费心理学

第2版

主　编　李　南　蒋怡康
副主编　刘燕萍　吕玉玲
参　编　黎秋蓉　李洁婷　余　静

本书依据国家教育部门相关要求，按照培养高等职业教育财经商贸类专业人才要求而编写。本书从消费者心理学的基础理论入手，在阐述理论的同时，结合教学案例及课后实践活动，强化了理论与实践的联系，突出了消费心理学在市场营销等经济活动中的重要作用及影响。本书主要内容包括绪论，消费者的心理活动过程，消费者的个性心理，消费者需要、动机与购买行为，消费群体与消费心理，社会环境与消费心理，产品策略与消费心理，价格策略与消费心理，促销策略与消费心理，销售服务策略与消费心理，网络营销与消费心理等。本书在各模块设计了若干案例任务，每个模块后配以案例分析、练习题、实训项目等内容，以帮助学生进一步巩固对所学基础理论知识的掌握，注重灵活运用。

本书既可作为高等职业院校、高等专科院校、应用型本科院校、成人高校经管类相关专业的教材，也可供消费者个人作为资料进行学习参考。

图书在版编目（CIP）数据

消费心理学 / 李南，蒋怡康主编. -- 2版. -- 北京：机械工业出版社，2024.7（2025.2重印）. --（高等职业教育财经商贸类专业系列教材）. --ISBN 978-7-111-76034-4

Ⅰ．F713.55

中国国家版本馆CIP数据核字第2024D4T491号

机械工业出版社（北京市百万庄大街22号　邮政编码100037）
策划编辑：孔文梅　　　　　责任编辑：孔文梅　董宇佳
责任校对：龚思文　梁　静　　封面设计：鞠　杨
责任印制：张　博
北京建宏印刷有限公司印刷
2025年2月第2版第2次印刷
184mm×260mm・14.5印张・312千字
标准书号：ISBN 978-7-111-76034-4
定价：48.50元

电话服务　　　　　　　　　网络服务
客服电话：010-88361066　　机　工　官　网：www.cmpbook.com
　　　　　010-88379833　　机　工　官　博：weibo.com/cmp1952
　　　　　010-68326294　　金　书　网：www.golden-book.com
封底无防伪标均为盗版　机工教育服务网：www.cmpedu.com

前言

随着经济发展和产业结构的升级，消费市场日益繁荣，消费者的需求和心理也日益多样化和个性化。作为一门研究消费者心理和行为的学科，对于帮助学生了解消费者需求、掌握市场策略、提高职业素养等方面具有非常重要的意义。

为响应党的二十大报告中"统筹职业教育、高等教育、继续教育协同创新，推进职普融通、产教融合、科教融汇，优化职业教育类型定位"的职业教育发展方向，我们结合培养高等职业教育财经商贸类专业课程的特色以及人才要求编写了本书。

本书对标市场营销工作岗位中对消费心理学的要求，基于实际销售中消费者心理与行为的研究，结合营销策略，从消费者对产品或服务的认知、态度、情感和行为等方面设计了十一个模块内容，包括：绪论，消费者的心理活动过程，消费者的个性心理，消费者需要、动机与购买行为，消费群体与消费心理，社会环境与消费心理，产品策略与消费心理，价格策略与消费心理，促销策略与消费心理，销售服务策略与消费心理，网络营销与消费心理。

本书在编写过程中，主要遵循以下原则：

1. 理论阐述原则

本书以心理学为基础，从消费心理学理论知识入手进行阐述，并分别从不同角度深入研究消费心理学的相关理论，与此同时将营销专业其他理论知识交叉渗透于其中。

2. 融会贯通原则

在编写过程中，本书巧妙地将消费心理与市场营销活动相联系，再进行纵向深入的阐述，注重心理学和市场营销学理论的融会贯通，使学生在学习过程中灵活掌握和运用营销各个专业学科的知识。

3. 实际运用原则

本书将消费心理研究与市场营销策略实践合理结合起来，通过形象生动的案例展示来强调理论在实践中的运用，更易于学生的理解，加深对所学内容的印象。

编写时，本书通过循序渐进、通俗易懂、内容新颖的阐述方式，帮助学生在学习过程中打下扎实的基础，深入了解消费者心理和市场规律，掌握相关的理论知识和实践技能，以适应市场需求和职业发展的需要。为培养应用型人才，本书更加注重理论原理在实践中的灵活运用，力求理论阐述通俗易懂，便于学生掌握。每一模块开始前设置"学习目标"和"导入情景"，明确模块学习重难点，激发学生学习兴趣。模块结束后设置"模块小结""练习题"和"实训项目"，归纳总结知识点，检验学习效果，培养学生的创新能力和实践能力，提高学生思维能力。同时，将社会主义核心价值观融入模块内容和案例中，引导学生树立正确的价值观和道德观念。

本书由云南交通职业技术学院经济管理学院的教师编写，其中李南、蒋怡康任主编，刘燕萍、吕玉玲任副主编，黎秋蓉、李洁婷、余静参加编写。

　　为方便教学，本书配备了电子课件、习题答案等配套资源。凡选用本书作为教材的教师均可登录机械工业出版社教育服务网www.cmpedu.com免费下载。如有问题请致电010-88379375，服务QQ：945379158。

　　在本书的编写过程中，编者参考了国内外同类教材以及相关著作和资料，在此向相关作者表示衷心的感谢！

　　由于编者水平有限，书中难免存在不足之处，敬请读者批评指正。

编　者

QR Code Index
二维码索引

序号	名称	二维码	页码	序号	名称	二维码	页码
1	消费心理与消费心理学		4	10	女性的消费心理		89
2	消费心理学的研究方法		6	11	参照群体的概述		92
3	感觉和知觉		16	12	文化与亚文化		100
4	拒绝购买态度的转化		30	13	家庭生命周期与消费心理		113
5	气质对消费者行为的影响		39	14	商品品牌与消费心理		127
6	不同的性格类型对消费者行为的影响		44	15	产品生命周期		131
7	购买动机的诱导		66	16	新产品定价策略		148
8	消费者购买决策过程		73	17	商品调价的心理策略		156
9	老年消费群体的消费心理		87	18	人员推销		166

（续）

序号	名称	二维码	页码	序号	名称	二维码	页码
19	公共关系		178	22	影响网络消费的心理因素		217
20	售前服务的消费心理策略		196	23	网络营销的心理策略		218
21	售后服务的消费心理策略		201				

目录

前言
二维码索引

模块一　绪论　1
    单元一　消费心理学的基本概念　2
    单元二　消费心理学的研究对象和方法　5
    单元三　消费心理学的产生与发展　10
    模块小结　13
    练习题　13
    实训项目　14

模块二　消费者的心理活动过程　15
    单元一　消费者的认识过程　16
    单元二　消费者的情感过程　22
    单元三　消费者的意志过程　25
    单元四　消费者的态度　29
    模块小结　33
    练习题　33
    实训项目　34

模块三　消费者的个性心理　35
    单元一　消费者的气质　37
    单元二　消费者的性格　41
    单元三　消费者的能力　45
    单元四　消费者的兴趣　49
    模块小结　53
    练习题　53
    实训项目　54

模块四　消费者需要、动机与购买行为　55
    单元一　消费者需要　56
    单元二　消费者购买动机　62
    单元三　消费者购买行为分析　67

    模块小结　75
    练习题　76
    实训项目　77

模块五　消费群体与消费心理　79
    单元一　消费群体概述　81
    单元二　年龄群体对消费心理的影响　83
    单元三　性别群体对消费心理的影响　88
    单元四　参照群体对消费心理的影响　92
    模块小结　96
    练习题　96
    实训项目　97

模块六　社会环境与消费心理　99
    单元一　文化环境与消费心理　100
    单元二　经济环境与消费心理　106
    单元三　社会阶层与消费心理　109
    单元四　家庭与消费心理　112
    模块小结　117
    练习题　117
    实训项目　118

模块七　产品策略与消费心理　119
    单元一　商品命名、包装设计与消费心理　121
    单元二　商品品牌、商标与消费心理　127
    单元三　产品生命周期与消费心理　131
    模块小结　136
    练习题　136
    实训项目　138

模块八　价格策略与消费心理　139

单元一　价格的心理功能　140
单元二　消费者的价格心理　143
单元三　制定价格的心理策略　148
单元四　调整价格的心理策略　155
模块小结　160
练习题　160
实训项目　161

模块九　促销策略与消费心理　163

单元一　促销与促销组合　164
单元二　促销组合与消费心理　166
单元三　整合营销沟通与消费心理　180
模块小结　185
练习题　185
实训项目　186

模块十　销售服务策略与消费心理　187

单元一　销售服务的概念　188
单元二　售前服务与消费心理　191
单元三　售中服务与消费心理　198
单元四　售后服务与消费心理　201
模块小结　205
练习题　205
实训项目　206

模块十一　网络营销与消费心理　207

单元一　网络营销概述　208
单元二　网络营销心理因素分析　213
单元三　网络营销的心理策略　218
模块小结　220
练习题　220
实训项目　221

参考文献　222

模块一

绪论

学习目标

【知识目标】
- 理解消费心理学的基本概念。
- 掌握消费心理学的研究方法。

【能力目标】
- 能够深入理解消费心理学的研究对象,并结合消费者的实际情况进行精准分析与应用。
- 能够运用消费心理学的相关知识来优化营销策略,提升营销效果。

【素养目标】
- 基于市场营销"以顾客为中心"的出发点,树立正确的职业道德和价值观。
- 能够站在消费者的角度思考问题,理解并尊重消费者的需求和感受,形成用户至上的职业理念。

> **导入情景**
>
> ABC商务贸易有限公司（简称ABC公司）是一家经营服装、家居和食品的公司。王小小是ABC公司销售部门的新进员工，因目前ABC公司计划将业务拓展到新城市，需要配备新的销售人员到岗来满足新城市新门店的销售需求，王小小是其中之一。为了提高销售能力，保证服务品质，并能够最大程度增加销售额，创造更好的经济效益，ABC公司开办了一系列的销售能力提升培训，希望新进员工在接受完整的培训之后能尽快适应新门店的销售工作。
>
> 要想服务好消费者，需要对消费者心理有足够的认识，因此由销售部的赵丽丽做王小小的指导老师，从理论和实践两个角度展开针对消费者心理的培训。
>
> 赵导师："了解消费心理学的基本概念是掌握消费心理学研究方法的前提。要结合消费者的实际情况，理解消费心理学的研究对象，首先应该知道什么是消费心理学。"
>
> 王小小："就是消费者为什么想要消费的心理对吧？"
>
> 赵导师："说到了一个点上，但并不完全。你需要先了解一下消费心理学的概念、发展历程以及原则和意义，这样才能让自己更好地理解什么是消费心理学。"
>
> 王小小："好的！"
>
> 赵导师："那我们就开始进行学习吧！"
>
> 【引入问题】
>
> 为什么要研究消费心理学？

单元一　消费心理学的基本概念

一、消费的相关概念

1. 消费

消费是社会再生产过程中的最终环节。它是人们为了满足生产和生活需要而消耗物质财富的一种经济行为。

消费有广义和狭义之分。广义的消费包括生产消费和生活消费两部分：生产消费指物质资料生产过程中的生产资料和劳动力的使用和消耗；生活消费是指人们把生产出来的物质资料和精神产品用于满足个人生活需要的行为和过程。狭义的消费仅指生活消费。本书所提及的消费是指狭义的消费，即生活消费，因此对消费心理学的讨论和研究也是从狭义的范畴来进行的。

2. 消费者

（1）消费者的定义。国际标准化组织（ISO）认为，消费者是以个人消费为目的而购买使用商品和服务的个体社会成员。也就是说，消费者是产品或服务的直接使用者。

消费者与生产者和销售者的定义是不同的：消费者是产品和服务的最终使用者，其购买产品或服务的最终目的是满足最终个人或家庭需要；而生产者和销售者不是产品或服务的最终使用者，他们购买产品或服务的目的是进行生产和销售。因此，购买产品或服务的最终目的是判断消费者的最主要特征。

（2）消费者的角色。消费者在消费过程中可根据消费心理学的规律分为不同的消费角色：提议者、影响者、决策者、购买者和使用者。例如，为了接送女儿方便，妈妈提议为女儿买一块电话手表，妈妈的同事推荐了某品牌的电话手表，妈妈和爸爸商量后决定去商店购买，爸爸在周末去专卖店挑选并买回了电话手表，星期一的时候女儿开始使用它。在这个案例中，妈妈是消费的提议者，妈妈的同事是消费的影响者，妈妈和爸爸是消费的决策者，爸爸是购买者，女儿是使用者，所有参与消费的人构成了电话手表的"消费者"。

3. 消费品

消费品是指那些由最终消费者购买并用于个人消费的产品。商品和消费品是两个不同的概念，商品的概念更为广泛，商品只有置身于流通领域时，才能称之为消费品。消费者在其一生中将会消费很多的物质或非物质产品，无论是出于基本生存需要，还是为了获得精神上的满足，所有这些消费的对象都称之为消费品。它们包括有形的物品和无形的服务。

营销人员根据消费者购买消费品的特点，将消费品划分为便利品、选购品、特殊品和非渴求品。

（1）便利品。便利品就是方便消费者购买的商品，消费者对此类商品的购买频率较高，而且经常反复购买，在购买时不需要花费太多时间考虑和挑选，最常见的就是日用品。

（2）选购品。消费者在购买此类商品时，对商品的性能、价格、质量、款式等需要进行反复比较和权衡，如家具、家用电器、汽车等。消费者对选购品的购买总是谨慎考虑，此时，销售人员给出的商品信息及服务对消费者会产生一定帮助。

（3）特殊品。此类商品的用途比较特殊，具有自身的特色，或者对消费者具有特殊的意义，在某些特定时间、地点才会用到，如古玩、字画、婚戒等。

（4）非渴求品。此类消费品是消费者不熟悉也不感兴趣，缺乏购买欲望的商品。

◆ **课堂讨论**

你是否同意"消费者就是产品和服务的使用者"这一观点呢？

二、消费心理与消费心理学

（一）消费心理

消费心理与消费心理学

消费心理是消费者在寻找、选择、购买、使用、评估和处置与自身相关的产品和服务时所产生的心理活动。消费心理支配着消费者的各种消费行为，例如，"买什么？何时买？在哪里买？"等等，这些都是消费者做出的心理反应，也是消费者决策过程的体现。

在购买决策过程，消费者的心理活动无时无刻不在进行，消费者的一言一行、表情、举止等都是消费者内心活动的反应。

消费者在进行消费活动过程中，大致表现出四种消费心理：从众心理、求异心理、攀比心理、求实心理。下面以购买汽车为例。

（1）从众心理——大多数人买什么品牌、什么价位的车，我就买一样的车。

（2）求异心理——大多数人买的我都看不上，我就是要买一台和大家不一样的车。

（3）攀比心理——我只买最新款，要比其他人的更好。

（4）求实心理——性价比高、经济实惠、实用性强的车型，能基本满足我的使用需求即可。

（二）消费心理学

1. 消费心理学的定义

消费心理学是心理学的一个重要分支，它是研究消费者在消费活动中的心理现象和行为规律的一门学科。

2. 消费心理学的内涵

在我们的日常生活中，几乎每天都离不开消费，每一个社会成员都扮演着消费者的角色。在消费过程中，消费者的行为由消费者的内心活动所支配，从需求的产生到购买后的感受，其间所有的内心活动都对消费的结果有着重要的影响。消费过程中的内心活动又会因为消费者个体的差别，产生不同的情感体验，这些都是消费心理学需要去研究的基本规律。消费心理学既是与其他营销学科相辅相成、交叉渗透的营销学重要组成部分，又是一门侧重于从心理学的角度来研究消费行为，自成体系的独立学科。

// 案例任务 1-1

珠宝的魅力

ABC 珠宝公司的项目部新开发了一款叫作"唯一"的 App，主要功能是让网友在提供的 1000 种不同元件中自行进行选择和搭配来设计自己喜欢的手链或手环。每位消费者都可以选择自己喜欢的基础手链或手环款式，然后再以元件进行装饰，最后还可以给亲手设计的手链或手环起一个浪漫的名字，最终每位消费者都可以享有一个只属于自己的唯一的手链或手环，并且可以通过 App 的图片链接跟朋友们分享自己的设计，或者是在微博、抖音、小红书等平台进行分享。因为这个 App，公司的珠宝销量上了一个层级，同时通过不同平台的分享吸引到了大批量的新顾客。

请思考： 如何从消费者心理的角度对这一案例进行分析？

单元二　消费心理学的研究对象和方法

一、消费心理学的研究对象

消费心理学作为一门多学科融会贯通、交叉渗透的学科，涉及心理学、市场营销学、经济学、广告学等学科。

对消费心理学的研究，是围绕企业的市场营销活动展开的。消费者的需求是企业进行市场营销的出发点。在消费心理的作用下，消费者产生了相应的需要和动机，进而促成最终的购买行为。因此，消费心理学是研究市场营销学的一门重要的基础学科，是市场营销决策的重要依据。在研究消费心理学时，应将以下几个方面作为重点。

（一）研究市场营销活动中消费者的心理现象

一方面，消费者在市场中的需求不尽相同，这主要源于消费者的个性特征、生活环境、文化程度、社会阶层、职业、收入等因素对消费者的心理活动产生的影响。另一方面，市场营销策略的调整也会起到引导消费者消费的作用，导致消费者购买行为的产生。

营销者在对消费者心理深入研究的基础上，在营销活动中，通过各种措施调动消费者的购买欲望，采用对其更有吸引力的促销手段，尽可能促成消费者的购买行为。

（二）研究消费过程中消费者的心理活动过程

消费者的消费行为受心理活动的支配，消费者的心理活动是包括了从产生需求到形成购后评价的一个完整的过程。在这一过程中，消费者所经历的每一个环节的心理活动都体现出消费者不同的心理特征，这些心理特征又会对消费者的行为起到影响和制约作用。营销者需要对消费者在购买过程中的行为反应进行研究，从消费者内心活动分析入手，更好地理解消费者的购买行为，正确处理消费者在购买过程中可能遇到的利益冲突，使消费者的需求得到满足。

（三）研究消费者心理活动的一般规律

在消费者购买行为过程中，相同或相近群体的消费者会表现出一些共同的心理倾向，这些心理倾向通常具有明显的消费者个性心理特征。营销者在市场中通过对共同消费群体心理特征的分析，可以把握这部分群体在一定环境和条件下所表现出来的一般心理规律。从心理学的角度来分析消费者心理活动的规律性，如感觉、知觉、记忆、想象等心理活动，可以发现同一消费群体的共同心理倾向、特点，找到不同群体之间的差异，把握消费者心理活动的一般规律，从而更有针对性地确定营销目标及开展营销活动。

二、消费心理学的研究方法

消费心理学的研究方法很多，为了提高研究的有效性，一般在研究消费心理学时经常使用的方法有以下几种。

消费心理学的研究方法

（一）观察法

观察法是消费心理学研究中最基本的一种研究方法，也是最简便易行的一种方法。在操作过程中，观察者在很自然的状态下，按照计划，有目的、有原则地对消费者的行为、表情、语言进行观察，并将其记录下来，再对记录的资料进行分析，研究消费者的心理活动规律。

观察法最常见的形式就是调研人员直接到现场进行观察，在被观察者未察觉的前提下，通过观察，记录下被观察者的基本情况。例如，为了了解商场的消费者流量，观察并记录进出商场的消费者人数；为了了解消费者对柜台陈列商品的关注度，观察消费者在柜台前停留的时间、行为反应，等等。

观察法的优点是直观、真实，因为是在被观察者未察觉的情况下开展的研究，消费者没有受到干扰和影响，是消费者心理状态的一种自然流露，所以通过观察所记录的资料比较符合实际情况。但是，这种方法也有不足之处，如果被观察者当时正处于不稳定的心理状态，表现出的行为是一种偶然现象，那么记录的资料就不够准确，不能真实反映规律性的事实，从而影响研究的结果。

（二）调查法

调查法也是消费心理学研究中比较常见的一种方法。营销者根据自身的经营活动，通过不同形式的方式和手段，从消费者那里收集相关信息资料，随后进行整理和分析，对消费者的心理活动开展研究，并找到规律，得出结论。

调查法的主要形式有问卷调查和访谈两种。

1. 问卷调查

问卷调查是营销活动中经常采用的一种收集信息的方法。研究者事先根据所需研究的问题，整理设计出调查问卷，再由调查人员以各种方式将问卷发放给调查对象。调查人员待调查对象完成问卷再收回，并对问卷反映的内容进行汇总分析。

采用问卷调查，可以根据调查者的需要设计具体问题，使收集到的信息更具有针对性；通过问卷的方式，可以扩大调查范围，可以在不同的市场同时进行调查，提高调查的速度，也比较节省时间和费用。但是，问卷调查主要是文字信息的收集，调查人员与调查对象之间的正面沟通不够，缺少感情交流。

问卷调查法通常在市场范围较大时效果比较好，在统计分析调查结果时也比较简单易行。

2. 访谈

访谈是调查法的另外一种常见的形式。调查人员通过与受访者的直接交流，了解对方的心理状态。这种方法更能体现口头信息沟通和人际交流的特点，更具有人情味。通常情况下，可以采取面对面访谈和电话访谈。

面对面访谈是最直接的，调查人员和被访者在面对面的状态下直接交流，调查人员可以一边提问一边观察对方的表情神态及动作和反应，更为直观地了解分析被访者的心理状态。但是这种访谈法因地点和人员的限制，无法展开普遍调查，调查成本也相对较高。

还有一种形式是电话访谈，调查人员和被访者借助电话进行沟通，一般是调查人员在事先安排好问题的情况下，随机拨通被访者电话进行访问。与面对面访谈相比，电话访谈更为简便，但无法与被访者面对面交流，只能听声音，不能观察到对方。

（三）实验法

实验法是在特定的环境中，事先设置好一定的条件，对消费者心理活动进行分析研究的方法。在实验法中，研究者为了达到研究的效果，对消费者进行有计划、有目的的影响和干扰。常见的实验法有自然实验法和实验室实验法。

1. 自然实验法

研究者在自然的销售环境中，创造出利于研究的条件，给消费者以适当诱导，完成实验过程，得出研究结果。这种方法是在自然环境中完成研究，所获得的资料比较准确。在实验研究中，自然实验法比较常见。

2. 实验室实验法

研究者借助专门的实验设备，在特定的实验空间中，通过严格的控制来研究消费者心理活动。这种研究方法主要受研究设备的限制，只能在某些领域进行消费者心理的研究，所以应用的范围相对较窄。

总之，研究消费心理学可采用多种研究方法，根据研究任务，选择适当的研究方法，可以得出更加准确有效的研究结果。

// 案例任务 1-2

花茶饮的推广研究

近年来，我国的饮料市场规模不断增加，消费者经常喝的饮料品类也越来越多，主要有包装饮用水、碳酸饮料、奶制品和气泡水等。饮料行业进入快速发展时期。

ABC食品公司推出"花漾"系列的花茶饮品，为精准进行产品推广，公司进行了市场调研。根据调研数据显示，饮料消费者的饮料购买方式主要是线下购买，占比67.3%，即时性需求较强。公司通过观察和访问消费者了解饮料品牌知晓方式，线下实体店的陈列就是较好的品牌传播方式（52.7%）；广告传播渠道方面，电视广告（41.9%）、短视频平台（34.3%）和线下广告（23.8%）的传播效果也比较明显。ABC食品公司的分析师认为，作为日常消费频率高、即时性需求强的产品，饮料购买依然以线下为主，并且饮料产品的展示和广告传播都具有一定的推广效果。据此，公司进行了"花漾"的针对性营销，获得了较好销售情况。

　　请思考： 本案例运用了哪些研究方法进行分析？

三、研究消费心理学应遵循的原则

1. 理论联系实际原则

　　消费心理学的研究结论是在大量的实际运用中不断积累和完善的。在消费者购买行为发生的过程中，研究者通过观察分析，总结概括出消费者心理活动的相关理论。在实践运用中检验理论的可操作性，再通过发现探索，深入发展理论、方法，使消费心理学的研究更为全面、科学。

2. 客观性原则

　　任何事物都有其发生和发展的规律，在学会总结的基础上，也要尊重客观事实。消费者根据自身情况所产生的需求，通过大脑反映形成消费心理，这是一种客观现象。在社会实践中，消费者的所处环境和实际情况，都是研究消费心理学必须考虑的客观因素，不能主观、片面地随意下结论。

3. 全面性原则

　　消费者在购买过程中受到的影响因素是来自多方面的，如消费者的收入水平、社会阶层、当时所处的购物环境、心情等。这些因素都会对消费者决策过程产生不同程度的影响。在研究消费心理学时要做到全面地考虑问题，运用多种分析方法进行综合研究。

4. 持续性原则

　　随着社会的进步、时代的变迁以及自然和人文环境的变化，消费心理学的研究也在不断深入发展。各种因素在变化中相互制约也相互促进，消费心理的形成和发展不会一成不变。在研究消费心理学的同时，不仅要对消费者心理进行研究分析，还要用发展的眼光看待各种心理现象，在营销活动中结合战略、战术、具体方式方法等来综合应用。

四、研究消费心理学的意义

1. 有助于企业正确掌握消费者的心理活动规律

目前，市场竞争日益激烈，企业的一切活动都是围绕着消费者的需求展开的，谁能留住更多的消费者，谁就能在竞争中占有一席之地。想要在竞争中更胜一筹，关键就在于对消费者心理的探究。从影响消费者心理的因素，到消费者在购物过程中的一系列内心活动，都是企业了解消费者真实需求的重要线索。因此，从消费者的需求动机开始，深入研究其消费心理的活动规律及行为方式，有助于企业制订正确的营销策略。企业根据消费者的心理特征，找到消费者购买行为的规律，进一步了解影响消费者行为的不同因素，分析消费者的购买行为，从而有目的、有计划地针对消费者的不同需求开展营销活动。另外，消费者的需求是随着时间的推移和时代的变迁不断变化的，科学、系统地研究消费心理学，有助于企业更准确地预测消费者心理变化的趋势和规律，为企业将来的生产和营销提供重要依据。

2. 有助于企业营销人员业务素质的提高

企业在市场中想要留住消费者，除了商品本身要能够满足消费者需求之外，销售人员向消费者提供满意的服务也是很重要的因素之一。在市场竞争中，营销人员的素质也是提高企业市场竞争力的一项重要筹码。消费者在市场中可以任意选择自己满意的商品和服务，一方面使消费者获得了最大限度的满足，另一方面也给企业的营销活动增加了难度。要改善企业在市场中的竞争局面，就要求企业的营销人员具备更专业的销售能力。其中，准确把握消费者心理就是营销人员必须掌握的一项重要技能。良好的沟通技巧、热情的销售服务、有针对性地调整对待消费者的态度和行为，等等，都需要营销人员能够深入了解消费者的内心活动，准确分析不同心理消费者的特点和行为差异，与消费者进行良好的沟通，周到的服务加上熟练的销售技巧，争取得到消费者的信任，达到促成其购买行为的最终目的。

3. 有助于消费心理学研究的深入发展

消费心理学是一门较为新兴的学科，对消费心理学的研究是一个漫长的课题。时代的进步，社会经济的不断发展，对消费者心理的变化产生着巨大的影响。对于消费心理学的研究，只有在广泛深入了解消费者的基础之上，不断积累，才能形成不断完善的理论。大量的销售案例，以及消费者心理活动的变化，为消费心理学的研究提供了更多的支持。因此，对消费心理学的研究，将不断推进学科理论的进一步深入发展。

4. 有助于引导消费者进行科学合理的消费

消费是以消费者为主体的经济活动。在消费过程中，消费者的决策能力及自身所表现出来的行为方式，对消费结果起着重要的作用。对消费心理学的深入研究，营销人员对消费者的正确引导，都会提升消费者对商品的认知水平，改变其价值观念，减少消费者的决策失误，尽量避免出现盲目消费的情况，使消费者的消费决策过程更趋于理性。

// 案例任务 1-3

"DNA"代码的营销

ABC 食品公司提供的百余种不同口味的糖果，能最大限度地满足消费者的需求，营销口号是"每个人都有属于 Ta 的颜色"。糖果均为单色的圆球，但却分为不同的颜色，对应不同的星座、血型以及具体的生日。消费者可以根据自己的情况将代表不同含义的糖果拼凑在一个瓶子内，组成自己的"DNA"糖果。同时 ABC 食品公司还提供 88 款不同款式的包装瓶，并提供包装瓶定制服务，消费者可以在包装瓶刻录 30 字符以内的内容。

以星座为例，白羊座的代表色是红色，体现白羊座直率、热情、冲动的性格特点；金牛座的代表色是青色，因为金牛们的性情大都比较安静内敛又成熟稳重；巨蟹座的代表色是灰色，灰色使人有现实感，这对于内心敏感细腻又有着敏锐洞察力的巨蟹们来说再合适不过了；水瓶座的颜色是白色，白色代表着纯洁无瑕以及轻松愉悦，等等。不同星座的消费者可以根据自己的情况来进行选择。

糖果的味道主要为水果味，例如草莓味、橙子味、菠萝味、荔枝味、葡萄味、蓝莓味、榴莲味、西瓜味、芒果味、青苹果味、柠檬味、桃子味、樱桃味等。

除了完美的味觉体验外，ABC 食品公司也致力于为消费者创造完美的空间享受。糖果专卖店会选择开在一些大型的休闲娱乐中心里。店面不大，追求精致、小巧、雅观的设计，以彩虹色为基调，保留了欧洲的装饰风格。店员训练有素，能随时辅助消费者进行搭配。环境优雅明亮，让消费者能愉悦地享受糖果的美味和设计的畅快。"DNA"糖果已不仅仅是一种糖果，更代表了当下消费者追求的个性和独特。

请思考： 本案例中 ABC 食品公司是如何把控消费者心理的？

单元三　消费心理学的产生与发展

一、消费心理学的历史进程

消费心理学作为心理学的一个分支，是在资本主义工业革命后，随着商品经济的发展，在日益激烈的市场竞争中逐步形成的。

（一）萌芽阶段

19 世纪末到 20 世纪初，西方国家进入工业化大生产时代，市场竞争不断加剧。此时的消费者已经在市场上体现出主导地位，市场也逐渐从过去的卖方市场转变为买方市场。经营者们为了让自己的企业能够在市场中获得更大的竞争优势，在经营中开始更多地考虑消费者的感受，对消费者心理的研究初见端倪。消费心理学逐步被引入企业的营销策略中，特别是在广告和推销中的运用日益明显。

随着消费心理研究的出现，一些相关的理论也被提出来。1901年，美国心理学家斯科特提出"广告工作应作为一门学科，而心理学可以在其中发挥重要作用"的见解，被认为是第一次提出消费心理学的问题。1903年，斯科特编写的《广告理论》一书正式出版，标志着消费心理学的雏形——广告心理学的诞生。随后到20世纪30年代，许多的经济学家、管理学家和心理学家都对消费心理与行为进行了研究。此时，消费心理学完成了基本知识的积累，人们对消费心理的有关问题从感性的认知提升到理性层面。

（二）应用阶段

20世纪30年代到60年代，消费心理的研究越来越深入，在市场营销中的应用也越来越广泛。尤其是在经济危机之后，西方国家的企业面临更加激烈的市场竞争。为了应对经济危机带来的利益损失，企业想尽办法提高自身的市场竞争能力，在营销活动中更加注重推销、广告等促销方式的作用。第二次世界大战结束后，各国专注于战后经济的重建，消费者生活水平提高的同时，消费观念也在发生改变。企业结合消费者的需求特点和心理变化趋势，使心理学在营销中的应用取得了新的成果，给企业带来了更大的竞争优势。

关于消费者行为的研究，在这一时期比较突出，包括美国心理学家马斯洛提出的"需要层次理论"等著名心理学理论，都是消费心理研究的重要理论，并在实际中得以应用。

（三）变革阶段

20世纪60年代，消费心理学的研究进入了飞速发展的阶段，此时的消费心理学研究更加完善。1960年在美国正式成立的消费心理学会，标志着消费心理学作为一门独立的学科而诞生。此阶段《广告研究》和《市场研究》两本杂志的发行，使消费心理学的研究得到了更有力的推广。

20世纪70年代，美国等发达国家推进了消费行为方面的研究，使消费心理学理论日趋成熟与完善。消费心理学的学科体系在不断的创新中越来越丰富。在市场实践与理论的基础上，消费心理学与其他相关学科交叉渗透，形成了广告、市场、消费者等研究体系，理论研究的结论也更加清晰。

20世纪80年代之后，消费心理学的研究无论从广度还是深度上都有了更进一步的发展。理论研究更深入，应用方面更熟练，跨学科的研究进一步融合。除此之外，一些现代化的研究方法也有了很大的进展。

◆**课堂讨论**

请根据消费心理学的历史进程来说明消费心理学产生的条件是什么。

二、消费心理学的发展趋势

1. 研究角度多元化

首先,消费者作为买方,在市场活动中占据着绝对的控制权,其心理与行为对市场供求关系的影响不容忽视;其次,市场中有关政府制定的各种宏观措施对消费者产生一定的心理效应;再次,消费者权益保护意识越来越强,从保护消费者合法权益的角度研究消费心理学势在必行;最后,消费心理学在更加广泛的社会问题中出现,从各种角度来进行相关的研究,给消费心理学提供了更广阔的发展空间。

2. 研究因素多样化

在研究消费者心理时,分析各种与其相关联的因素是消费心理学的重要内容。这些分析已经从最初的消费者年龄、性别、收入、职业、家庭发展到后来更加深入的个性心理、动机、态度、社会群体、文化差异等。随着社会环境的不断变化,消费者素质的全面提升导致消费者行为越来越复杂,以后对消费者心理的研究趋势还将更加细致、具体。

3. 研究方法可量化

消费心理学的研究已经从定性分析转化为更为科学的定量分析,其中运用到统计学、运筹学等相关理论,结合因果关系、相关关系等定量方法的分析,更加客观地解释了各种变量之间的关系,使研究结果更真实、客观。深入的理论分析和科学研究体系,使消费心理学在实践中得到广泛应用,在应用中不断完善。

三、消费心理学在中国

在中国,对消费心理学的研究正处于发展中。我国自改革开放以来,商品经济的发展和社会主义市场经济体制的确立,给消费心理学的进一步研究提供了更完善的条件。同时,消费者意识的改变及消费水平的提高,以及消费市场上不断丰富的商品和服务,为消费心理学的深入研究起到了重要的推动作用。

从 20 世纪 80 年代开始,我国大量引进国外消费心理学的研究成果,进行系统的研究学习。一方面借鉴国外的先进理论,一方面总结自己的研究经验。关于消费心理学研究的理论著作也陆续出版,意味着消费心理学研究在我国已经有了长足的进步。

我国的消费心理学研究基于本国国情,针对我国的市场和消费者的特点,总结发展适合我国客观实际情况的研究方法和模式,在新的环境中不断完善和建立科学理论。1984 年中国消费者协会的成立以及 1993 年《中华人民共和国消费者权益保护法》的颁布,对消费者的权益保护有了合法的依据,确立了消费者在市场中的合法地位。随着互联网时代的到来,消费者购物方式的不断改变,企业对消费者心理的研究越来越重视,以消费者为核心开展更多更为有效的营销活动。我国对消费心理学研究更加趋于广泛、科学、合理。

案例分析

你对"萌"有抵抗力吗？

市场上出现的一种以可爱为代表的"萌经济"深受消费者喜爱，"萌"不再是儿童专属，不少成年消费者也愿意为"卖萌"买单。"萌"不但是一种爱好，更代表着蓬勃的生产力，成为拉动消费的一大抓手。虽然对于"萌经济"没有准确的学术定义，但是各式各样的"萌"商品充斥在市场上。

为什么消费者会心甘情愿为"萌"商品买单呢？一方面是因为快速高压的生活与工作状态下，成年人会将"萌"商品当作情感寄托，它们满足了消费者尤其是年轻消费者群体的心理情感诉求，让消费者感到治愈和减压。"萌"是一种温馨且易于引起共鸣的情感体验，能够带给人舒适感和亲近感，使品牌和消费者之间形成更紧密的关系。这种轻松愉悦的心理状态会增加消费欲望，消费者从中收获的满足感也会更强。另一方面，随着消费结构的不断升级，"90后"和"00后"逐渐成为消费群体的中坚力量，年轻消费者更看重产品的年轻化、舒适感和时尚化，这也是"萌"具有强大生产力的重要原因。那么你对"萌"有抵抗力吗？

【案例分析题】

1. "萌经济"反映了人们怎样的消费心理？
2. 研究消费心理学对企业营销的意义何在？

模块小结

本模块从消费、消费者等基本概念入手，继而介绍了消费心理学的概念、内容、研究的方法和意义等基础知识。通过介绍消费心理学的历史进程，分析了其未来的发展趋势。

练习题

一、单项选择题

1. 消费心理学的基础是（　　）。
    A. 推销心理学　　B. 广告心理学　　C. 营销心理学　　D. 销售心理学
2. （　　）是社会再生产的最终环节。
    A. 批发　　　　　B. 零售　　　　　C. 消费　　　　　D. 销售

二、多项选择题

1. 消费心理学的研究方法有（　　）。
    A. 观察法　　　　B. 统计法　　　　C. 实验法　　　　D. 调查法

　　　　E．模拟法
2．消费心理学应遵循的原则有（　　　　）。
　　　　A．尊重客观事实原则　　　　B．全面性原则
　　　　C．理论联系实际原则　　　　D．理论实践分离原则
　　　　E．持续发展原则

三、判断题

1．消费心理学是一门独立于其他学科的新兴学科。　　　　　　　　　　（　　）
2．消费者的行为是消费心理学研究的主要内容。　　　　　　　　　　　（　　）
3．对于消费心理学的研究具有多元化发展的趋势。　　　　　　　　　　（　　）
4．在购买过程中，消费者的心理活动无法左右其行为。　　　　　　　　（　　）
5．现在，消费心理学已经在市场营销活动中被广泛运用。　　　　　　　（　　）

消费心理分析

一、实训目的

培养对消费心理学分析研究的认知。

二、实训内容

1．根据自己的经历，回忆一次购物过程。
2．分析此次购物过程中自己的内心活动。

三、实训要求

1．按教学班级进行分组，每组 5～8 人，按组进行调查。
2．小组成员针对自身情况逐一陈述分析。
3．由每组组长负责完成分析报告的撰写。

Module 2

模块二
消费者的心理活动过程

学习目标

【知识目标】
- ➢ 掌握消费者一般心理活动的三个基本过程:认识过程、情感过程和意志过程。
- ➢ 掌握消费者心理活动过程包含的基本概念、特征及其对消费者行为的影响。

【能力目标】
- ➢ 能够精准把握消费者心理,提升营销活动的针对性和有效性。

【素养目标】
- ➢ 通过学习消费者的心理活动,提升共情能力,即能够站在消费者的角度去感受和理解他们的情绪和需求,进而提供更贴心的服务。
- ➢ 通过对消费者心理活动的学习,激发创新思维,能够针对消费者的不同心理特征提出创新的解决方案,满足市场的多样化需求。

> **导入情景**
>
> 在学习了消费心理学基本概述后,赵导师带着王小小来到了公司的茶水间进行能量补充。赵导师背向王小小,拿出白色和蓝色的咖啡杯为她冲了两杯糖、奶和咖啡量都一样的咖啡,让王小小进行品尝。
>
> 赵导师:"小小尝一尝,我冲咖啡的技术可是公司一绝。你尝尝这两杯你更喜欢哪一杯?"
>
> 王小小:"我真是幸运呀!这两个杯子真有设计感,颜色都很正。我来尝尝吧~"
>
> 王小小在品尝后感觉白色杯子里的咖啡太苦了,想要再加点糖。
>
> 王小小:"赵导师,我更喜欢蓝色杯子里的咖啡,很香也不苦。您是怎么调的呀?"
>
> 赵导师:"两杯所加的食材是一样的,你看,都是45毫升浓缩咖啡、20毫升糖水和150毫升的冰鲜奶。"
>
> 王小小:"怎么可能呢?白色杯子的喝起来更苦呀。"
>
> 赵导师:"这就是乔治·范·多尔恩用来验证咖啡杯颜色是否会对咖啡味道有影响的实验。"
>
> 王小小:"颜色还会影响味觉吗?"
>
> 赵导师:"那当然啦!在消费心理学中,感觉、知觉、想象、记忆等都会对消费者产生影响。"
>
> 王小小:"太神奇啦!赵导师你快给我好好讲一讲!"
>
> 赵导师:"好的,我们一起来学习消费者的心理活动过程吧!"
>
> 【引入问题】
> 1. 消费者的心理活动变化过程包括哪些内容?
> 2. 在营销工作中,如何正确运用消费者的心理活动过程?

消费者的心理活动过程是消费者在购买商品或服务的过程中,内心所出现的一种动态发展过程。消费者心理活动包括认识、情感、意志三个主要的阶段,它们之间是相互联系、相互制约的。这三个主要阶段具体又包括感觉、知觉、记忆、注意、想象、思维、情绪、情感、意志等若干个环节。

单元一　消费者的认识过程

一、感觉和知觉

(一)感觉

1. 感觉的含义

人们对客观世界一切事物的认识是从感觉开始的,它是最简单的认识形式。消费者

感觉和知觉

的感觉也就是消费者对商品的最初认识。

人脑对直接作用于感觉器官的当前客观事物的个别属性的反应就是感觉。

感觉包括外部感觉和内部感觉。

（1）外部感觉。外部客观事物的刺激对人体所引起的反应就是外部感觉。

外部感觉包括视觉、听觉、嗅觉、味觉、肤觉等，例如，购买商品时消费者会闻到香味、尝到甜味或产生视听感受等。

（2）内部感觉。人体的感受器官对自己的机体内部刺激引起的相应反应就是内部感觉。

内部感觉主要包括机体觉（内脏觉）、平衡觉、运动觉等，例如，看到美味的糕点会产生饥饿感。

2. 感觉的特征

（1）刺激性。人体的每种感觉器官有其特定功能，只能反映特定性质的刺激，这就是感觉的刺激性。例如，听觉需要刺激耳朵，视觉需要刺激眼睛，嗅觉需要刺激鼻子等。

（2）感受性。人体产生感觉，不仅要有适宜的刺激，还要有一定的强度。感觉器官对适宜刺激的感受能力就是感觉的感受性。人的感受性有强有弱。例如，几十万元甚至上百万元的房产价格，商家提价几元钱并不被消费者所注意，此时消费者对该商品价格的感受不明显；相反，电费作为日常生活开支，价格上涨几毛钱，消费者也会很敏感，此时消费者对该商品的感受性就很强。

（3）适应性。外界刺激物持续作用于人体感受器官而使其感受性发生变化的现象，就形成感觉的适应性。当人体长期接受某种刺激，感受性就会减弱，表现出一定的适应性。例如，"入芝兰之室久而不闻其香，入鲍鱼之肆久而不闻其臭"就是嗅觉适应性的表现。

（4）对比性。不同的刺激物作用于人体同一感受器官而使感受性发生变化的现象，就是感觉的对比性。例如，白色在黑色背景中要比在白色背景中容易辨认。销售过程中，有效地利用感觉的对比性有助于增强消费者的注意。

（二）知觉

1. 知觉的含义

知觉是人脑对直接作用于感觉器官的客观事物的整体反应。

消费者知觉是消费者对商品或服务，在形成感觉的基础上，对各种信息进行加工、分析综合后的整体反应。

2. 知觉的特征

（1）选择性。并非所有刺激都会让消费者做出反应。消费者会选择其中一部分刺激作为信息加以接收和理解。这种刺激只有达到足够强度才能被消费者所感知。因此，消费者的知觉是有选择性的。

（2）理解性。如果缺乏必要的知识经验和相应的概念理解，消费者就不能形成对商品的正确知觉。因此，正确的知觉需要在知识经验的参与下才能形成。

（3）整体性。消费者通常是根据消费对象的各个部分进行商品的整体性认识。一般情况下，消费者把商品的商标、价格、质量、包装等因素联系在一起，形成对该商品的整体知觉。

（4）恒常性。有了知识经验的参与和整体知觉，很多时候人们对客观事物的印象就能保持相对不变，形成固有的印象，这就是知觉的恒常性。例如，有些传统商品、名牌商品等，能长期保有市场份额，一个重要的原因就是消费者已经对它们形成知觉的恒常性。

（三）感觉与知觉的区别和联系

1. 感觉与知觉的区别

（1）来源不同。感觉主要来源于感觉器官的生理活动及客观刺激的物理特性，是偏重于生理性的心理活动；知觉是在感觉的基础上对客观事物的各种个别属性进行综合和解释的心理活动过程。

（2）反应的具体内容不同。感觉是人脑对当前客观事物个别属性的反应；知觉则是人脑对客观事物的整体反应。

（3）生理机制不同。感觉是单一分析活动的结果，知觉是多种分析协同活动得出的综合结果。

2. 感觉与知觉的联系

（1）感觉是知觉产生的基础。没有对客观事物个别属性的反应，就不可能有对客观事物的整体反应。也就是说，没有感觉就没有知觉。

（2）知觉是感觉的深入与发展。对客观事物或现象的感觉越丰富、越完善，那么对该事物或现象的知觉就越完整、越准确。

（3）知觉是高于感觉的心理活动。知觉是在个体知识经验的参与下，以及个体心理特征影响下产生的。相比感觉而言，知觉这一心理活动更加复杂、高级。

// 案例任务 2-1

香氛的记忆

在人的五感之中，嗅觉最为奇特。闻到饭菜的香味，突然想起以前妈妈在厨房忙碌的场景；或者是端起咖啡，闻到浓郁的香气，想起以前和朋友一起喝咖啡的场景。气味会激发人的情绪活动，会勾起一段记忆，关于某个人或者某个地方。ABC 酒店显然深谙此道，专门请公司的香氛部门为酒店调配定制香氛。全国的 ABC 酒店大厅都统一使用"四季有你"香氛，以植物香型为基调，给人们一种清爽的感觉，中调是馥郁的花香，尾调是松柏的香味，就像四季变换的景象，充满生机勃勃的自然气息，给客户带来内心安宁的感受，同时也能舒缓客户的情绪。

不同城市的酒店还会设计专门的城市限定香氛房间，例如青岛的 ABC 酒店会在限定房间内使用"青岛——海边的风"，大海的咸味和淡淡的花香结合成温柔的气息。ABC 公司利用香氛营造独一无二的酒店气质，借以唤起客人对酒店的回忆和品牌的追随。有喜爱旅游的顾客会专门到不同的城市，体验酒店的城市限定香氛。

请思考：本案例中 ABC 酒店的香氛有什么作用？

二、记忆和注意

（一）记忆

1. 记忆的含义

记忆是人脑对感知过的事物、思考过的问题和理论、体验过的情绪或做过的动作的反应。

2. 记忆的类型

通常情况下，记忆分为瞬时记忆、短时记忆和长时记忆。

（1）瞬时记忆，指外界刺激以极短的时间一次呈现后，保留一瞬间的记忆。

（2）短时记忆，指外界刺激以极短的时间一次呈现后，保持时间在 1 分钟以内的记忆。

（3）长时记忆，指外界刺激以极短的时间一次呈现后，保持时间在 1 分钟以上的记忆。

3. 记忆在营销活动中的应用

（1）促成消费者的有意记忆。当消费者面对众多商品而难以确定购买目标时，营销人员应积极主动宣传介绍，当好参谋，帮助消费者确定购买目标，使消费者形成有意记忆，从而更好地促成交易。例如，销售人员现场介绍商品的细节或演示等，都能够使消费者对该商品产生一定的记忆。

（2）理解增强消费者记忆。在商品宣传中，把新产品与消费者熟悉的事物联系起来，使消费者理解信息内容，在理解的基础上形成意义识记，有助于消费者全面、准确、牢固地记住产品，提高信息传播效果。例如，与儿童相关的商品在宣传时，通常会借助小朋友喜欢的卡通人物、儿童歌曲、游戏场景等来强化消费者的记忆。

（3）商业活动有助于消费者记忆。商家采取各种方式吸引消费者参与到商品的促销活动中，也就是让识记的内容成为消费者参与活动的对象，此时消费者对商品的记忆效果会明显提高。例如，现场邀请消费者参与同商品相关的抽奖、表演、竞猜等活动。

（4）情绪和情感对记忆产生影响。在营销活动中，可通过为消费者提供优质服务，使消费者处于愉快、激动、兴奋的状态，也可以利用情绪、情感等诉求手段来加强消费者对企业、商品的记忆并长时间保持。例如，广告中运用以情动人、借景生情等感性诉求的方式，实现广告内容与消费者在情感上的共鸣，以此达到广告目标。

（二）注意

1. 注意的含义

注意是伴随着感觉、知觉、记忆、想象和思维等同时发生的心理过程。

2. 注意的特征

（1）指向性。注意的指向性可表现为对一定事物的指向和选择。例如，消费者在逛商场时，他们的注意力并非指向商场内所有的商品，而是指向他们所关心的某些商品。

（2）集中性。注意的集中性表现为特定的选择和方向上保持并深入下去。例如，消费者在选购商品时，总是集中在要购买的商品上，以获得对所选商品的准确反映。

注意的指向性和集中性是相互联系、密不可分的，指向性是集中性的前提和基础，而集中性是指向性的体现和发展。

3. 注意的分类

注意通常分为无意注意和有意注意。

（1）无意注意，指人们事先没有预定的目的，也不需要做出意志努力，不由自主地指向对象的注意。

（2）有意注意，指人们自觉的、有预定目的的，必要时还需要做出一定意志努力的注意。

4. 注意在营销活动中的应用

（1）运用注意引发消费需求。在企业的营销活动中，正确地运用注意的心理功能，采取有效的刺激手段，引起消费者的无意注意，并帮助其由无意注意转移到有意注意，从而引发消费者的需求。常见的方法是先利用音乐、歌舞、语音宣传等等外界的刺激来吸引消费者的有意注意，再深入影响消费者的购买需求。例如，猫哆哩酸角糕的吆喝"猫哆哩呀猫哆哩"，再加上"哐哐"的敲锣声，很难不让逛超市的消费者去看看热闹。

（2）广告吸引消费者的注意。在商品广告制作中，可以运用客观但醒目刺激的内容、措辞、色彩、大小、位置、活动、对比及时间间隔等特点来引起消费者的注意。企业在进行广告宣传时的"新、奇、特"的创意表现，加上适时的传播时间和传播地点，可以使广告效果翻倍。例如，在世界杯比赛中"蒙牛"广告就非常令人瞩目。

（3）调节消费者的注意转换。虽然有意注意能引发消费者的明确需求，但如果消费者一直处于有意注意状态是很容易疲劳的。消费者也有可能会因为难以保持对购买目标的兴趣而中止购买行为。因此，生活中常见的零售业态是集购物、休闲、娱乐和餐饮于一体的多元化经营，能够使消费者在购物活动中进行注意的转换。消费者时而有意注意，时而无意注意，有利于延长消费者在商店的逗留时间，使商家得到更多的销售机会。例如，大型的购物商场中，既有商品销售店也有餐馆，还有电影院、卡拉OK等娱乐场所。

◆**课堂讨论**

1．如果你与朋友在餐厅就餐时，因为就餐服务的体验差而与服务员产生冲突和争吵，那么你以后还会来这家餐厅就餐吗？

2．一分钟之内你能回想起多少句广告语？说一说它们为什么让你印象深刻。

三、想象和思维

（一）想象

心理学上把客观事物作用于人脑后，由人脑产生对这一事物的形象叫作表象。以头脑中已经形成的表象事物为材料，对其进行加工、改造、重新组合，形成新形象的心理过程就是想象。

想象应具备三个条件：

（1）必须有过去已经感知过的经验。

（2）想象必须依赖于人脑的创造性。

（3）想象创造的是一个新的形象，是主体没有直接感知过的事物。

想象可以分为无意想象和有意想象。无意想象是没有特殊目的、不自觉的想象，是想象中最简单、最初级的形式；有意想象是有一定目的性的、自觉的想象，与无意想象相对应。

首先，消费者在评价商品时，常常有想象活动参与其中。例如，想象某件衣服穿在自己身上会是什么样子等。其次，营销人员的工作也需要有想象的参与。例如，商品的推荐、介绍等都需要营销人员充分发挥自己的想象力。

◆**课堂讨论**

你是否有过网购后因为商品实物与网店展示不同而选择退货的经历？尤其是服装类产品，出现我们常说的"买家秀"与"卖家秀"区别的原因是什么呢？请使用想象的相关知识来进行分析和讨论。

（二）思维

思维是人脑借助于语言对客观事物的本质属性、内在联系和发展规律的认识，属于认识过程的理性阶段，是人类具有的一种复杂、高级的心理现象。

思维具体表现为以下过程：

1. 分析过程

人脑通过思维把整体分为部分，把复杂的问题分解为简单的要素，列出它们的本质属性和彼此之间的关系。在消费过程中是指消费者对消费对象的分析过程。例如，消费者在购买高档家电之前，对准备购买的商品会做初步了解，包括对性能、价格、配置等的分析。

2. 比较过程

在人的头脑中把各种事物加以对比，来确定它们的区别与联系。比较是在分析的基础上进行的。消费者在对商品进行初步分析后，会在同类商品之间进行比较，从细节中找到更适合自己的商品，也是对商品进行鉴别和综合选择的过程。例如，对商品的品牌、性价比、使用方便性、安全性等各方面进行比较。

3. 评价过程

人脑通过分析、推理、判断后，把整体的各个部分归类、整理，再进行概括后得到对事物的属性和本质的认知。通过分析、比较，消费者最终会对自己想要购买的商品进行评定和决策，做出最终的购买行为。在此阶段，消费者还会进行购后的评价。

消费者的思维过程也就是其购买决策的过程。由于消费者在思维方法和思维能力方面存在差异，消费者购买决策的方式与决策时间等也就各不相同。

单元二　消费者的情感过程

认识过程只是反映客观事物的本质属性，而情感过程则是反映客观事物与人的主观需要之间的关系。一切关于消费者对商品情感过程的分析，都必须以对该商品形成的认识为起点和前提。也就是说，消费者的情感过程是对商品认知的一种心理升华，其主要表现为情绪和情感。

一、情绪和情感

（一）情绪和情感的含义

1. 情绪

情绪是短时间内与生理需要相联系的一种心理体验。

2. 情感

情感是长时间内与社会需要相联系的一种稳定的心理体验。

（二）情绪和情感的类型

情绪和情感可分为四种类型：

1. 心境

心境即平时所说的心情,是一种比较弱的、平静而持久的情绪状态。心境在特定时间内会影响人的行为表现及对周围环境做出的判断。消费者良好的心境能提高其积极性,增强对商品、服务等的满意度,从而激发购买欲望,促成购买行为。反之,则会抑制购买欲望,阻碍购买行为。

2. 激情

激情是一种猛烈的、迅速爆发而短暂的情绪体验,例如痛苦、狂喜、暴怒、恐惧、绝望等。激情有积极和消极之分。积极的激情与理智和较强的意志相联系,它能激励人们克服困难,成为正确行动的推动力;消极的激情则会使人的自制力和控制力下降,缺乏自信心。营销活动中只有促使消费者产生积极的激情,才有可能促成销售。

3. 应激

应激是在出乎意料的情况下所引起的激情状态。在应激状态下,人们做出的行为反应是与个人的性格特征、知识经验及意识品质等密切相关的。在营销活动中,应尽量避免不必要的应激状态的出现;如果出现,则应保持头脑冷静,以保证营销工作的成功。

4. 热情

热情是以坚定的意志为基础的一种稳定的、强有力的、深刻的情感,它可以表现为对某事物或人的热爱、感兴趣、关心和投入。在购买过程中,消费者的热情总是指向某一个具体的消费目标,并推动消费者购买。在营销活动中,要利用各种方式和手段,唤起消费者的热情,促使其产生购买欲望而实现购买。

(三)情绪与情感的联系和区别

1. 联系

(1)情绪的各种变化一般都受已形成的情感制约,而人们的情感又总是在变化着的情绪中得到体现。例如,某企业的商品质量好、信誉高,消费者对它产生了信任感,就会进而产生喜悦和满意的情绪。

(2)二者同受消费者需要的影响。例如,购物场所、服务、商品等,如果符合消费者的需要,则可使其产生满意、愉快、赞叹等情绪和情感的体验;反之,则会产生不满意、烦恼、厌恶等情绪和情感的体验。

(3)消费者的情绪和情感并非对所有商品或消费活动都会产生。只有与消费者自身需要相关的事物,才能引起其消费情绪和情感。

2. 区别

(1)情绪和情感所赖以产生的需要不同。

情绪通常是人的心理体验,是较低级的心理现象,它与人的生理需要是否获得满足相联系。例如，饮食需要的满足与否会引起人们满意或不满意的心理体验。

情感通常与人的社会需要是否得到满足相联系，包括荣誉感、集体感、责任感等。例如，在社会人际交往中受到尊重的需要、爱与被爱的需要等。

（2）情绪和情感的稳定性不同。

情绪一般由特定条件所引起，而且会随着条件的变化而改变，甚至消失。情绪是短时间内与生理需要相联系的一种心理体验，其表现形式比较短暂且不稳定，例如喜欢、气愤、忧愁等。

情感则是长时间内与社会性需要相联系的一种稳定的心理体验。人们一旦产生某种情感，就不易改变，而且能逐渐加强。因此，情感具有较强的稳定性，是一种较高级的、深层的心理现象，例如人的道德感、理智感、美感等。

（3）情绪和情感的表现强度不同。

情绪带有更多的冲动性和外显性，并且一旦爆发，往往一时难以冷静或加以控制。例如，欣喜若狂、手舞足蹈、暴跳如雷等。

情感经常以隐晦的形式存在或以微妙的方式流露出来，而且一般始终在意识支配的范围内进行，具有一定的可控性。

// 案例任务 2-2

李女士的选择

28岁的都市白领李女士一直是HX品牌手机的忠实粉丝，她最近在网上关注到HX品牌推出了新款手机，决定购买一台。李女士在周末前往HX品牌手机专卖店，看到了新款手机的展示，感到非常兴奋。她详细了解了手机的各项功能和性能，并与销售人员沟通了解更多细节。销售人员的专业回答和推荐让李女士对这款手机更加信任和满意。最后李女士做出了购买决定，并支付了手机的款项。

请思考：李女士的选择可以体现出怎样的消费者情感过程？

二、影响消费者情绪和情感的主要因素

1. 购买环境

购物环境的设施、照明、温度、声响及销售人员的精神风貌等因素能引起消费者的情感变化，还可能改变消费者原有的态度。因此，商家需要为消费者创造优良的购物环境，带给消费者良好的消费情感体验。

2. 商品

商品的各方面属性，如质量、功能、包装等，能否满足消费者的需要，是否令消费者满意和喜欢。当上述这些方面都符合消费者的要求时，消费者自然会对该商品产生好感，即产生积极的情绪体验。

3. 服务

在消费者的购买过程中，销售人员的服务质量对消费者情绪和情感有着直接的影响，包括言谈举止、表情。这就要求营销人员在接待消费者时，提供礼貌、热情、周到、具有感染力的服务，带给消费者愉悦的心理体验，调动其购买欲望。

4. 消费者的心理准备

企业在推广新产品之前通常都会做大量的广告，使消费者在购物时有一定的心理准备，以此来调动消费者积极的情绪。消费者购买前的心理准备越充分，说明其购买情绪的兴奋程度越高，那么形成购买的欲望就会越强烈，购买动机转化为购买行为的可能性也就越大。

// 案例任务 2-3

情 感 共 鸣

"只要黄鹤楼的诗在，黄鹤楼就在。只要长安的诗在、书在，长安就在。"这句台词出自 2023 年热映电影《长安三万里》。电影以大唐历史为背景，从高适的视角讲述了与李白一生的情谊。导演解释了电影名字的含义："长安"指的是包括李白、高适等诗人在内的每个人的理想；而"三万里"则是指理想和现实之间的差距。影片另辟蹊径，以盛唐为背景，从高适的视角去回忆李白的半生际遇，折射出盛唐的绮丽与衰落，那是"天地一逆旅，同悲万古尘"。观影过程中观众们随着剧情的跌宕起伏而潸然泪下，两个半小时的电影结束后纷纷在不同的平台发表自己的观后感，不少网友都表示《长安三万里》是独属中国人的诗篇和情怀。

请思考：试以情感角度分析《长安三万里》受欢迎的原因。

单元三　消费者的意志过程

解读消费者的心理活动过程，不仅包括认识过程、情感过程，还包括意志过程。

一、意志

（一）意志的含义

意志是人们在社会实践中，为达到既定目的而采取自觉行动，以实现预定目的的心理现象。意志受情感的影响，也是认识过程发展的结果。

消费意志就是消费者在购买过程中，为了有计划地实施购买决策，克服困难、实现购买目的心理过程。

（二）意志的特征

1. 目的性

消费者意志的形成是以明确的目的为基础的，在有目的的购买行为中，消费者的意志心理最为明显。意志的目的性使消费者在行动之前明确购买目的，并有计划地根据购买目的去分析和调节自己的购买行为，以期实现购买目的。例如，消费者为了买到自己心仪的商品，实现某种愿望，而努力工作挣钱，最终实现了购买目标。

2. 排难性

消费者购买的过程不会总是顺利的，尤其是对于一些高价值或复杂型商品的购买，需要消费者花费很多的时间和精力完成购买决策的过程。在购买的过程中，消费者难免会遇到各种的困难和干扰。例如，消费者支付能力不足、商品提货时出现意外而延迟等。这些种种的困难都需要消费者通过坚定的意志去努力克服。

3. 调节性

意志可以调节消费者购买过程中的行为方向，有可能推动也有可能抑制消费者的购买。例如，消费者对某样商品特别向往，但自身的经济实力有限无法实现购买，那么消费者在意志的作用下就会做出理性判断而放弃。

（三）意志品质的表现

1. 自觉性

自觉性是指个体对于行动的目的有明确的认识，并主动、有目的地调节和支配行动的意志品质。能够做到不受外界影响，坚持独立自主，同时广泛听取意见并进行取舍，自觉克服困难，对行动过程及结果进行自觉反思和评价等，都是自觉性意志品质的表现。

自觉性的意志品质可以表现出消费者的主观愿望，在购物时目的明确，不受外界干扰，能够清楚地认识到自己的行为方向并具有正确的判断，根据自己的想法来完成购物过程。例如，消费者对所购商品的性能非常熟悉，或者经常购买，那么自觉性的意志品质便会促使其自主完成购买行为而不受其他影响。

2. 果断性

果断性是指一个人善于适时地、坚定地进行决断，并马上采取行动的意志品质。敏锐的智慧加上当机立断的气魄就形成了果断性的意志品质。

具有果断性意志品质的消费者，能够根据自身的需求，适时地选择商品，果断地做出决策，迅速地采取购买行为。果断性的意志品质还表现在购买决策的关键时刻，消费者做抉择时有当机立断的气魄和敢于承担风险的勇气。例如，消费者在计划购买所需要的商品时，经过充分考虑后，迅速做出何时、何地购买的决策，并立即采取购买行动。

3. 自制性

自制性是指个体能够不受无关诱因的影响，善于控制自己的情绪，约束自己的言行，并制止不利行动的意志品质。

消费者自制性的意志品质可以对消费心理和行为进行调节，尤其是制止某些对自身不利的购买行为的发生，或阻止不符合预定消费目的的行为。例如，消费者想要购买的商品价格超出了预算，自制性的意志品质会阻止这种不符合预定的消费行为发生。

4. 坚韧性

坚韧性是指能坚持决定，努力克服困难和障碍，最终完成既定目的的意志品质。

消费者坚韧性的意志品质体现为坚定购买目标，克服困难完成购买行动的过程。例如，在挑选商品时，面对几种自己都喜爱的商品，或遇到较高档的商品，但经济条件又不允许，或者自己对商品的内在质量难以判断，就会导致购买信心不足。这时必须考虑选择和重新物色购买目标或者克服经济上的困难去实现自己的购买目的。

以上是良好的意志品质的表现，但意志品质也有消极的表现，比如独断、草率、顽固、受暗示性、优柔寡断、任性怯懦等。人的意志品质不是天生的，而是在后天生活实践中逐渐形成的。培养良好的意志品质，除了知道、理解之外，更重要的是在实践活动中加强锻炼。

◆ **课堂讨论**

> 目前越来越多的消费者选择购买有机食品，体现了人们对健康和食品安全的关注。消费者认为有机食品生产过程中不使用化学农药和化学肥料，更符合健康饮食的要求，因此，他们愿意支付更高的价格购买有机食品来保护自己和家人的健康。请问你如何看待有机食品的消费意愿？

二、消费者的意志过程阶段

1. 采取决定阶段

采取决定阶段是意志行动的开始阶段，它决定着意志行动的方向和行动计划。对于多数消费者来说，不可能在同一时间内满足所有需要，因而就会发生购买动机的冲突。意志活动的第一表现就是解决这种冲突，根据需要的重要程度确定最主要的购买动机。其中还包括确定购物时间、购买场所、经济开支、商品购买的先后顺序等，这些都需要在意志活动的参与下进行。

2. 执行决定阶段

执行决定阶段是消费者意志过程的完成阶段。它是指消费者根据既定的购买目的购买商品，把主观观念上的东西变为现实的购买行动。执行购买决定是真正表现意志的中心环节，它不仅要求消费者克服自身的困难，还要排除外部的障碍，为实现购买目的，付出一定的意志努力。

3. 效果评价阶段

这一阶段是消费者意志对购买行为的反思和评价。它是消费者购买商品后的自我感觉和社会评价。这种评价将对消费者以后的购买决策和购买行为产生影响。

三、影响消费意志的因素

1. 认知经验

消费者积累的消费认知经验，是消费意志形成的重要影响因素。消费者对商品的认知程度越深，消费的目的性就越强，消费目标就越明确，就越有利于促进消费意志的形成。

2. 消费情感

消费情感对消费意志的影响是最为直接的。消费者对商品的情感倾向使消费意志趋向于一个具体的目标，并形成自觉的行动。

3. 外部刺激

外部刺激强度越大，消费意志形成过程中受到的干扰就越大，与此同时，消费的自觉性和克服困难的坚定态度就会被削弱。外部刺激越持久，越容易使消费者的目标倾向于刺激物引导的目标方向。

4. 需要与动机

消费者对满足某一需要的欲望越强烈，消费动机越明确，就越容易形成坚定、自觉的消费意志。

四、消费者认知、情感、意志之间的关系

消费者心理活动过程的第一步由认识活动来完成，第二步由情感活动来完成，第三步由意志活动来完成。具体来说，三者之间的关系为：

（1）认识是基础，情感是进一步的认识，意志是情感的表现。

情感是在认识的基础上产生的，认识越充分，情感就越深，即所谓"知之深，爱之切"；情感可以激励意志，如道德感、理智感、审美感等高尚的、稳定的情感，可以促进意志行动的产生；意志在情感的激励下产生后又反过来调节和控制情感的表达流露。

（2）认识解决"是什么"的问题，情感解决"为什么"的问题，意志解决"如何做"的问题。

认识是消费者对产品的认知，这一过程使消费者对产品有所了解，包括产品的性能、功效、属性等；情感是消费者对产品认识的情感反应，这一过程是消费者在认知基础上

对产品的总体理解和评价；意志是消费者在购买商品时的最终决策表现，这一过程对消费者是否采取购买行为有重要影响。

因此，认识、情感与意志之间是相互依存的。认识是情感的源泉，情感是意志的源泉；认识以情感为导向，情感以意志为导向。

// 案例任务 2-4

执着的球迷

每一次的足球世界杯比赛无疑都是球迷们的狂欢。无论在哪里举办都有无数执着的球迷不远万里奔赴世界杯如火如荼的赛场。为了看比赛，球迷们想尽办法也要买到世界杯比赛的门票。他们不顾路途的艰辛，辗转奔波，就为了能够看到自己心仪的球队和球员在赛场的飒爽英姿。球迷们对足球的热爱以及坚韧的毅力着实令旁人叹为观止。

请思考：试从消费者的心理活动角度来分析一下这些"执着的球迷"的表现。

单元四 消费者的态度

一、态度的概念

态度是人们对于周围事物所持有的一种心理倾向，其表现就是肯定或否定、支持或反对、喜欢或不喜欢等。

消费者的态度就是消费者对消费对象的评价心理倾向，包括在商品或服务的购买使用过程中形成的评价反应。消费者对商品或服务的态度会直接影响其购买决策。而购买使用商品或服务的经验又会直接影响下一次的购买决策。

二、态度的构成

1. 认知成分

认知成分是消费者态度形成的基础，源于消费者对商品或服务的认知和理解。而消费者的认知程度又与消费者本身的知识水平和经验密切相关。

2. 情感成分

情感成分是消费者态度构成的核心，情感决定着消费者对商品或服务的情绪，包括喜欢和厌恶、满意和失望等。

3. 行为成分

行为成分是消费者对商品或服务产生的一种行为反应的倾向，也就是为即将做出行为做准备的一种状态。它是消费者在产生购买行为之前的一种意向。

4. 认知、情感、行为之间的关系

态度的三种构成成分是相互依存的关系，消费者对商品或服务先要产生认知，才会有情感的表现和判断，进而导致最终行为的倾向。一般情况下，三种构成成分的作用方向是一致和统一的。例如，消费者根据自己掌握的商品信息判断目前买轿车很优惠，而且本人也很喜欢，就会产生购买的意向。但是在某些特殊情况下三者也会相背离，产生冲突，呈现出反作用。例如，消费者并不太喜欢这款优惠价的轿车，但是因为价格对其吸引力很大，促成其购买倾向。虽然从消费者的情感上来看，与其他两项构成是相背离的，但消费者还是打算购买。

三、态度的特征

1. 社会性

态度受到消费者所处社会环境的影响，在消费者的生活实践中逐渐形成，它是与社会环境相互作用的结果。

2. 对象性

态度的产生有具体的针对性，指向某一特定的对象。

3. 协调性

态度构成的三个方面通常是协调一致的。

4. 稳定性

态度一旦形成，在之后的一段时期内不会轻易改变，具有相对稳定性。

5. 差异性

态度的形成受多种客观因素的影响和制约，因此消费者的态度会产生差异。不同的消费者对同一商品会产生不同的态度，同一消费者在不同时期对同一商品也会持有不同的态度。

6. 间接性

态度是消费者的内在心理体验，其本身不能直接被观察到，只能通过消费者外在的行为表现进行推断分析。

四、拒绝购买态度的转化

（一）拒绝购买的类型

从购买心理的角度分析，拒绝购买的类型主要有随意拒绝、真正拒绝、隐蔽拒绝三种。

拒绝购买
态度的转化

1. 随意拒绝

随意拒绝指消费者没有经过深思熟虑，只是出于本能的自我保护而拒绝购买某一商品，带有随意性的初步决定。其原因有：对商品认知度低；不能满足其心理需求；购买时间不紧迫等。

2. 真正拒绝

真正拒绝指消费者拒绝购买某一商品，是经过思考、想象等心理活动而最后决定的。其原因有：没有需求点；对商品不满意、不信任或有偏见等。

3. 隐蔽拒绝

隐蔽拒绝指消费者拒绝购买某一商品，出于某种心理需要不把真正的原因说出来，甚至是违心的，而真正拒绝的原因被隐蔽了起来。其原因有：商品价格超出消费者购买能力；个人对商品的认知度低，但又不愿显露等。

（二）消费者购买态度的转化

遇到消费者拒绝购买时，关键的问题在于转化消费者的购买态度：

1. 随意拒绝购买态度转化的基本方法

（1）提高消费者对商品的认知，根据不同类型的消费者，引导其接受新的商品信息。

（2）唤醒消费者的关联点和兴趣点，构建有益于消费者的体验画面。

（3）将商品的综合吸引力呈现出来，再次加深消费者对商品的印象。

2. 真正拒绝购买态度转化的基本方法

（1）接受消费者的拒绝理由，学会倾听和总结。

（2）开辟新的关联点和兴趣点，引导消费者去体验或尝试新的展示内容。

（3）抱着"买卖不成仁义在"的心态，为消费者营造有亲和力的购物氛围。

3. 隐蔽拒绝购买态度转化的基本方法

（1）尊重消费者隐蔽真实理由的事实，不戳破、不嘲讽。

（2）将商品的综合吸引力呈现出来，唤醒其他趋同的兴趣点和关联点。

（3）以过硬的专业知识赢得消费者的信任，增强其购买信心。

注意：在拒绝购买态度转化的过程中，各种类型的消费者会受到诸多因素的影响，不要急于求成，如果本次不能成功，也要为下次推销打好基础。

// 案例任务2-5

态度的转变

在HX品牌手机刚刚面世时,消费者对其持有怀疑和抵触的态度。然而,随着时间的推移,公司通过频繁的产品升级和宣传推广,成功地转变了消费者对HX手机的购买态度。

首先,公司通过不断改进和升级产品,提升了手机的功能和性能。每一代HX手机在硬件、软件和设计方面都有显著的改进,这使得消费者对其产生了浓厚的兴趣。此外,公司还采取了巧妙的市场策略,每年都会推出一款新的手机,吸引消费者时刻保持关注和期待。

其次,公司通过精准的宣传推广,改变了消费者对HX手机的购买态度。他们以独特的广告和宣传活动,传达了HX手机的独特价值和创新精神。他们强调HX手机的高质量、卓越性能和与众不同的设计,让消费者认为购买HX手机是一种精神和品质的象征。

最后,公司还积极与消费者进行沟通和互动,加强了消费者对HX手机的购买信心。他们通过用户体验、客户服务和社交媒体等渠道,与消费者建立了紧密的联系,并主动收集和回应用户的反馈。这种持续的互动让消费者感到被重视和关心,进而增加了他们对HX手机的购买意愿。

请思考: HX公司通过哪些方法使消费者对其手机产品的态度发生了转变?

案例分析

小张的购买经历了什么?

一、案例背景

小张是一名年轻的白领,工作稳定,收入不错。他一直非常关注购物,喜欢尝试各种新品牌的产品。在购买电子产品方面,他对某国际知名品牌产品持有一定偏好,这是基于他多次购买该品牌的积极使用经验和其他人的好评。然而,最近他听说一家新兴品牌的电子产品性能更好,价格更具竞争力。这引起了小张的兴趣,但他也对尝试新品牌的产品有些犹豫。他开始翻阅该品牌的产品评价和评测,以了解其他消费者的反馈。

二、案例发展

小张通过互联网搜索调查了该品牌的产品信息,并阅读了一些专业网站上的评测文章。这些评测中有的评价很正面,赞扬了该品牌产品的性能和质量,认为它们可以替代传统大品牌产品。而另一些评测评价并不乐观,指出该品牌产品在某些方面存在问题,比如售后服务不佳、质量不稳定等。

在调查过程中，小张也找到了一些该品牌产品的用户评论和购买体验分享。一些消费者在评论中赞扬该品牌产品的性能表现，并表示希望能继续购买该品牌的产品。但也有一些消费者抱怨产品出现了质量问题，特别是售后服务不给力的情况。这些消费者的负面评价引起了小张的警觉。

在了解了各种评测和用户评论后，小张对该品牌的态度发生了变化。他开始对该品牌的产品持有一定的怀疑态度，担心购买后会出现质量问题，且售后服务无法满足需求。他开始重新评估市场上其他品牌的产品，并尝试寻找其他消费者对这些品牌的评价和经验分享。

通过进一步调查，小张找到了其他几个品牌的产品，这些品牌在性能和价格上都表现不俗。同时，他还阅读了其他消费者对这些品牌产品的评价和购买体验分享。综合考虑后，他最终决定尝试另一家品牌的电子产品，这是基于消费者对该品牌的积极评价和对其产品的正面反馈。

【案例分析题】

请从消费者心理活动过程角度，对小张这一次电子产品的购买经过进行分析。

模块小结

在市场营销活动中，消费者需求和消费者行为的千差万别都与消费者的心理活动有关。因此，要想摸清商品交易中的消费者行为，必须以科学的态度去揭示和掌握商品交易中消费者的心理活动规律。本模块着重论述了消费者心理活动过程的基本理论，包括认识过程、情感过程和意志过程，并且分析了它们在营销活动中的应用。

练习题

一、单项选择题

1. （   ）是人脑对直接作用于感觉器官的当前客观事物的个别属性的反应。
   A. 感受　　　　B. 感觉　　　　C. 认识　　　　D. 知觉
2. 心理学上把客观事物作用于人脑后，由人脑产生出这一事物的形象叫作（   ）。
   A. 意志　　　　B. 记忆　　　　C. 表象　　　　D. 想象
3. （   ）解决"如何做"的问题。
   A. 认识　　　　B. 感情　　　　C. 思维　　　　D. 意志
4. 情感成分是消费者（   ）构成的核心。
   A. 态度　　　　B. 认识　　　　C. 感觉　　　　D. 注意

二、多项选择题

1. 消费者一般心理过程包括人的（　　　）三个方面。
   A．认识　　　　B．感知　　　　C．意志　　　　D．情感
   E．情绪
2. 意志的心理特征包括（　　　）。
   A．社会性　　　B．目的性　　　C．排难性　　　D．稳定性
   E．调节性
3. 情绪可分为（　　　）四类。
   A．热情　　　　B．心境　　　　C．激情　　　　D．性情
   E．应激
4. 态度的特征包括（　　　）。
   A．社会性　　　B．对象性　　　C．协调性　　　D．稳定性
   E．差异性　　　F．间接性

三、简答题

1. 情感和情绪的区别与联系是什么？
2. 什么是意志？消费者意志实现分为几个阶段？
3. 什么是消费者知觉？请举例说明。

实训项目

观察并分析消费者消费心理活动的过程

一、实训目的

培养学生在营销活动中的现场观察和分析能力。

二、实训内容

1. 以小组为单位，利用课后业余时间到某个销售现场实地观察，记录消费者现场购买行为表现。
2. 根据消费者的购买行为表现分析其消费心理活动过程。

三、实训要求

1. 按教学班级进行分组，每组5～8人，按组进行观察。
2. 各小组成员针对观察分析结果分别进行陈述，在课堂中交流。
3. 由每组成员分工完成分析报告的撰写。
4. 各小组之间对各组的分析结果进行交换评定。

模块三
消费者的个性心理

学习目标

【知识目标】
- 掌握个性心理因素对消费心理和消费行为的影响。
- 掌握气质、性格、能力和兴趣的含义。

【能力目标】
- 能对消费者的气质、性格、能力和兴趣进行分析。
- 能将掌握的个性心理因素有效运用在市场营销过程中。

【素养目标】
- 通过对消费者的个性心理特征的分析,培养深入分析能力,更好地服务于消费者。
- 通过学习消费者的个性心理,培养个性化服务思维,增强服务理念。

> **导入情景**
>
> 在一个炎热的午后,赵导师带着王小小一行来到一间 ABC 服装的门店,请三位资深销售员讲一讲她们遇到的顾客是怎么样的。
>
> 销售员 A:"我先来说吧,今天又遇到一个要求退货的顾客,真是头疼。他买的衣服都没有损坏,就是不喜欢了,嫌颜色不对。"
>
> 销售员 B:"是吗?我昨天也遇到了一个挑剔的顾客,她试穿了很多件衣服,最后只买了一件,其他的都不满意。"
>
> 销售员 C:"我刚刚接待了一位很满意的顾客呢,她看上了一件新货,还主动问我有没有其他颜色可选。"
>
> 销售员 A:"真好啊!我现在都有些不愿意接待那些挑剔又难缠的顾客了。他们总是不满意,让人觉得自己的推荐完全没有用。"
>
> 销售员 B:"是的,特别是那种几乎要试穿整个店里衣服的顾客,每次都要我们拿来很多衣服,最后却只买一两件,感觉很浪费时间和精力。"
>
> 销售员 C:"不过也有一些很感兴趣的顾客,他们会主动询问衣服面料、工艺等细节,又会问我们衣服的搭配建议。跟他们聊天真的挺开心的。"
>
> 销售员 A:"我曾经遇到一个顾客,商品有些小问题,我主动提出可以修复或者退换,她特别理解,还坚持要支付修复费用。"
>
> 销售员 B:"我也遇到了一些非常友好、相处融洽的消费者。他们尊重我的工作,理解我的苦衷。有时候买个商品,我们能成为朋友,互相关心对方,真是让人感动。"
>
> 赵导师:"的确是这样,感谢三位的分享,请你们记住每个消费者都有自己独特的个性,作为销售员,我们要学会应对不同类型的消费者,同时保持良好的服务态度,这样才能赢得消费者的信任和支持。记住了吗?"
>
> 王小小等人:"记住啦,赵导师!"

【引入问题】

1. 消费者的个性心理特征对消费的心理和行为有什么样的影响?
2. 营销人员该从哪几方面入手应对不同个性特征的消费者?

个性是个体独有的并与其他个体区别开来的多种心理特点的独特结合,是个体具有一定倾向的、稳定的、本质的特点的总和。

消费者的个性心理是指消费者在购物过程中通过自身的行为所表现出来的心理特征,主要包括气质、性格、能力、兴趣等方面。消费者的个性心理特征对消费者购买行为产生重要的影响,企业对消费者个性心理的研究有利于企业营销策略的制定。

单元一　消费者的气质

一、气质的含义

气质是指个体与生俱来的、典型的、稳定的心理特征，是个体进行心理活动时，在强度、速度、灵活、指向等动态性质方面独特结合的个体差异。

（1）强度——个体情绪体验的强弱、意志力的强弱、耐受力的大小等。

（2）速度——知觉的敏锐度、思维的敏捷性等。

（3）灵活——个体辨识和适应各种环境变化的能力。

（4）指向——个体对外部世界或内心世界的倾向。

二、气质的特征

1. 先天性

气质作为个体典型的心理特征，是在先天生理素质的基础上形成的。例如，新生儿表现出来的安静、好动、爱哭等行为，这些都是先天因素造成的。

2. 差异性

人的气质受神经系统活动过程的特性所制约，每个人是不同的。先天形成的气质加之后天生活环境等的影响，使每个人的行为表现出独特的风格和特点。例如，有的人热情活泼、表情丰富、行动敏捷、善于交际；有的人则比较冷漠、不善言谈、行动迟缓、自我体验较为深刻。

3. 稳定性

气质作为个体稳定的心理动机特征，先天形成便会长期保持下去，并对人的心理和行为产生持久影响，可以伴随人的一生。但是，气质的稳定性是相对而言的。

4. 动力性

气质还可以影响个体活动的效率和效果，这就是气质的动力性。例如，态度的热情主动或消极冷漠、行动的敏捷或迟缓等，往往会产生不同的活动效率和效果。

5. 可塑性

随着生活环境的变化、职业的熏陶、所属群体的影响及年龄的增长，人的气质会发生改变，即气质具有可塑性。

三、气质的学说和类型

（一）气质学说

公元前5世纪，古希腊的著名医生希波克拉底就提出了气质的体液学说，他认为人的气质是由体液的类型和含量决定的。

希波克拉底认为人体内有四种体液，即血液、黏液、黄胆汁和黑胆汁。他根据这些液体的混合比例不同，把人的气质分为多血质、黏液质、胆汁质、抑郁质四种类型。在体液学说中，希波克拉底将血液比例占优势的归属于多血质，黏液比例占优势的归属于黏液质，黄胆汁比例占优势的归属于胆汁质，黑胆汁比例占优势的归属于抑郁质。

用体液学说来解释气质，虽然缺乏科学根据，但这种分类与日常生活中概括出来的四种气质类型比较吻合，所以关于气质的这种分类一直沿用至今。

（二）气质的主要类型

以体液学说作为气质类型的基本形式，通常把人的气质类型划分为以下四种：

1. 多血质

多血质的人，他们的高级神经活动类型属于活泼型。

特点：

（1）情绪兴奋性高，外部表露明显。

（2）情感和行为动作的产生、变化都很快，但比较温和。

（3）对事物都容易形成生动逼真的印象，但肤浅而不深刻。

（4）机智灵敏，注意力易转移、动摇而不稳定。

（5）意志上缺乏忍耐力，毅力不强。

（6）举止敏捷，语速快，擅交际，易跟人接近，易适应环境变化。

多血质的典型代表人物有：《西游记》中的猪八戒和《红楼梦》中的王熙凤。

2. 胆汁质

胆汁质的人，他们的高级神经活动类型属于兴奋型。

特点：

（1）情绪兴奋性高，抑制能力差。

（2）心境变化快，情感产生迅速而强烈，行动利落而又敏捷。

（3）情感的外部表现明显，易冲动但不持久，喜怒形之于色。

（4）热情、坦率，但性情易急躁且好争论，行为鲁莽冒失。

（5）说话速度快且声音洪亮，精力十分充沛，生龙活虎。

（6）意志坚定、果断和勇敢，情感注意力稳定而集中，难以转移。

胆汁质的典型代表人物有：《三国演义》中的张飞、《水浒传》中的鲁智深。

3. 黏液质

黏液质的人，他们的高级神经活动类型属于安静型。

特点：

（1）情感和行为动作进行得迟缓、稳定，从容不迫，但缺乏灵活性和革新精神。

（2）情绪含蓄、淡薄、宁静，他们很少产生激情，并且缺乏生动的表情。

（3）情感不容易外露，遇到不愉快的事也不动声色，依旧泰然自若。

（4）注意力稳定持久而难以转移。

（5）意志方面具有耐性，谨慎细致而不鲁莽；自制力强，能够控制自己。

（6）沉默寡言，言语也低沉缓慢且缺乏生气。

黏液质的典型代表人物有：《三国演义》中的诸葛亮、《西游记》中的唐僧和《红楼梦》中的薛宝钗。

4. 抑郁质

抑郁质的人，他们的高级神经活动类型属于抑制型。

特点：

（1）情感和行为动作都相当缓慢、迟缓和柔弱。

（2）容易产生情感并且体验深刻，多愁善感，情感细腻，程度虽弱但却很持久。

（3）情感隐晦而不易表露在外。

（4）观察力敏锐，善于觉察他人观察不到的细微事物，敏感性较高。

（5）在意志方面显得胆小怕事，遇事优柔寡断、犹豫不决。

（6）语速缓慢或沉默寡言，不喜交际，较为孤僻。

抑郁质的典型代表人物有：《三国演义》中的周瑜、《红楼梦》中的林黛玉。

◆ **课堂讨论**

每个人的言行举止、行走坐卧都会体现出自身的气质，请你描述坐在你周围的同学的气质，并说明你为什么觉得她（他）的气质是这样的。

四、气质对消费者行为的影响

消费者的不同气质类型必然影响着其购买行为。

气质对消费者行为的影响

1. 多血质型消费者

（1）在购买过程中表情丰富，反应灵敏，善于交际，商品的外表、造型、颜色等对这类消费者影响较大。

（2）他们比较热情、开朗，通常会积极主动地向营业员咨询所要购买商品的信息，或者在购买商品时征询其他消费者的意见。

（3）易受广告宣传和营业员的诱导，注意力容易转移，兴趣忽高忽低，行为易受感情的影响。

（4）在购买过程中，他们会主动告诉别人自己购买某种商品的原因和用途，并且喜欢向别人讲述自己的使用感受和经验，即便自己不知道，也希望从别人那里了解到。

接待这类消费者时，营销服务人员应主动介绍、与之交谈，注意与他们联络感情，以促使其购买；另外，与他们聊天时，应给予指点，使他们专注于商品，缩短购买过程。

2. 胆汁质型消费者

（1）在选购商品时表情外露，心直口快，言谈举止显得匆忙。

（2）喜欢购买新颖奇特、标新立异的商品，且购买目标一经确定就会立即实施购买行为，而不愿意花太多时间反复比较和选择。

（3）他们急于完成购买任务，如果排队候购时间稍长或营业员的工作速度较慢，会激起其烦躁情绪。

（4）言行主要受感情支配，挑选商品时以直观感觉为主，不加以慎重考虑，所以其可能在短时间内不断改变购买决策。

接待这类消费者时，营销服务人员动作要快捷，要有耐心，应答要及时；可向他们介绍商品的有关性能，吸引他们的注意和兴趣；另外，还要注意语言友好，不要刺激对方。

3. 黏液质型消费者

（1）在选购商品时比较认真、冷静、慎重，善于控制自己的感情。

（2）不易受广告宣传、商品包装及他人意见的影响和干扰。

（3）对各类商品，喜欢自己细心地比较、选择，喜欢独自选购商品，给人慢悠悠的感觉，有时会引起服务人员和其他消费者的不满。

接待这类消费者时，营销服务人员要避免过多的提示和过于热情的服务，否则容易引起他们的反感；要允许他们有自己认真思考和挑选商品的时间，接待时更要有耐心。

4. 抑郁质型消费者

（1）在选购商品时将情感深藏于内心，不易表露。

（2）购物表现得优柔寡断，千思万虑。

（3）挑选商品时自信认真，从不仓促地做决定，往往能发现商品的细微之处。

（4）不善表达个人的购买要求，且不愿与他人沟通，对于他人的介绍心怀戒备，将信将疑。

（5）态度敏感，也不太相信自己的判断，决策过程缓慢，常因犹豫不决而放弃购买。

接待这类消费者时，营销服务人员要注意态度和蔼、有耐心；要向他们进行详细的商品介绍，以消除其疑虑，促成买卖；对他们的反复提问，应给予理解。

消费者的气质特点，会在其一系列的购买行为中逐步显露出来，因此，营销人员需要认真仔细地观察后再采取有效的接待技巧。

在营销活动中，偶尔会碰到四种气质类型的典型代表，但单纯偏向某种气质类型的人并不多，更多的人是倾向于某种气质，也就是以某种气质为主，兼有其他气质。因此，消费心理学研究消费者气质类型及其特征，其目的是提供一种理论指导，帮助营销服务人员学会根据消费者在购买过程中的行为表现，去发现和识别其气质方面的特点，进而引导和利用其积极方面，控制其消极方面，使工作更有预见性、针对性和有效性。

// 案例任务 3-1

不同顾客的超时退房

赵导师在进行消费者气质类型讲解的时候，以 ABC 酒店顾客面对超时退房需要补交房费的不同应对为例，对人的几种典型气质做了说明：

胆汁质型消费者可能会对此出现情绪的波动，急于和酒店客服沟通解释，当酒店方要坚持按照规定执行时，他们可能会因情绪激动、急躁而造成语言表达生硬，使双方在沟通方面出现不愉快的局面。即使他们在补交房费之后，仍可能表现出不满。这时候，酒店客服需要耐心对待此类顾客，保持友好、平和的态度向他们耐心解释，以周到热情的服务来做好工作。

多血质型消费者可能会很积极地和酒店客服沟通，他们会以较为友好、热情的态度去解决问题，比如配合与酒店员工了解具体情况，尽力通过多种方式做出情况说明以得到对方的谅解，并对员工的工作表达肯定和感谢。如果酒店方仍坚持让补交房费，他们也会欣然接受。客服与此类顾客的沟通会比较顺畅，能很快赢得顾客的理解，问题也较为容易解决。

黏液质型消费者可能会心平气和地向酒店客服解释原因，以求得对方的宽容，当对方坚持按照规定执行时，他们会表现出顺从的特点，不会过多争辩，平和地接受并支付增加的房费以解决退房问题。

抑郁质型消费者内心对此事可能会有自己的感受，但他们不会轻易表露。他们在思考后可能会放弃争取协商的机会，不会和酒店进行任何沟通就按照酒店规定执行。他们会在补交房费后默默离开酒店，最多只是会责怪自己超时的疏忽大意。

请思考： 生活中还有哪些案例体现了气质对消费者行为的影响？

单元二　消费者的性格

"一个人的性格就是他的命运。"这是古希腊哲学家赫拉克利特的经典之句，这句话道出的是性格对于人的根本性影响。

一、性格的含义

性格是个人在个体生活中形成的，对现实的稳固态度及与之相适应的习惯了的行为方式，是由各种特征所组成的有机统一体。每一个人对现实的稳固态度有着特定的体系，其行为的表现方式也有着特有的样式。例如，在待人处事中表现出果断豪爽、大公无私、乐于助人，对待自己则表现为谦虚、自信等，都反映了人们自身的性格特点。

一个人在对待事物的态度和行为方式上总是表现出某种稳定性倾向，因此他人就能预见其在某种情况下将如何行动。所以说，一个人的性格不只会说明他做什么，还会说明他如何做。

人的实践和人的内部世界都制约着性格的发展，它的形成过程是主体与客体相互作用的过程，因此，性格不是与生俱来的。

二、性格的特征

性格是由许多个别特征组成的复杂心理结构。由于每个人性格特征组合的情况及表现形式不同，因而形成了千差万别的性格。

任何性格的特征都不是一朝一夕形成的，它是从儿童时期就开始不断受到社会环境的影响和教育的熏陶，结合自身的实践，经过长期塑造而成的。人所处的社会环境，具体来说，就是家庭、学校、工作岗位、所属社会团体及各种社会关系等。一个人的性格是较稳定的，同时又是可塑的。在新的生活环境和教育中，在社会新的要求影响下，通过实践活动，一个人的性格可以逐渐改变。

性格的特征可以从以下四个方面理解。

1. 态度特征

态度特征是一个人处理社会各方面关系时具备的性格特征，即其对社会、集体、他人的态度，对工作、劳动、学习的态度以及对待自己的态度特征。这些态度特征的有机结合，构成起主导作用的性格特征，属于道德品质范畴，是性格的核心。例如，好的性格态度特征表现为忠于祖国、热爱集体、关心他人、认真负责等；不好的性格态度特征表现为对集体漠不关心、自私自利、蛮横粗暴、狂妄自大等。

2. 意志特征

意志特征是一个人对自己的行为自觉进行调节的性格特征，表现在个人自觉控制自己的行为及行为努力程度方面。例如，良好的意志特征主要表现为有远大理想、独立自主、坚忍不拔等；不良的意志特征主要表现为鼠目寸光、盲目性强、优柔寡断等。

3. 情绪特征

情绪特征是体现一个人的情绪对其行为活动的感染程度，以及情绪受意志控制程度的性格特征。例如，良好的情绪特征主要表现为善于控制自己的情绪，情绪稳定；不良的情绪特征主要表现为无论事情大小都容易引起情绪反应等。

4. 理智特征

理智特征是一个人在认知活动中的性格特征。例如，思维活动的精确性：有人深思熟虑，看问题全面；有人缺乏主见，人云亦云。想象中的现实性：有人现实感强，有人富于幻想。

三、性格与气质的关系

人们经会说某人的性格活泼好动，有的人性子太急或太慢，其实讲的是气质特点。由于性格与气质相互制约、相互影响，因而在实际生活中，人们经常把二者混为一谈。

性格与气质是既有区别又有联系的两种不同的个性心理特征。

1. 性格与气质的区别

（1）形成时间不同。气质更多地受个体高级神经活动类型的制约，主要是先天的；性格更多地受社会生活条件的制约，主要是后天的。

（2）表现不同。气质是表现在人的情绪和行为活动中的动力特征（即强度、速度等），无好坏之分；性格是指行为的内容，表现为个体与社会环境的关系，在社会评价上有好坏之分。

（3）可塑性不同。气质可塑性极小，变化极慢；性格可塑性较大，环境对性格的塑造作用较为明显。

2. 性格与气质的联系

相同气质类型的人可能性格特征不同；性格特征相似的人可能气质类型不同。因此，性格与气质的联系是密切而又复杂的。

二者的联系表现为以下三种情况：

（1）气质可按自己的动力方式渲染性格，使性格具有独特的色彩。例如，同是勤劳的性格特征，多血质的人表现为精神饱满、精力充沛，黏液质的人则表现为踏实肯干、认真仔细；同是友善的性格特征，胆汁质的人表现为热情豪爽，抑郁质的人表现为温柔。

（2）气质会影响性格形成与发展的速度。当某种气质与性格有较高的一致性时，就有助于性格的形成与发展，相反则会有碍于性格的形成与发展。例如，胆汁质的人容易形成勇敢、果断、主动的性格特征，而黏液质的人就很难形成类似的性格特征。

（3）性格对气质有重要的调节作用，在一定程度上可掩盖和改造气质，使气质服从于生活实践的要求。例如，飞行员必须具有冷静沉着、机智勇敢等性格特征，在严格的军事训练中，这些性格的形成就会掩盖或改造胆汁质者易冲动、易急躁的气质特征。

◆ **课堂讨论**

请你描述自己的性格以及你的性格对你购物时的行为有哪些影响。

四、不同的性格类型对消费者行为的影响

性格是消费者的购买行为中起核心作用的重要个性心理特征。消费者之间千差万别的性格特征，同样会体现在各自的消费活动中，从而形成不同的消费行为。性格在消费行为中的具体表现，可以从不同角度进行多种划分。

不同的性格类型对消费者行为的影响

（一）按消费态度划分，可以分为节俭型、保守型和随意型

1. 节俭型

这类消费者在消费观念和态度上崇尚节俭，喜欢简单的生活方式，认识事物、考虑问题比较现实。他们在选购商品的过程中较为注重商品的质量、性能及实用性，以物美价廉作为选择标准，而不在意商品的外观造型、色彩、包装装潢、品牌及消费时尚，不喜欢过分奢华、高档昂贵、无实用价值的商品。节俭是中华民族的传统美德，尽管现在的生活水平比以前提高了很多，但购买消费品还是应该精打细算，讲究实用性。此类消费者在我国为数众多，尤其是中年消费者居多。

2. 保守型

这类消费者在消费态度上较为严谨，生活方式刻板，性格内向、固执，态度严谨，怀旧心理较重，习惯于传统的消费方式，对新产品、新观念持怀疑态度，选购商品时喜欢购买传统的和有过多次使用经验的商品，而不愿冒险尝试新产品。

3. 随意型

这类消费者在消费态度上比较随和，生活方式自由而随意，联想丰富，没有长久稳定的看法，在选购商品方面表现出较大的随意性，选择商品的标准多样化，常根据实际需求和商品种类的不同，采取不同的选择标准，同时也会受到外界环境及广告宣传的诱导。

（二）按购买行为方式划分，可以分为习惯型、慎重型、挑剔型和被动型

1. 习惯型

这类消费者在购买商品时习惯参照以往的经验，一旦他们对某一品牌的商品熟悉并产生偏爱后，便会经常重复购买，形成惠顾性购买行为，很难受社会时尚、潮流的影响，不轻易改变自己的习惯。

2. 慎重型

这类消费者在性格上大多沉稳、持重，做事冷静、客观，情绪不外露，选购商品前会做周密考虑，广泛收集有关信息，根据自己的实际需要并参照以往的购买经验，进行仔细、慎重的比较权衡，然后做出购买决定。他们在购买过程中受外界的影响较小，不易冲动，具有较强的自我抑制力。

3. 挑剔型

这类消费者在性格上表现为意志坚定、独立性强、不依赖他人，在选购商品时一般都具有一定的购买经验和商品知识，强调主观意愿，自信果断，很少征询或听从他人的意见，对售货员的解释、说明常常持怀疑和戒备心理，观察商品细致深入，检查商品非常仔细，有时甚至过于挑剔。

4. 被动型

这类消费者在性格上比较消极、被动、内向，由于缺乏商品知识和购买经验，对商品的品牌、款式等也没有固定的偏好，在选购过程中往往缺乏自信和主见，希望得到别人的帮助。这类消费者的购买行为常处于消极、被动状态。

（三）按个体活动的独立程度划分，可以分为独立型和顺从型

1. 独立型

这类消费者有主见，能独立自主地对商品进行判断和选择，不易受外界因素影响，往往是家庭中做出购买决策的关键人物。

2. 顺从型

这类消费者态度随和，生活方式大众化，一般不会购买标新立异的商品，但也不受固于传统，比较容易顺从。他们的购买行为受相关群体影响较大，同与自己相仿的消费群体保持一致的消费水平，能够随着社会发展不断调节、改变自己的消费方式和习惯。

> ◆ 课堂讨论
> 如果你是销售人员，你希望遇到哪种类型的消费者？

单元三　消费者的能力

一、能力的含义

能力是指人们顺利完成某项活动的本领，例如辨别力、观察力、形象记忆力、思维能力等。能力是一种直接影响活动效率并使活动顺利完成的个性心理特征。

在实践中，要成功地完成一项活动，单一的能力是不够的，往往需要具备多种综合能力。活动的内容、性质不同，对能力的构成要求也有所不同。因此，在同一活动中，能力的综合构成与活动的要求相符，并且具有较高水平的，往往可以取得事半功倍的效果。

二、能力的分类

人的能力有多种类型，按照其发挥作用的领域不同进行划分，通常分为一般能力和特殊能力。

（一）一般能力

人的一般能力指其顺利完成各种活动所必备的基本能力，例如注意力、观察力、记忆力、判断力、决策力等。

1. 注意力

人的注意力是指其心理活动指向和集中于某种事物的能力。例如，注意力强的消费者很快就能买到自己所需要的商品，而注意力弱的消费者可能在商店里转了大半天也找不着自己所需要的商品。

2. 观察力

人的观察力是指其对事物进行准确而又迅速感知的能力。例如，观察力强的消费者能很快挑选出自己满意的商品，而观察力较差的消费者可能看不到商品的某种不太明显的优点或缺点，因而失去买到优质商品的机会。

3. 记忆力

人的记忆力是指其能否记住某些事物的能力。例如，有些消费者需要在没有见到商品的情况下决定是否购买，那么记忆力就是一个关键因素。记忆力强的消费者一旦记住了所需商品的商标、产地、性能等相关信息，就可以随时做出购买决策。

4. 判断力

人的判断力是指其对事物进行比较、分析、决断的能力。消费者在选购商品时，通过分析、比较等，可以表现出对商品以及自身需求的判断能力，这种能力也表现在对商品的使用中。例如，判断力强的消费者能迅速果断地判断出商品的好坏和对自身需求的满意度，及时做出购买决策，使用后能做出正确的评价；反之，判断力差的消费者则经常表现为犹犹豫豫、优柔寡断，有时甚至会做出错误的判断。

5. 决策力

人的决策力是指其参与决策活动、进行方案选择的技能和本领，是一种综合能力。当消费者选中了自己满意的商品，是否能下定决心买下来，这还需要有决策能力。

（二）特殊能力

特殊能力是某种专门性活动所必需的知识和技能，通常表现为以专业知识为基础的技能。

在消费实践中，如果消费者不具备一定的特殊能力而去购买某些专业性商品，就很难取得满意的消费效果，甚至无法发挥所购商品应有的使用效能。比如高级衣料的鉴别能力，购买古玩、乐器的鉴赏能力等。

特殊能力还包括某些一般能力高度发展而形成的优势能力，比如创造力、审美能力等。

有些消费者具有强烈的创造欲望和高度的创造能力，他们可以通过创造性消费，展示和实现自己的个性与追求。有些具有较高品位和文化修养的消费者，在商品美学价值评价与选择方面显示出较高的审美情趣与能力，这种能力往往使他们在服饰搭配、居室装饰布置、美容美发、礼品选择等方面获得较大的成功。

三、能力的差异

人与人之间在能力上存在的差异决定了人们的行为活动具有不同的效率和效果。

（一）能力水平的差异

能力的水平高低会直接影响个人完成活动的快慢、难易和巩固程度，从而直接影响活动的效率与效果。能力水平的差异是指人与人之间各种能力的发展程度不同，所具有的水平不同。能力的水平主要有四个层面：能力低下、能力一般、才能、天才。在现实生活中，能力低下者和天才在人群中极少，才能者也较少见，而能力一般者占绝大多数。我国著名数学家华罗庚说："根据我自己的体会，所谓天才就是靠坚持不懈的努力，聪明在于学习，天才在于积累。"

（二）能力类型的差异

能力类型的差异主要指人与人之间具有不同的优势能力。例如，有的人善于运用抽象思维，有的人善于运用形象思维；有的人善于模仿，有的善于创造；有的人擅长社交，有的则不善交际。

（三）能力表现时间的差异

人的能力不仅在水平和类型上存在差异，而且在表现时间的早晚上也有明显不同。例如，有的人天生早慧，有的人则大器晚成。

四、能力的类型及对消费者行为的影响

消费者的能力特性与消费行为直接相关，其能力差异必然使他们在购买和使用商品过程中表现出不同的行为特点。

（一）成熟型

这类消费者通常具有全面的能力结构。他们对于所需要的商品不仅非常了解，而且

具有长期的购买和使用经验,对商品的性能、外观、质量、价格、市场行情、生产情况等方面的信息非常了解。此类消费者会注重从商品的整体角度综合评价其各项性能,能够正确辨认商品的质量优劣,很内行地在同类或同种商品之间进行比较,其专业程度甚至超过销售人员。例如,健身教练选购健身器材、演奏家选购乐器等。

这类消费者由于具有丰富的商品知识和购买经验,加之有明确的购买目标和具体要求,所以他们在购买现场往往表现得比较自信、坚定,自主性较高,能够按照自己的意志独立做出决策,而无须他人帮助,并较少受外界环境及他人意见的影响。

(二)一般型

这类消费者的能力结构和水平处于中等状况。他们通常具备一些商品方面的知识,主要通过广告媒体、他人介绍等途径来了解和掌握商品的基本信息。因此,他们在购买商品前,由于缺乏对商品的具体要求以及相应的消费经验,只有一个笼统的目标,很难对商品的内在质量、性能、价格、适用条件等提出明确的意见。生活中大多数消费者都属于能力一般型消费者,而他们对商品了解的深度远不及成熟型消费者。

限于能力水平,这类消费者在购买过程中往往更乐于听取销售人员的介绍和厂商的现场宣传,经常主动向销售人员或其他消费者进行咨询,以求更全面地汇集信息。由于商品知识不足,他们会表现出缺乏自信和独立见解,需要在广泛征询他人意见的基础上做出决策,因而容易受外界环境的影响。

(三)缺乏型

这类消费者不仅不了解有关的商品知识和消费信息,而且不具备任何购买经验。在购买商品之前,他们往往没有明确的购买目标,仅有一些模糊的意识和想法;在选购过程中,他们对商品的了解仅建立在直觉观察和表面认识的基础上,缺乏把握商品本质特征及消费信息内在联系的能力,因而难以做出正确的选择;在做决策时,经常表现得犹豫不决,极易受环境的影响和他人意见的左右,其购买行为常常带有很大的随意性和盲目性。很显然,这种能力状况对于提高消费效果是极为不利的。但是,这种状况通常仅存在于对某类不熟悉商品或新产品的消费中,以及不具备或丧失生活能力的婴幼儿、老年人和残疾人消费群体中。

缺乏型消费者的能力结构和水平均处于缺乏和低下状态,需要销售人员给予正确的引导和介绍,帮助其做出最合理的购买决策。

// 案例任务 3-2

何壮壮买哑铃

健身教练何壮壮是一位非常注重亲身体验的教练,他深知自己的专业知识和经验在健身过程中的重要性。因此,他在选购体育用品时也非常慎重,希望通过自己的选择给客户提供最适合的产品。

有一天，何壮壮决定为自己的健身房购买一套新的哑铃。在他看来，哑铃是训练基本的重要工具之一，因此选择一个质量好、适合客户使用的哑铃非常关键。他决定亲自前往附近的体育用品店选购。

何壮壮事先做了一些功课，了解了市场上流行的哑铃品牌和价格范围。他知道，质量好的哑铃需要选用高品质的材料，制作精良，并且重量均匀分布。于是，他将这些标准记在心里，准备前往店里实地考察。

进入体育用品店后，何壮壮发现哑铃的品牌和款式非常多。他开始仔细地观察每一款哑铃的外形、材质和制作工艺。他用手感受每一个哑铃的重量分布和握感，试图找到最适合客户使用的一款。

在观察了一段时间后，何壮壮发现一款品牌知名、做工精细、重量分布合理的哑铃。他拿起这款哑铃，感受到手中的舒适感和质感，心里暗自满意。

然而，在决定购买之前，何壮壮还是打算进行一次亲身试用。他找到了附近的健身器材展示区，选择了近似于客户使用需求的重量进行了一组动作。通过亲身体验，何壮壮发现这款哑铃的质量非常稳定，没有明显的重量不均匀现象，并且握感也非常舒适。

经过多方面的考虑和亲身试用，何壮壮决定购买这款哑铃作为他健身房的新设备。他与店员进行了详细的交流和咨询，确保了购买和售后服务的具体细节。

回到健身房后，何壮壮亲自试用了一下新购买的哑铃，并对客户进行了详细的介绍和演示。他对于这次选购经历感到非常满意，相信作为一名专业教练，他的选择一定能够为客户提供良好的使用体验。

请思考：何壮壮买哑铃的行为能反映出哪些个性心理因素对消费者行为的影响？

单元四　消费者的兴趣

一、兴趣的含义

兴趣是人们探究某种事物或从事某项活动时产生的个性心理倾向，也是一种特殊的需要形式，表现为个体对某种事物或从事某种活动的选择性态度和积极的情绪反应。例如，对音乐感兴趣的人，他们的认识活动优先指向与音乐有关的事物，并且表现出积极的情绪反应。

一般来说，如果我们对自己所从事的事业很感兴趣，那么，我们的思想常常集中和倾向于自己的事业及其中的问题，在日常交往和谈话中，也总是把话题转到这方面来，这就是所谓的"三句离不开老本行"。由此可见，兴趣是人们从事各项活动的重要推动力。

二、兴趣的特征

1. 倾向性

兴趣的倾向性是指兴趣所指向的客观事物的具体内容和对象。兴趣的倾向性与人的生活实践和教育背景有关,并且受一定的社会历史条件制约。例如,有的人喜欢文学,所以喜欢购买大量的文学类图书;有的人喜欢体育,除了经常参加体育活动、观看电视转播的体育比赛,还会购买相关的体育用品;有的人喜欢音乐,可能会购买音乐会的票。

2. 广泛性

兴趣的广泛性指个体兴趣的范围。有的人兴趣范围广泛,对许多事物和活动都兴致勃勃,有的人则兴趣范围狭窄,常常对周围的一些活动和事物漠然处之。因此,不同个体的兴趣范围存在着差异。

兴趣的程度和个人的知识面的宽窄密切相关。一般来说,个体的兴趣越广泛,学习的知识越丰富,越容易在事业上取得成就。历史上很多卓越的人物都有广泛的兴趣和渊博的知识。

3. 稳定性

兴趣的稳定性指个体兴趣的稳定程度。在一定时期内,个体能够保持基本兴趣的稳定性,这是良好心理品质的一种体现。人有了稳定的兴趣,才能把工作持续地进行下去,从而把工作做好,取得创造性的成就;没有稳定的兴趣,就会三心二意,一事无成。

但是,在人的一生中,兴趣也会随着人的阅历的增长而发展变化。例如,消费者共同对某一品牌商品感兴趣,有的人可能长期、习惯性地购买该品牌;而有的人只使用一段时间后就改换其他品牌了。

4. 效能性

兴趣的效能性指兴趣对人们行动的推动作用。根据个体兴趣的效能水平,一般把兴趣分为有效的兴趣和无效的兴趣。有效的兴趣能够成为推动工作和学习的动力,使工作和学习继续深入,促进个体能力和性格的发展;无效的兴趣不能产生实际效果,仅是一种爱好。

5. 差异性

兴趣的差异性指人的兴趣有着极大的差别。兴趣的深度、广度和稳定性与消费者的年龄、性别、职业和文化水平有着直接的联系,影响着消费者行为的倾向性与积极性。例如,兴趣广泛的人,可能琴棋书画样样爱好;对什么事情都不感兴趣的人,就会百无聊赖、无所事事。有的人对某物、某事产生兴趣的稳定性强,可以到着迷的程度;而有的人则见异思迁,很难有稳定的兴趣对象。

三、兴趣的类型

由于兴趣具有个别差异的特征，所以反映到消费者购买商品种类的倾向性上，有以下几种常见类型。

1. 偏好型

消费者兴趣的指向性形成对一定事物的特殊喜好。此类消费者的兴趣非常集中，甚至可能带有极端化的倾向，直接影响他们购买商品的种类。有的消费者千方百计寻觅自己偏好的商品，不惜压缩基本生活开支而购买某类商品，甚至到了成癖的地步，例如有些收藏家就是这类消费者，他们有时为一张邮票、一盆花而费尽心机，倾其所有。

2. 广泛型

这类消费者具有多种兴趣。他们对外界刺激反应灵敏，易受到各种商品广告、宣传、推销方式的吸引或社会环境的影响，在购买商品时不拘一格。

3. 固定型

此类消费者兴趣持久，往往是某些商品的长期消费者。他们的购买行为具有经常性和稳定性的特点。固定型消费者与偏好型消费者的区别在于尚未达到成癖的地步。

4. 随意型

此类多为兴趣易变的消费者。他们一般没有对某种商品的特殊偏爱或固定的消费习惯，也不会成为某种商品长期的忠实消费者，他们容易受到周围环境和主体状态的影响，不断转移兴趣的对象。

四、兴趣对消费者行为的影响

兴趣是人们行为的重要动力之一。在购买过程中，兴趣对促进消费者的购买行为有明显的影响，主要表现为以下三点：

1. 兴趣会提高消费者对商品的关注度

兴趣与注意密切相关，凡是人们感兴趣的事物，必然会对它给予关注，并对其产生深刻的印象。消费者如果对某种商品产生兴趣，往往会在其生活中主动地收集这种商品的相关信息、资料，积累相关的知识，有计划地储蓄资金，从而为未来的购买活动做准备。

2. 兴趣能使消费者缩短购买过程

消费者在选购某种感兴趣的商品时，一般总是心情愉快、精神集中，态度积极认真。而且在购买前，对该商品已经有了相当的了解，因而会缩短对该商品的认识过程，在兴趣倾向性的支配下，易于做出购买决策，完成购买任务。

3. 兴趣可以刺激消费者的重复购买

由于兴趣的指向性，消费者会产生对某种商品的偏好，并形成长期、重复购买该商品的习惯。

总之，消费者在选购感兴趣的商品时，总是带有喜欢、高兴、满意等情感，营销人员应通过观察消费者对商品的兴趣程度，揣摩消费者的心理活动倾向，从而正确地引导消费者的兴趣，促使营销活动更好地开展。

> **案例分析**
>
> **小海与家居收纳**
>
> 小海一直对家居收纳产品有着浓厚的兴趣，喜欢收集不同类型和风格的家居收纳用品来整理和装饰自己的家。她喜欢整洁和有序的环境，相信一个好的收纳系统可以提高生活效率和快乐感。
>
> 某日，小海在网上偶然发现了ABC公司的家居收纳产品，并对其中的一款抽屉式收纳柜深感兴趣。这款产品设计合理，外观简洁大方，功能多样化，完全符合小海的需求。她决定买一款试试看。
>
> 小海在ABC公司的官方网站上找到这款产品，并通过在线客服咨询了更多细节。客服人员非常有耐心地解答了她的问题，并且提供了一些使用心得和使用场景的照片，使得小海对这款产品更加有信心。最后小海下定决心购买了一件。
>
> 随着收纳柜的送达，小海立即展开安装和使用。她发现ABC公司的产品不仅在设计上注重细节，而且使用优质的材料，每个组件之间都非常精准。安装过程非常简单，小海不用阅读复杂的说明书就顺利地完成了组装。而且，抽屉的滑动非常顺畅，整个柜子的稳固性也很好。
>
> 在使用了一段时间后，小海发现这款收纳柜的实用性和耐用性远超她的预期。抽屉可以轻松地容纳各种尺寸的物品，有助于她的家保持整洁有序。不仅如此，小海还发现收纳柜的设计还能提高存储空间的利用率，让她的家看起来更加宽敞明亮。
>
> 由于这次购买的满意度非常高，小海决定再次购买ABC公司的家居收纳产品。这一次，她选择了一款带有分类隔板的收纳盒。同样，这款产品的品质和功能都非常出色，真正帮助她整理了许多小物品。从此，ABC公司的家居收纳产品成为小海家中必备的物品，她还经常推荐给身边的亲朋好友。
>
> 小海通过ABC公司的家居收纳产品满足了自己对整洁和有序生活的追求。ABC公司的优质产品和专业的客服给她留下了深刻的印象，使她的购买过程变得更加简单和愉快。
>
> 【案例分析题】
> 1. 此案例中小海的消费行为与消费心理有什么关系？
> 2. 请分析小海的个性心理特征。

模块小结

本模块从消费者的气质、性格、能力、兴趣四个基本概念入手，介绍了消费者的气质、性格、能力和兴趣的特征，分析了个性心理与消费者行为之间的关系，从而有针对性地对不同个性心理的消费者采取不同的营销手段。

练习题

一、单项选择题

1. 早在公元前 5 世纪，古希腊的著名医生（　　）就提出了气质学说的体液学说，认为人体的状态是由体液的类型和数量决定的。

    A．希波克拉底　　B．克雷奇默　　C．古川竹二　　D．L. Berman

2. 比较热情和坦率，性情易急躁且好争论；情感易于冲动但却不持久，喜怒形之于色；注意力稳定而集中，难以转移；意志坚定、果断和勇敢；行动利落而又敏捷；说话速度快且声音洪亮。此类人属于（　　）气质类型。

    A．胆汁质型　　B．多血质型　　C．黏液质型　　D．抑郁质型

3. （　　）消费者一般都具有一定的购买经验和商品知识。他们在选购商品时，主观性强，很少征询他人意见，善于观察别人不易观察到的细微之处，检查商品极为仔细，有时甚至达到苛刻的程度。

    A．慎重型　　B．挑剔型　　C．被动型　　D．冲动型

二、简答题

1. 什么是能力？它一般有哪些种类？
2. 什么是兴趣？如何培养与激发消费者的兴趣？

三、判断题

1. 从消费心理学的角度看，气质是指个体与生俱来的、典型的、稳定的心理特征。（　　）
2. 兴趣可以刺激消费者对某种商品重复购买或长期使用。（　　）
3. 能力是指人顺利完成某项活动的本领，它是一种直接影响活动效率并使活动顺利完成的个性心理特征。（　　）
4. 性格标志着某个人的行为和其行为的结果，它不可能有害于社会。（　　）
5. 能力可分为一般能力和特殊能力。（　　）

消费心理分析

一、实训目的

对消费者不同个性心理特征进行分析和研究。

二、实训内容

到学校附近大商场做现场观察,注意消费者购买商品时的特点,分析消费者的个性心理,并观察销售人员的销售情况。评价本次现场销售情况,分析销售人员与消费者的气质类型与特点,结合销售结果提出促销方案。

三、实训要求

1. 按教学班级进行分组,每组 5～8 人,按组进行调查。
2. 小组成员针对观察情况逐一陈述分析。
3. 由每组组长负责完成分析报告的撰写。

Module 4

模块四

消费者需要、动机与购买行为

学习目标

【知识目标】
- 理解消费者需要的产生与分类。
- 掌握消费动机的特征、分类及诱导因素。
- 掌握影响消费者购买的主要因素。

【能力目标】
- 初步具备判别消费者需要的能力。
- 初步具备分析消费者购买行为的能力。

【素养目标】
- 通过学习消费者需求,理解消费者动机,提高沟通和表达能力。
- 通过学习消费者购买行为,形成用户导向的营销思维。

> **导入情景**
>
> 张帅帅："嗨，小小，你听说公司最近推出的扫地机器人了吗？"
>
> 王小小："我听说了，好像内部员工购买有折扣和赠礼呢，我还在了解这款产品。"
>
> 张帅帅："现在只要5折还有赠品，我是一定要入手的，可以帮助我解决家里的清扫问题。"
>
> 王小小："那很划算呀，但之前看的价格都太高了就一直没有下单。现在工作忙都没有时间打扫家务，这样一个扫地机器人可以帮着节省时间和精力。"
>
> 张帅帅："对，而且这款机器人搭载了目前市场上最高级的智能导航系统，可以避开家具和其他障碍物。"
>
> 王小小："这个功能听起来不错，我家里有很多家具，有智能导航系统的机器人会更加方便。"
>
> 张帅帅："这款扫地机器人还配备了无线网络连接，可以通过手机应用程序控制和监控。"
>
> 王小小："这个功能很实用呀！如果我不在家的时候，我可以远程控制机器人开始工作，这样我回到家里就会有一个干净的家。"
>
> 张帅帅："是的，机器人还具有自动回充和自动清洗功能。"
>
> 王小小："可以自己管理充电和清洗的话我完全不用操心了，太方便了！"
>
> 张帅帅："扫地机器人是一个非常适合现代生活的产品，抓住机会买呀。"
>
> 王小小："我想我也会购买一个扫地机器人的！"
>
> **【引入问题】**
>
> 1. 消费者对一款产品会产生哪些方面的需要？如何理解并满足消费者的需要？
> 2. 消费者的购买动机是如何形成的？需要与动机有何关系？

单元一 消费者需要

一、需要和需求

（一）概念

1. 需要

需要是指人们缺乏某东西而产生的一种心理状态，通常以对某种客体的欲望、意愿、兴趣等形式表现出来。当个体找到满足需要的目标或对象时，需要就转化为了动机。

2. 需求

需求是人们在某一特定的时期内,在各种可能的价格下,愿意并且能够购买某个具体商品的需要,是消费者有购买力的欲望。

（二）需要和需求的区别和联系

1. 需要和需求的区别

需要：消费者有购买消费品的欲望,而无能力支付。

需求：消费者有购买消费品的欲望,又有支付能力。

例如,假设一个有100万户居民的地区,每户居民都需要拥有一辆家用小轿车,但是在一定价格水平下,只有40%的家庭有购买轿车的支付能力,因此,该地区对小轿车的有效需求是40万辆,而不是100万辆。

需求产生的重要条件就是"愿意并能购买",可用公式表示为

$$需求 = 欲望 + 购买力$$

2. 需要和需求的联系

个体自身内部和外部不平衡导致了需要的产生,而需要会引导着个体通过某些行动实现目标,在此过程中就会产生动机。在动机的促使下,个体一旦有能力达实现这个目标,就产生了需求。因此,需求因需要而出现,如图4-1所示。

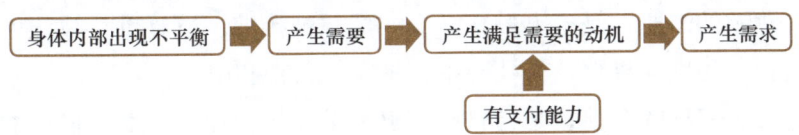

图 4-1 需要与需求的联系

在营销中,企业需要注意的是,消费者的需求必然是需要,但需要不一定是需求。企业可以通过满足消费者的需求而获取利润,其中最关键的就是对消费者需要的把握,这也是企业抓住市场机会的重要条件。例如,消费者有对尊重的需要,他们就会通过购买的商品来体现自己的社会地位,希望通过该类商品的使用赢得尊重。也就是说这些商品将消费者对尊重的需要转化为他们能够支付得起的需求。因此,对消费者需要的研究就显得尤为重要。

◆ 课堂讨论

你是否认同"营销的本质就是满足需求"这一观点？请解释说明。

（三）马斯洛需要层次理论

马斯洛的需要层次理论将人类的需要分为五级层次,通常以金字塔的结构反映,如

图4-2所示，由底层向高层分别为生理需要、安全需要、社交的需要、尊重的需要和自我实现的需要。

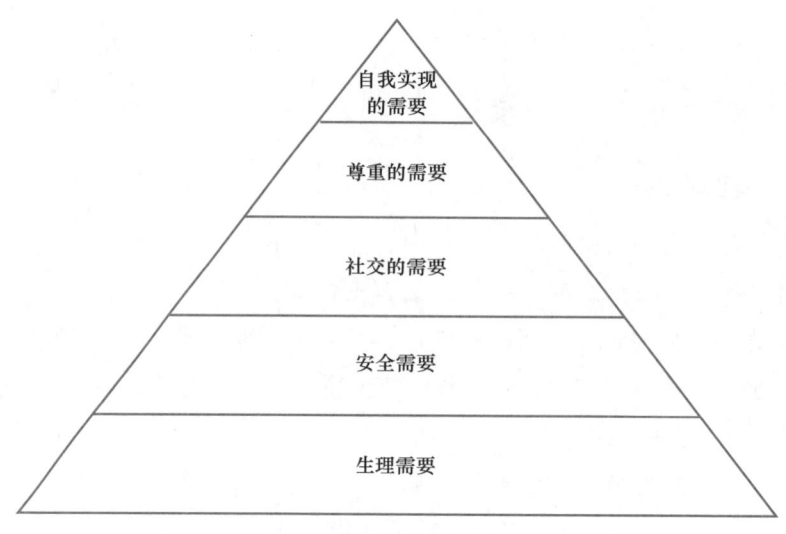

图4-2　马斯洛需要层次理论

第一层：生理需要，是指维持人类生存最基本的需要，例如空气、水、食物等。

第二层：安全需要，是指人们对自身健康、人身安全、工作保障、稳定生活等的需要。

第三层：社交的需要，是指人们在社会中交友、爱与被爱、协调人际关系、群体归属感的需要。

第四层：尊重的需要，是指人们在社会中渴望被接纳、被尊重、被认可的需要，如希望被别人赏识，受别人尊重，在社会中有一定的名誉和威望。

第五层：自我实现的需要，是指自己能够追求和实现理想，发挥自我潜能等，是对真善美等最高人生境界的需要。

马斯洛认为：首先，人的需要是由低级向高级发展的；其次，生理需要是最低层次的需要，只有最低层次的需要得到满足后，才会产生高一级的需要；再次，未满足的需要是动机形成的源泉和动力；最后，当一种需要得到满足后，就失去了对行为的刺激作用。

马斯洛需要层次理论对研究、分析消费者心理与行为在营销中的应用有着重要的意义：

生理需要——满足最低层次需要，市场中的产品具有一般功能就能满足消费者最基本的需要。

安全需要——消费者关注市场中的产品对自身安全的影响。

社交的需要——消费者关注产品能否能满足自己的社交需要，如社交形象、情感沟通等。

尊重的需要——消费者对产品有特殊的要求，比较关注产品对自身的象征意义，如能否体现自身的社会地位、身份、威望等。

自我实现的需要——消费者对产品有自我的评判标准，希望能拥有属于自己的特定产品，如对某品牌或某类型产品的固定持有等。

这五个需要层次分别对应的产品和诉求的举例见表 4-1。

表 4-1 需要的五个层次分别对应的产品和诉求举例

需 要	产 品	诉 求
生理需要	谷物麦片	健康
安全需要	壁灯	照亮黑暗
社交的需要	保健品	表达关爱
尊重的需要	高档手表	身份的体现
自我实现的需要	提升培训	自我发展

二、消费者需要的内容、特征和类型划分

（一）消费者需要的内容

消费者需要是指消费者生理和心理上的匮乏状态，即感到缺少些什么，从而想获得它们的状态。消费者的需求反映了他们内心的需要。

消费者需要可以概括为以下几个方面：

1. 对产品基本性能的需要

消费者在购买商品时最基本需要的就在于产品的性能是否能满足其预期要求。产品的性能特点给消费者带来的利益满足，是消费者购买商品的使用价值的充分体现。例如，家电、汽车、电子产品等各自的基本功能和安全性等特点，能满足消费者不同的需要。

2. 对产品便利性的需要

企业在设计和销售产品时要尽可能地为消费者提供便利，尽可能减少消费者在购买和使用过程中的时间、精力等成本，为消费者提供更满意周到的服务。便利性已成为消费者购买商品时越来越关注的重要方面。

3. 对产品情感和审美的需要

消费者对产品的情感和审美体现在对产品具有的感情色彩以及对产品各方面审美价值的要求，具有明显的代入感。消费者希望从购买的商品中获得情感的共鸣、补偿以及对美好事物的寄托与向往。这与消费者的价值观、社会地位、受教育程度、职业与生活的背景等有密切的关系。

4. 对产品经济性的需要

消费者在购物时很大程度上都会对商品的价格格外关注，他们希望能以低廉的价格买到合适的商品，也希望在使用时能降低商品的各种消耗，以此减少费用支出，例如节能型的家电产品等。

5. 对产品象征性的需要

因为消费者的不同价值观以及个人生活经历的差异，他们购买商品时会考虑其象征

意义的体现，例如纪念日礼物、体现身份地位的高档商品等。

企业的任何营销，包括内部管理活动，都应该是从发现消费者需要入手，结合消费者的需要来组织营销活动，最终满足消费者的需求。

◆**课堂讨论**
你认为物质需要和精神需要哪一个更重要？请说明原因。

（二）消费者需要的特征

1. 多样性和差异性

不同的消费者因为不同因素的影响，在需要上存在一定的差异，就会表现出对消费对象有着多方面不同的要求。企业在营销活动中应注意根据消费者的多样性和差异性采取不同的定位策略。

2. 层次性和发展性

消费者的需要会因消费者的收入水平、购买力、价值观不同出现不同层次的购买行为，例如在购买价格、数量、品牌选择上的层次高低不同。另外，随着时代的进步、新的产品和消费理念的出现，消费者的需要也会不断发生改变。

3. 伸缩性和周期性

消费者需要的伸缩性取决于消费者的购买能力、对于商品的需要程度等，可以从购买商品的数量、品种、层次变化上体现出来。例如，生活用品的需要伸缩性较小，高档消费品的需要伸缩性较大。消费者需要还存在周期性的特点，当消费者需要被满足后，随着时间的推移会再次产生同样的需要，出现周而复始的循环，主要体现在基本生活需要上。

4. 联系性和替代性

消费者需要的联系性表现为消费者对某些关联性强的商品的购买。例如，购买洗发水时，通常会附带购买护发素、发膜等。企业关注消费者需要的联系性，不仅能够给消费者带来方便，同时也能提高商品的销售额。消费者的需要替代性则体现在对同类型可代替商品的购买上，也就是购买了这种商品，另一种商品的销售量就会减少。例如，洗衣液销量提升了，肥皂或洗衣粉的销量就会降低。

5. 可变性和可诱导性

消费者需要总是随着环境的变化、时代的进步、科技的发展等而变化，还会因为消费者的观念改变而不同。但是，企业在营销活动中，通过对消费者心理和行为的分析、研究，可以对消费者需要进行引导，利用人为的或者有意识的手段，向消费者灌输新的观念，结合内外部诱因来刺激、影响、改变消费者需要。

（三）消费者需要的类型划分

1. 按照需要的起源分为生理需要和心理需要

消费者的生理需要是最原始、最本能的需要，是个体为了维持和延续生命的基本生存需要，例如人们日常生活中穿衣吃饭、解决温饱等类型的需要。

消费者的心理需要是社会成员在后天的社会生活中逐渐形成的，取决于消费者的个性心理特征，例如求知的需要、求美的需要、社交的需要、名誉地位的需要、被尊重的需要等。

2. 按照需要的内容分为物质需要和精神需要

消费者的物质需要主要是对社会中的物质产品的需要，包括衣、食、住、行以及社交、情感、工作、学习等各方面物质欲求。

消费者的精神需要是指为了改善个人的文化素质、自身修养等形成的精神层面的需要。这类需要大多是在社会环境的影响下形成的，包括认知、审美、社交、自尊、道德等多方面的内容，具体表现为对美好事物、自身兴趣爱好的追求与向往，以及对情感交流的需要等。

3. 按照需要的表现形式分为生存需要和发展需要

消费者的生存需要是指为了维持生命活动而形成的物质生活资料的最基本需要，是人与生俱来的，作为生命机体的本能需要。这主要体现在对食物、空气、水、住房等的需要。

消费者的发展需要是一种社会性的需要，是人们在社会生活中的各项体力、修养、技能等，有助于个人提升的需要，例如艺术学习、文学素养、锻炼健身、娱乐放松等方面的发展需要。

// 案例任务 4-1

配 件 专 区

HX 科技公司的市场调研团队发现，很多消费者在购买电子产品时，也需要购买相关的配件和周边产品。例如，购买新手机的消费者可能还需要购买手机壳、充电器和耳机等。为了满足消费者的需求，HX 科技公司在店内设计了一个配件专区，将各种手机配件和周边产品集中展示，方便消费者进行选择和购买。这样一来，消费者在购买主要产品的同时，也能够顺便购买到所需的配件，节省了他们的时间和精力。

配件区的设置让 HX 科技公司成功地增加了产品销售量。不仅能够满足消费者的不同需求，也能够提高顾客满意度和忠诚度。

请思考：为什么要设置配件专区？

单元二　消费者购买动机

一、消费者购买动机的概念和形成条件

（一）消费者购买动机的概念

动机是引发和维持个体行为并指向一定目标的心理动力，是一种内在的驱动力。

动机一般分为生理动机和心理动机：生理动机是个体与生俱来的，与身体的生理需要有关，比如由饥饿、口渴、疲倦、睡眠、感觉等方面的需要而产生的动机；心理动机与社会需要有关，是个体在社会环境中通过后天的习得形成的，比如因情感、归属、尊重、认可等因素所产生的动机。

消费者购买动机是指是消费者在购买产品时驱使消费者产生各种购买行为的内在原因，是一种消费心理的动力。

现实生活中，人们通常为了满足某种需要而受驱动，这种需要是有意或无意的，也是物质或心理的。企业营销活动中对消费者购买动机的分析，将有助于了解和掌握消费者购买行为的真实意图。

（二）消费者购买动机的形成条件

消费者购买动机的形成有以下三个条件：
（1）消费者动机的形成必须以需要为基础。
（2）刺激或情境是引起消费者动机的外在条件。
（3）必须有满足需要的条件和对象。

由此可见，消费者的需要和动机存在着密切的联系，需要产生购买动机，购买动机支配消费者的行为。一方面，如果需要得到满足，则动机停止作用，此轮动机过程结束，新的一轮需要又会产生；另一方面，如果需要未得到满足，消费者内心的紧张状态仍然存在，在外界的刺激下，消费者动机产生并推动转化成消费行为。

在购买活动中，需要是消费者产生购买动机的基础，也是消费者行为的最初原动力，消费动机则是消费行为的直接驱动力。

二、消费者购买动机的特征

1. 指向性

消费者购买动机的指向性决定消费者购买行为朝向特定的目标和方向，使消费者明确"我要买什么"。

2. 组合性

消费者购买行为的产生有可能源于某一种动机，也有可能是多种购买动机作用的结果。

3. 内隐性

消费者购买动机是消费者的内心活动，往往不会表露出来，有可能会因为某种原因将真实的动机掩饰起来。消费者的动机通常是根据消费者表现出的行为来推断的。

4. 复杂性

消费者购买动机是复杂的、多种层面的，不同的消费者有不同的购买动机，同一消费者在不同时期、不同场合、不同情况下，也会有不同的购买动机。

5. 迫切性

消费者购买动机的迫切性由消费者的需求强度所决定。

◆ **课堂讨论**

你平时网购的动机是什么？请结合实际购买经历举例说明。

三、购买动机的基本类型

消费者的购买动机是复杂多样的。具体来说，消费者的购买动机主要有生理性动机和心理性动机两大类：

（一）生理性购买动机

消费者的生理性购买动机主要指为维持和延续生命产生的购买动机，如满足衣、食、住、行等生理需要以及保证身体健康等正常基本生活需要的购买动机。

（二）心理性购买动机

消费者的心理性购买动机主要源自消费者的心理需要引起的购买行为动机。常见的有以下几种：

1. 求实动机

求实动机是指消费者以注重商品或服务的实际使用价值为主的购买动机。这类消费者注重商品的性价比，特别重视商品的实际效用、功能质量、经久耐用等，而对商品的外观造型、色彩、商标、包装装潢等往往忽略不计，在购买时都会比较认真、仔细地挑选商品，不易受外界干扰。

2. 求新动机

求新动机是指消费者以商品的新颖、奇特和时尚程度为主要评判标准的购买动机。

这类消费者尤为关注商品的外观、造型、包装设计、色彩样式等，追求"新、奇、特"，对陈旧过时的商品不屑一顾。

3. 求美动机

求美动机是指消费者购买时注重商品的艺术价值以及审美，特别重视商品在人和环境方面的美化作用和效果，以及在人的精神生活层面的陶冶作用，追求商品的美感带来的心理享受。

4. 求廉动机

求廉动机是指消费者购买商品时比较关注商品的价格，希望以付出较少的货币而获得更多的物质利益回报。价格的敏感度是求廉消费者的突出特点，他们在购买时受处理价、优惠价、大特价、清仓价、跳楼价等价格信息的影响较大，不太考虑商品的质量、实用性、需求迫切程度等。

5. 求名动机

求名动机是指消费者以追求商品的名牌、名望等为主要目的的购买动机。这类消费者在购买时受商品的知名度和广告宣传等影响较大。他们较为关注商品的品牌、商标，以及商店的招牌等，喜欢购买名牌产品。

6. 便利动机

便利动机是指消费者在购买商品时，希望购买方便、使用维护方便等方面的购买动机。大多数消费者在购买价值不高但需要经常购买、使用的日用品时，往往不愿花费过多的时间和精力，购买时也不太认真挑选，讲求便利是其主要特征。

7. 惠顾动机

惠顾动机是指消费者出于对某种商品、某个商标或某个企业的偏爱而产生的购买动机。这类消费者由于经常使用某种商品而对某种商品、某个商标或企业产生特殊的信任和爱好。在惠顾动机支配下，消费者经常重复地、习惯地向某一推销商或商店购买商品或服务。

8. 从众动机

从众动机是指消费者购买商品时想要与别人相同，保持同一步调。从众动机通常是在参照群体或周围社会环境、风气的影响下产生的，如跟风购买一些自己并不需要的商品。出于从众动机购物的消费者，大多数不能理性面对自身的购物行为，具有一定的盲从性。

9. 攀比动机

攀比动机是指消费者在购买商品时并不是出于满足自身需要，而是为了表现自己比别人更强。这类消费者购物时不考虑自己的实际情况和商品的实用性，很大程度上是想通过购买高档、奢侈、名牌等商品表现自己比别人更胜一筹。攀比动机主导的消费者，为满足争强好胜的心理，其购买行为具有一定的盲目性和冲动性。

10. 储备动机

储备动机是指消费者购买商品是出于储备商品的价值或使用价值的目的。这类消费者希望储备的商品能为他们提供资金保障，以备不时之需。例如，消费者购买黄金首饰、古董、名贵工艺品，甚至是有价证券等。

当一名营销人员企图去影响并主导消费者的行为时，他首先必须了解消费者背后的动机是什么。营销人员面临的主要挑战之一便是如何去发现这些消费者行为背后的主要影响力量，以及如何设计营销策略来引发并满足消费者的需求。

// 案例任务 4-2

小璐的改变

小璐是一名年轻的公司白领，她对时尚并不太关注也不太在意自己的形象，认为衣服只要能穿就行。

有一天，小璐无意中看到一本时尚杂志，里面展示了许多的服装搭配。这些照片让小璐心生向往，她开始意识到衣服不仅可以保暖，还能展示个人的风格和个性。

于是小璐决定改变自己的穿衣风格。她开始购买一些简单却时尚的衣服，如基本款的T恤、牛仔裤等。这些衣物并不花哨，但它们都有独特的设计感和时尚元素，能够为自己的形象增添一些亮点。

随着时间的推移，小璐对搭配衣物越来越感兴趣。她开始学习不同颜色和款式的衣服如何搭配，学习如何在不同场合应对不同的着装要求。她逐渐明白，搭配不仅是为了追求美观，更是为了表达自己的个性和态度。

小璐开始仔细研究衣服搭配的技巧，她到时尚博客上看文章，关注一些时尚大咖的穿搭建议。她开始尝试用不同的鞋子、配饰和包包来完善自己的造型。她发现，一个简单的配饰或者一个特别的款式都能让整体形象更加出众。她意识到，时尚不仅仅是为别人而存在，更是为了自己感到舒适和自信。她开始把穿衣当作一种艺术，一种展现个人魅力的方式。

小璐的朋友们看到了她的变化，对她的穿衣品味非常赞赏。她们纷纷向小璐请教搭配的技巧，小璐很乐意与她们分享自己的经验和见解，并利用业余时间成为一名时尚博主。

请思考： 小璐的购买动机发生了怎样的改变？

四、购买动机的诱导

（一）购买动机诱导的概念

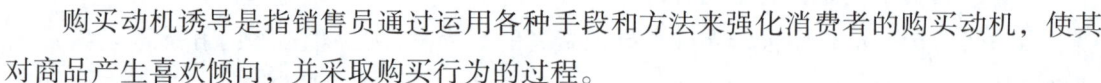
购买动机的诱导

当消费者对要购买的商品正纠结于买与不买，难以抉择时，若加以外力，就会强化其购买动机，推动其完成购买行为。例如，在倾向购买的外力引导下，消费者能很快做出购买的决策。此时，购买动机的诱导就发挥着重要的作用。

购买动机诱导是指销售员通过运用各种手段和方法来强化消费者的购买动机，使其对商品产生喜欢倾向，并采取购买行为的过程。

（二）购买动机诱导的产生

消费者购买动机产生之后，销售人员要了解、分析消费者购买产品的动机，以及其购买角色，并结合所销售产品的性能、类型、特点、市场情况等，来研究如何通过激发消费者购买动机，进而引导其购买行为。

在现实购买中，消费者购买动机如得到强化，可以使消费者产生更为强大的购买驱动力，从而很容易形成购买行为。

（三）购买动机诱导的方式

一般来说，销售人员对消费者进行购买动机诱导的方式主要有以下几种：

1. 证据提供诱导

消费者对于选择的商品已基本确定，但是心理上还是不太有把握，表现出犹豫不决时，销售人员可采用有力的证据说服消费者，例如告诉消费者有谁买过该产品以及评价等，向其提供证据诱导，强化其购买决策的正确性。证据诱导是比较具有说服力的一种诱导方式，可以很快消除消费者的顾虑，促成购买行为。

2. 利益追加诱导

一种产品能给消费者带来利益点的满足才能促使消费者的购买。消费者对产品的认识是有限的，利益追加诱导就是销售人员能通过强化商品带给消费者的利益，提高消费者对商品的更多认知和商品价值感的提升，从而引导其采取购买行为。

3. 特点补充诱导

当消费者对选择某商品已有了一定信心，但是对其优缺点还不够了解，不能立即做出判断时，销售人员可采用特点补充诱导其购买。销售人员应重点补充说明该商品的一些消费者不太了解的性能特点，例如通过同类商品之间、新旧款式之间的比较等进行分析说明，协助消费者完成购买决策。

4. 观念转换诱导

消费者对商品某方面属性的不了解，或者印象不深刻，往往会导致消费者对商品不感兴趣。销售人员在此时可以通过观念诱导的方式，解释并强调商品属性的重要性，改变消费者对商品的态度，使其通过观念转变形成购买决策并采取购买行为。

5. 品牌强化诱导

消费者购买的商品选择哪一品牌很难做出选择时，销售人员可运用品牌强化诱导，通过重点介绍某一品牌，详细说明它带给消费者的利益点，并结合其他消费者对该品牌的认识、感受、认可等，来促进消费者的购买。

消费者购买动机的诱导不仅讲究一定的方式和方法，还要把握好时机。如果时机掌握不好，销售人员也无法通过诱导达到应有的效果。销售人员对消费者的观察以及内心活动的分析有助于消费者购买动机诱导时机的把握。

另外，要想使诱导取得成功，还要注意克服一些不利因素的影响，比如消费者对推销员、售货员的不信任，就会造成对产品的不信任、对介绍内容的不信任。销售现场的环境也会影响诱导的效果。

单元三　消费者购买行为分析

一、消费者购买行为的含义及类型

（一）消费者购买行为的含义

消费者购买行为指消费者为获取、购买、使用、评估和处置预期能满足其需要的产品和服务所采取的各种行为，包括之前决定这些行为的决策过程。

（二）消费者购买行为的类型

1. 根据消费者行为的复杂程度和所购商品本身的差异性大小划分

（1）复杂型。复杂型购买是指消费者初次购买差异性很大的耐用消费品时发生的购买行为。此类购买行为需要消费者在购买商品时花费相当的时间和精力收集商品相关信息并反复评估，经过一个考虑的过程才最终做出购买决策。例如购买高档家电、家用轿车、高科技电子产品等。

（2）和谐型。和谐型购买是指消费者购买差异性不大的商品时发生的一种购买行为。由于购买商品的性能差异性不大，消费者在购买此类商品时主要考虑的是便利性和价格的优惠等，购买时间短、决策迅速，一般不会花费太多的时间和精力去挑选。例如购买纸、笔等文化用品。

（3）简单型。消费者购买一些价值较低、购买频率高的商品就是简单型购买，是一种简单的、常规的购买行为。消费者对此类商品已经很熟悉，不需要进行信息收集、商品评估等，也形成了一定的购买和使用偏好。例如香烟、肥皂、牙膏等一些消费者经常使用、固定购买的商品。

（4）多变型。多变型购买是消费者为了使消费多样化而常常变换品牌的一种购买行为。消费者购买一些品牌差别大，但较易选择的商品时会采取此类购买行为。例如购买饮料时经常换品牌或口味。

2. 根据消费者购买时的动机与态度划分

（1）理智型。理智型的消费者通常是经过深思熟虑之后才会采取购买行为。此类消费者在购买前会仔细考虑产品的性价比、具体功能以及维修保障服务等因素，在仔细研究产品并"货比三家"后，经过反复斟酌思考才会做出最终决定。营销企业在对理智型消费者开展营销活动时，所采用的营销方式和技巧应更为理性、客观，使产品定价、产品开发、分销渠道选择、促销宣传等营销策略能够让理智型消费者所接受和认可，并能对他们起到号召和引导的作用。

（2）习惯型。习惯型消费者在购买商品时会表现出偏爱某种或某几种品牌，多数时候他们更习惯于挑选自己喜爱和熟知的品牌产品。这类消费者更容易被培养为企业的忠实顾客，因此，企业应针对习惯型的消费者，进一步采取产品优化、促销宣传、提升服务等营销措施，建立起企业自己品牌的优势，使其成为消费者偏爱、习惯购买的对象，在此类消费者心目中树立良好的企业和产品形象。

（3）感情型。消费者的购买行为很多时候是出于感情上的动机。消费者因感官刺激或内心的情感体验深刻而产生心理上更多与商品的关联、想象，从而引起消费者的购买欲望。因此，企业必须通过对消费者心理的分析研究，掌握相应的营销策略。例如，通过创造优美舒适的购物环境、利用精美的商品包装、对商品品牌命名和宣传等方式，调动消费者的情感因素，促使消费者完成购买。

（4）经济型。经济型的消费者在购买时首要关心的就是产品价格。产品的质量、外观、实用性等因素是他们其次才会考虑的方面。此类消费者对商品价格变动敏感，购买商品时，他们选择的多半是价格实惠的。为此，营销者应适应市场需要，生产或经营一定的经济实惠的产品，可充分满足大多数消费者的需求。

（5）冲动型。冲动型消费者易受心理变化、销售环境、陈列产品、促销活动的影响做出购买决定。此类消费者做决定时较为轻率，也容易于产生动摇或反悔的心理变化。

（6）不定型。不定型消费者在购买时的心理和行为表现不固定，对产品的偏好和态度也未完全形成固定模式，所以在购买商品时表现出缺乏主见、举棋不定等反应。

◆ **课堂讨论**

你认为你是什么类型的消费者？

二、消费者购买行为的一般模式

消费者购买行为的一般模式称为"刺激—反应"模式,这一模式说明了营销环境刺激与消费者反应之间的关系,如图 4-3 所示。

在这一模式中,具有一定潜在需要的消费者,首先受到企业营销活动和各种外部环境因素的外界刺激影响,从而产生购买意向;其次,不同特征的消费者在外界刺激的影响下,又会基于其特定的内在因素和决策方式——"消费者黑箱"(在消费者做出购买决策之前,商家无法了解消费者的购买行为与购买意愿)做出不同的反应;最后,消费者的反应导致消费者不同的购买意向和购买行为,最终形成消费者购买决策。

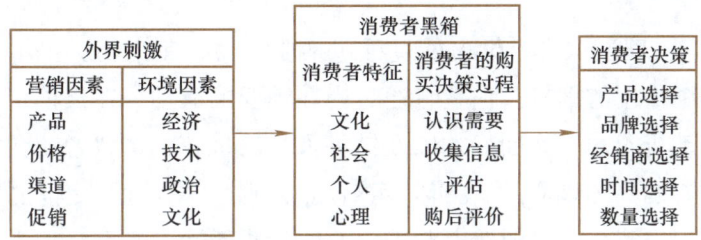

图 4-3 消费者购买行为一般模式

三、影响消费者购买行为的因素

消费者的需要、欲望、消费习惯和购买行为是在许多因素的影响下形成的。消费者的购买行为深受心理、个人、群体和社会等因素的影响,且每种因素对消费者购买行为的影响程度都有所不同。

(一)心理因素

心理因素对消费者的购买行为产生的影响是最直接的,主要有动机、知觉、学习和态度四个主要的方面。

1. 动机

当人们因某种需要未能得到满足时便会形成一种紧张的状态,当这种状态达到一定强度时就会产生一种内在的动力,这种内在的动力会促使人们采取满足需要的行动,这就是动机。消费者行为的产生,取决于消费者的购买动机。当消费者对某一商品的需要达到一定强度、购买欲望越来越强烈时,消费者的购买动机就会形成,并推动消费者产生购买行为。

2. 知觉

知觉是客观事物作用于人体感官时对人脑产生的直接印象的反应。消费者购物时,商品会直接作用于消费者的感官,消费者的大脑中会对商品形成一种综合的反应,并对商品产生整体的印象。

但消费者的知觉过程是一个有选择性的心理过程，也就是说，不是所有的商品对消费者都能产生影响，消费者只会选择性地对某些刺激到感官的商品做出明确的反应。因此，不同消费者对同一商品产生的知觉就会有差异，有些人感兴趣，愿意进一步了解或立即购买，而另一些消费者可能完全不关注，更不会购买该商品。

3. 学习

学习是人们经过实践和经历而获得的，能够对行为产生相对永久性改变的过程。消费者通过商品的购买和使用的实践，获得相关的经验积累，从而调整和改变自己的购买行为的过程就是学习。

"刺激—反应"理论认为：学习的过程包括驱动力、刺激物、提示物（诱因）、反应、强化五个连续作用的因素。消费者通过内在需要的驱动，在某种相关联商品的刺激下就会形成购买动机，加之亲朋好友以及销售人员的推荐，消费者就会做出购买该商品的反应。当消费者购买了该商品后，体验感较好，则会"强化"之前的反应，比如下次继续购买或向别人推荐；假设消费者购买后的体验感不好，就不会"强化"反应。

4. 态度

态度表现为消费者对购买行为所持有的看法。消费者对某个品牌或商品有了一定的看法和印象就会形成态度，进而影响消费者的购买行为。消费者态度的形成受到了产品或服务本身、他人意见、自身的经历和社会环境等诸多因素的影响。

（二）个人因素

1. 个性与自我观念

个性即一个人特有的心理特征，消费者的自我观念和个性密切相关。自我观念是消费者对自己个性特征的了解的总和，包括态度、情感、信仰、价值观等组成部分。消费者在个性与自我观念的影响下，总是选择符合自我观念的商品和服务，对于不相符的则会表现出抵触的情绪。

个性和自我观念在更深的层次上对消费者的心理产生影响，制约并调整着消费者的购买行为。消费者在选购商品时除了考虑商品本身的性能之外，还会考虑该商品能否有助于达成自我的意愿，例如"我希望被别人如何看待""使我成为我想要的样子"等。此时消费者购买商品就成为其达成自我观念的一种手段。

2. 生活方式

消费者的生活方式反映了他们对物质、精神、休闲等生活进行消费选择的态度。消费方式具有鲜明的时代性，并受消费者所处社会文化的影响较大。另外，生活方式也可以体现一个人的兴趣、爱好、价值取向等方面的特征。

生活方式对消费者行为的影响表现在如何花钱、规划休闲时间、挑选商品等方面的理解与安排上。不同的社会阶层、职业、文化、家庭生命周期，都会导致消费者在生活方式上的差异，从而体现在不同的消费行为上。企业营销组合的选择需要注意是否符合目标消费群体生活方式的习惯和特点。

3. 职业与教育

不同职业的消费者在选择商品时对其理解不仅是在商品本身的性能方面，有很大程度会考虑到职业的需要。某些产品的品牌已经成为消费者身份、职业、喜好以及价值观的体现。同样，消费者受教育程度的差异在购买行为上也有较明显的区别。受教育程度越高，消费者对产品了解或理解的程度越深刻，不易产生"人云亦云"的心理，而是有自己独到的、客观的、谨慎的看法。职业与教育程度是消费者所处社会角色的相关因素，对他们的价值观念会产生一定影响。

◆ **课堂讨论**
　　你认为你的生活方式是怎样的？它是怎么形成的？

（三）群体因素

消费者受年龄、性别、参照群体的影响，在所需商品与服务方面的要求是不尽相同的。即使面对同一商品或服务，不同群体消费者会出于不同的理解、站在不同的角度对其做出评价和选择，并且会存在很大差异。

1. 年龄群体

以消费者的年龄段为标准来划分，可以分为儿童、少年、青年、中年、老年等不同年龄段群体。消费者处于不同的年龄段时，由于受到各年龄段心理特点以及其他各种因素的影响，会产生不同的消费心理和行为表现。在相同年龄段群体中，消费者的购买行为则会具有较为明显的共性倾向。

2. 性别群体

不同性别群体的消费者，即男性和女性，他们之间由于其生理过程以及心理特征的显著差异，在面对相同事件时会有不同的处理方式。总体来讲，男性较女性而言更为理性，女性较男性则更为感性，因此，男性和女性作为不同性别的消费群体，消费心理和行为上具有明显的差别。

3. 参照群体

参照群体是指能够直接或间接影响消费者的消费态度、价值观和购买动机和行为的个人或集体，他们与消费者同时也形成相互作用的关系。每个人都有与参照群体保持一致的心理倾向，可表现在收集参考群体信息、选择遵守参照群体的偏好和规范、遵循参照群体的信念及价值观等方面。

（四）社会因素

1. 文化和亚文化

文化是造成消费者购买行为差异的重要因素。文化对消费者的价值观产生有着重要的作用，在一定文化背景影响下，消费者的行为会具有一定的共同倾向。例如，中国的老年人和欧美的老年人在消费观念上有很明显的差别。

亚文化是在每一种文化中还存在着的，在一定范围内具有文化同一性的群体，如民族亚文化、宗教亚文化、地理亚文化等。有着不同的亚文化的消费者会形成不同的消费习惯和价值观。

2. 家庭

家庭是社会的基本组成单位，也是最重要的商品购买单位。现实生活中的大部分消费行为都是以家庭为单位进行的。家庭成员的角色、购买决策权以及家庭生命周期的不同阶段都会对家庭消费者购买行为产生一定的影响。

3. 角色和地位

一个人在社会中会因不同的原因扮演者不同的角色，并处于不同的社会地位。处于不同社会角色、地位的消费者，因价值观、生活习惯、消费行为的不同，有着与之相对应的产品需要。但即便是处在相同社会角色、地位的消费者也会存在因人而异的差别。

总之，消费者的购买行为是受多种因素相互作用和影响的结果，除了以上介绍的几个主要方面，还有商品、经济、市场等。这些诸多的因素仅凭企业开展市场营销活动是很难改变的，但它们在企业对消费者心理分析方面却发挥者重要的作用。对于影响消费者购买行为因素的分析是企业研究消费者心理的重要途径，也是企业制定合理的市场营销策略的重要依据。

// 案例任务 4-3

ABC酒店在日本与泰国

在日本，ABC酒店的设计融合了日本传统的和式风格和现代元素。建筑外观常采用传统的日式建筑风格，如推拉门、纸窗等，以米色和白色的色彩搭配突出了雅致和简约的特点。室内设计则结合了传统的地板铺设、茶室和庭院等元素，同时加入了现代家具和设施，提供了舒适和便利的居住体验。此外，ABC酒店还会通过艺术品、工艺品和装饰品展示日本的传统文化，例如冲绳玻璃风铃、赞岐提灯等。

而在泰国，ABC酒店的设计则更加注重自然元素和泰国传统文化的共存。建筑外观常采用泰式建筑风格，如木质结构、瓦片屋顶和雕花装饰等，展现了泰国古老而优美的建筑风貌。室内设计也会运用泰国传统的手工艺品、木雕和丝绸等元素，大量使用明亮而鲜艳的色彩，如红色、金色、绿色等，营造出浓郁的泰国文化氛围。此外，ABC 酒店将花朵、树木、水景等元素融入室内设计中为客人提供一个放松和舒适的度假空间。

请思考：ABC 酒店在不同国家的风格为什么不一样？

四、消费者购买决策过程

消费者购买决策是一个系统的消费者购买活动的过程。在这一过程中，包含了消费者从购前确认需求到决定购买，以及购后评价等一系列复杂的行为，如图 4-4 所示。

消费者购买决策过程

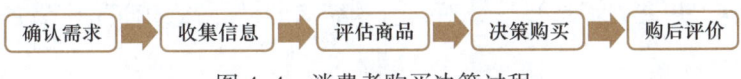

图 4-4　消费者购买决策过程

1. 确认需求

消费者购买行为从消费者认识到自己有某种需求开始，这是消费者决策过程的第一步。当消费者内心的理想状态与现实状态产生差距时，内心的不平衡感就会引起需要的产生。为了消除这种不平衡感，在内外部的刺激之下，消费者形成了购买需求。

购买需求的产生原因主要包括以下几个方面：

（1）当消费者个人或家庭中的消费品使用完或者存货不足时，消费者的购买需求便会产生。这一因素在生活日用品的消费中是最常见的。例如，柴、米、油、盐等每天都要消耗的产品。

（2）消费者对现有物品感觉不满意，希望购买新的称心如意的商品。例如，家中衣柜中的衣服款式已经过时，消费者希望通过购买新款的服装来满足迎合时代潮流的心理。

（3）当消费者的收入和生活水平好转时，他们对物质的需求会发生品质上的改变，此时，对消费品的需求会增加。例如，原来骑自行车，随着收入条件的改善，现在有能力支付小轿车的购买。

（4）在企业营销组合策略的刺激下，引起消费者对现状不满足的心理变化，促进消费者购买需求的产生。例如，企业新产品的开发上市、企业产品价格策略的调整、企业销售渠道的改变、企业促销活动的力度加大等。

但是，企业需要注意的是，一般情况下，当消费者内心的理想状态与现实状态的差距达到一定程度时，消费者购买需求才会被唤醒。这取决于消费者对需求的认知程度。例如，消费者家中使用一定年限的电器耗电量，使消费者在支付电费时明显高于其他邻居时，消费者便会考虑更新，希望通过购买低耗电的家电来减少家中的耗电量；反之，消费者如果觉得家中电费支出并不算高，自己还能承受，便不会产生以上需求。

2. 收集信息

消费者在确认需求的基础上，下一步就要开始寻找满足需求的途径——收集信息。

（1）收集信息的途径。消费者收集信息的途径主要包括四个方面：

① 个人来源。信息来源于消费者主要的相关群体，包括家庭成员、亲朋好友等。

② 商业来源。信息来源主要是外界的市场信息，包括商业广告、推销人员、经销商等。

③ 公共来源。信息来源主要是一些公共媒体，包括大众传播媒介、新媒体传播媒介平台等。

④ 经验来源。信息主要来源于消费者自身，也称为内部来源，包括消费者实际操作、接触和使用过产品的经验等。

以上信息来源中，个人来源和公共来源对消费者的影响较大。

（2）收集信息的处理。通过不同信息来源收集到的信息，消费者会依照自己的标准做出评价和判断，并进行筛选过滤，对符合消费者自身需求的商品作为备选的方案。

3. 评估商品

消费者在收集到相关信息的基础上，通过整理和筛选，确定最佳购买方案。因各备选方案之间有差异，消费者会从选购商品的质量、功效、品牌、价格、售后等各个角度进行比较和分析。这个环节是消费者决策过程中的核心，消费者一般会从以下几点来考虑：

第一，消费者在选购商品时，心目中都有个理想的商品形象。绝大多数消费者对商品的评估标准是把现实商品与自己理想中的商品进行比较。现实商品与理想商品的吻合度越高，消费者购买的可能性就越大。

第二，消费者对商品考虑最多、最关键的问题就是商品的性能。由于消费者的需求各不相同，对商品性能的理解和接受度不一致，他们关注的侧重点也会存在差异，对商品的评估标准和结果也会不同。通常情况下，消费者会把商品的各项性能进行比较、排序等，留下总体性能评价较好的商品。

第三，不是所有的商品都能让消费者的满意度达到最高，因此，消费者对商品的评价会有一个最低标准，这个最低标准反映了消费者对商品的最低接受水平。从性价比考核来看，性价比越高的商品越容易让消费者接受；如果没有达到消费者能接受的性价比最低标准，消费者就不会购买该商品。

4. 决策购买

对相关商品信息进行比较、评估后，消费者的购买意向已基本确定，但这一过程中，消费者对于商品购买的时间、地点、支付方式等还要进行选择。直到最终决定购买之前，消费者还会受到多种因素的影响。例如，市场行情变化、购买风险度、销售人员态度、他人的干预、购物环境、突发事件等，都会使消费者改变购买决策。消费者可能因种种原因推迟商品的购买、更换品牌或购买地点、减少购买商品的数量，甚至不再打算购买。只有当消费者排除所有购买障碍后，才会做出购买决定。

5. 购后评价

消费者购买到商品后，会根据自己使用的情况，对商品做出评价。与此同时，消费者也会伴随出现一些购后的行为。

消费者对商品购后的评价主要来自于消费者的预期与其实际之间的比较，一般通过满意度来表示。消费者对商品购买后的满意程度高，主要体现在商品的功效与消费者的预期相同，或超出预期，此时消费者会做出重复购买该商品，并且向他人极力推荐的行为；反之，消费者则表现出满意度低或不满意，采取拒绝再次购买该商品的行为反应，并对其他消费者表示出不赞成购买该商品的态度。

以上消费者购买决策的五个阶段，全面地反映了消费者的购买心理和行为活动。企业在开展营销活动，制定营销组合策略时，要结合各阶段不同的特点，主动、积极地为消费者提供高品质的商品和更方便、快捷、周到的服务。

案例分析

不一样的旅行

小桓和小健是朋友，"五一"假期来临，他们决定去外地旅行，好好放松一番。

小桓是一个大自然爱好者，喜欢户外运动和探险。他建议他们去一个有山有水的地方，可以进行徒步或者骑行。可以选择一个风景优美的山区，比如黄山或者张家界，沿着山间小道徒步穿越，欣赏绝美的风景。小桓还计划一次野外露营，晚上在星空下烤肉，享受大自然的静谧与美丽。

小健是一个城市探险家，喜欢城市的繁华与文化。他建议他们去一个有历史文化底蕴的城市，比如北京、西安或者上海。他们可以参观名胜古迹，比如故宫、长城、兵马俑等等，还可以在城市里可以品尝各种美食，体验当地人的生活方式。

最后两人制定了各自的旅游攻略，去往不同的旅游目的地。虽然假期不能一起外出旅行，但他们每天会分享彼此的经历和收获。他们在旅行中结交了新朋友，开拓了眼界，丰富了自己的人生经历。

【案例分析题】

是什么原因导致小桓和小健旅游行为的差异，尤其是"旅游目的地选择行为"的差异？

模块小结

在现实生活中，消费者各种各样的购买行为都是由于需要而产生购买动机所引起的。购买动机形成之后，就要设法激发购买行为的产生，引导其购买行为，最终促成交易。

影响消费者做出购买决策和购买行为的因素主要有心理因素、个人因素、群体因素、社会因素。

练习题

一、单项选择题

1. 消费者需要总是随着环境的变化时代的进步、科技的发展等而变化，还会因为消费者的观念改变而不同。这体现了消费者需要特性中的（　　　）。
   A．多样性和差异性　　　　　　B．伸缩性和周期性
   C．可变性和可诱导性　　　　　D．联系性和替代性
2. 购买日用品属于（　　）购买行为。
   A．复杂型　　　B．和谐型　　　C．简单型　　　D．多变型
3. 消费者喜欢购买打折商品主要是因为具有（　　　）。
   A．求名动机　　B．求廉动机　　C．攀比动机　　D．储备动机

二、多项选择题

1. 消费者消费行为的诱导方式包括（　　　）。
   A．品牌强化诱导　　　　　　B．特点补充诱导
   C．利益追加诱导　　　　　　D．观念转换诱导
   E．证据提供诱导
2. 消费者的购买行为主要受（　　　）因素的影响。
   A．社会　　　B．群体　　　C．个人　　　D．心理
   E．政治
3. 消费者购买决策过程包含（　　　）。
   A．确认需求　B．收集信息　C．评估商品　D．决策购买
   E．购后评价

三、判断题

1. 需要是产生需求的前提条件。（　　）
2. 在现实生活中，消费者的购买行为往往是在单一动机的驱使下进行的。（　　）
3. 不同特征的消费者会形成不同的购买意向和购买行为。（　　）
4. 多变型购买行为是消费者购买差异性不大的商品时发生的一种购买行为。（　　）
5. 对消费者的购买动机进行分析，有助于觉察和掌握消费者进行购买的真实意图。（　　）

消费动机理论分析

一、实训目的

（1）运用需要、动机理论分析消费者行为。
（2）体会需要、动机理论对消费行为的指导意义。

二、实训内容

选择推销某一类商品，如盆景花卉、小家电、护肤化妆品等。

三、实训要求

（1）根据马斯洛的理论来说明某种产品可以满足消费者的某个层次需要。
（2）激发推销对象的购买动机并使之变成行动。
（3）写一份推销方案，要求包含以上内容，并论证它的可行性。
（4）实地推销商品。

Module 5

模块五
消费群体与消费心理

学习目标

【知识目标】
- 掌握消费群体的概念与分类。
- 了解参照群体的分类以及影响力。

【能力目标】
- 能根据市场状况对消费者群体进行细分。
- 能对不同的消费群体进行心理分析。

【素养目标】
- 通过对消费群体的深入研究分析,提升数据处理和分析能力,培养数据驱动的决策思维。
- 掌握消费群体与消费心理之间的关系,提升表达和沟通能力。

> **导入情景**

　　ABC服装公司市场部会议室。赵导师与学员王小小、李美美、张帅帅正在进行消费者群体细分的讨论。

　　赵导师:"三位学员好,首先恭喜你们因为表现优异被选入服装公司的新品开发项目中,根据任务安排,你们需要提交市场策略和推广计划,那今天我们先一起讨论新品的消费者群体细分,请大家先发表下自己的观点吧。"

　　张帅帅:"那我第一个来吧!我们的市场一直在不断变化,所以我们需要根据最新的情况重新定位我们的消费者群体。首先,我们需要了解目前市场的趋势和竞争对手的情况。"

　　李美美:"我觉得我们可以先从消费者的年龄和性别入手,这是最基本的分类方式之一。"

　　赵导师:"是的,这是一个很重要的分类标准。根据最新的市场调研,我们可以将目标市场定位为年轻女性,年龄在20～35岁之间。"

　　王小小:"对于这个年龄段的女性,我们可以进一步细分她们的特征和需求。比如,有些女性更注重时尚和潮流,而有些女性则更关注价格和实用性。"

　　李美美:"除了年龄和性别,我们还可以考虑消费者的收入水平和职业。这些因素会影响他们的购买力和消费习惯。"

　　赵导师:"没错,收入水平和职业也是很重要的因素。根据我们的市场调研,我们可以将目标市场进一步定位为高收入的白领女性。"

　　张帅帅:"还有一个因素是地理位置。不同地区的消费者有着不同的消费喜好和购买习惯。"

　　赵导师:"是的,这点我们也要考虑进去。我们可以根据不同地区的市场需求来制定不同的营销策略和宣传活动。"

　　王小小:"我们还可以通过使用消费者行为数据进行细分。我们可以分析消费者的购买记录和偏好,来更好地理解他们的需求。"

　　赵导师:"非常好,我们已经得出了目标市场的初步框架。接下来,我们需要进一步研究和分析,以制订出更具体的营销方案和推广计划。"

【引入问题】

1. 为什么要研究消费群体和消费心理的关系?
2. 如何准确把握不同消费群体的心理?

单元一　消费群体概述

一、消费群体的概念

群体是指一定数量以上的人通过一定的社会关系结合起来进行共同活动而产生相互作用的集体。消费是人通过消费品满足自身欲望的一种经济行为。

消费群体是指有一种或多种消费行为具有相同的特性或关系的集体，例如由于年龄阶段所导致的消费行为相同的群体、由于收入水平相当导致消费行为相同的群体等。消费群体由具有某些共同特征的若干消费者组成，凡具有同一特征的消费者，在购买行为、消费心理及习惯等方面有很多共同之处。

二、消费群体的特点

1. 目标共同性

群体的构成基础就是有若干人参与共同的活动，共同活动的目标就是形成群体的基本保障。群体成员共同合作、取长补短，最终形成的群体力量远远大于单个个体力量的简单加总。构成群体的共同特性也使得群体具有基本的目标共同性。

2. 相对独立性

群体虽然是由若干人组成的，但是群体当中的每一个个体又都是有其独特性的存在。世界上没有两片完全相同的叶子，人也是一样，虽然处于同一群体当中的个人有一定的目标共同性，但是除此之外，每个个体之间都是相对独立的。

3. 群体意识性

群体成员之所以能够与其他人员相区分，最主要的原因就是他们共同维系着群体的共同目标，同时群体也对成员有一定的约束力。换句话说，这种群体意识性就是一种群体归属感，成员认为自己属于某个群体，这种意识性一旦确立，群体成员与非群体成员就有了显著的差异感，这就是所谓的群体意识性。

4. 有机组合性

群体并不是每个个体的简单结合，而是一个有机的组合体。所谓有机的组合体，是指这个群体中的每个人都有着自己的角色和分工，每个成员完成自己的角色分工最终促进整个群体共同发展和壮大。

◆课堂讨论

根据你的观察，大学生的着装和企业员工的着装有什么不同吗？他们在进行着装选择的时候会受哪些因素影响？

三、消费群体的类型

消费群体的形成有很多因素共同作用以及影响，这些因素主要分为内在因素和外在因素。内在因素主要包括成员的年龄、性别、个性、爱好等因素；外在因素主要是生活环境、社会环境、经济环境、国家、民族等外在条件对成员的影响所导致的群体类型。依据不同的消费群体类型划分标准，消费群体可以分为以下几种类型：

1. 正式群体与非正式群体

依据消费者群体组织的特点，可将群体划分为正式群体和非正式群体。正式群体是指群体内部具有严格的组织架构和编制，群内成员的活动严格受到相应制度的规范，群内成员在群内有明确的地位和群色，群体活动也有一定的规律和相应的活动时间、活动内容，例如政府机关、学校班级、工会组织等。非正式群体主要以成员兴趣爱好为基础组建成立，群内没有固定的组织架构和编制，也没有严格的规章制度，这种非正式群体带有明显的情感色彩，例如兴趣小组等。

2. 首要群体与次要群体

按照群体对于每个成员的影响程度来判断，可将群体分为首要群体和次要群体。首要群体对于群内成员消费行为和消费心理的影响程度十分重要，通常是由关系非常密切的人员组成，例如父母、兄弟姐妹、关系要好的朋友等。这些人对于自己消费行为的影响力是非常巨大的。次要群体就是对消费成员来说，有一定的影响力，但是影响程度较小的消费群体。

3. 自觉群体与回避群体

按照消费者对群体的主观意识，可将群体分为自觉群体与回避群体。自觉群体是指消费者按照自己的条件积极主动地把自己归为该群体的成员，虽然成员之间互相没有直接的联系，但是每个成员会按照这个群体的属性来规范自己的消费行为，让自己的消费行为符合要求和规范。回避群体是指消费者极力避免与之行为相似的群体，不希望自己被认为是该群体的成员。例如，青少年认为自己已经长大，不希望父母还把自己归属于小孩子的群体范围，会积极模仿大人的消费行为。

4. 长期群体与临时群体

按照消费者加入群体的时限，可将群体分为长期群体和临时群体。长期群体是指消费者长期加入和维持的群体，长期群体的规范和准则对于群内每个成员的消费心理有着重要的影响。临时群体是指暂时加入的群体，这些群体对消费心理的影响通常是短暂的。

5. 实际群体与假设群体

按照消费群体之间成员是否有联系，可将群体划分为实际群体和假设群体。实际群体是指群体成员相互之间有一定的联系和影响，他们的消费行为和消费心理互相之间有一定的影响力。假设群体主要是为了方便对商品进行市场定位，企业更好进行推广，按照一定的指标对消费者进行分类，例如按照年龄、学历、区域、性别等进行分类，方便商品推广和受众定位。

单元二　年龄群体对消费心理的影响

一、儿童群体的消费心理

儿童群体主要指年龄为 0～10 岁的消费者所组成的群体，是年龄最小的消费者群体。儿童消费群体的消费心理波动变化是最为剧烈的，在这个年龄阶段，儿童的感觉和知觉开始发展，首先是感觉的发展，他们对于世界的认知更多来源于视觉和听觉，慢慢地进一步获得知觉的发展。在这个阶段，其消费心理特征主要表现为以下几个方面：

1. 消费动机的生物性和被动性

儿童群体由于认知的不成熟，在 3 岁以前，其最基本的需要为生存的需要，依据自己的生物本能，对满足基本生存的商品有着根本的需求。随着年龄的不断增长，其感觉和知觉不断发展，在消费过程当中，除了生存需求之外会有一定的社会性需要，在满足基本生存条件之后对于一些新鲜事物会充满好奇。但是这个阶段的消费者不具备独立购买的能力，因此，这个阶段的消费具有很强的被动性，主要由父母或者其他监护人进行商品的选定以及购买，随着他们年龄稍微成熟，在进行商品选择时能够一定程度影响监护人的决策，但最终是否购买的决定权仍掌握在监护人手中。

2. 消费的非目的性

在这一年龄阶段，感觉和快感度是影响儿童消费的重要因素。他们对于商品的选择很多时候是盲目的，并没有特定的目标，随机选择率非常高。在消费行为过程当中，常常表现出一种捉摸不定、犹豫不决的心理，主要是由于年幼，生活知识缺乏，对购物行为较为陌生，缺少经验所导致的。

3. 消费易受刺激物的影响

在这一时期，儿童具有很强的好奇心，对新奇的事物感觉敏锐，由此决定了他们对刺激物的反应也比成年人更加强烈，消费时会受到各种刺激的影响，如色彩鲜艳的包装（视觉刺激）、食物浓郁的气味（嗅觉刺激）、玩具柔软的手感（触觉刺激）等而产生购买欲望，进而实施购买行为。

4. 消费的直观性

这一阶段的消费者由于认知发展不够完善，他们对于外界事物的认识主要是由视觉、听觉的直观刺激所引起，对于商品的认知主要停留在商品的颜色、外观、质感等表面现象，不能认识到事物的本质，特别容易被结构简单、颜色鲜艳、能够发声的商品所吸引，并不会进一步比较其性能、质感、性价比等要素。

5. 消费的可塑性

儿童还处于对外界事物的学习接纳阶段，在这一阶段，特别容易接受新鲜的事物，同时在这一阶段，儿童的自我意识水平较低，对自己的心理活动、行为人是与调节能力都处于低级水平。他们对事物的认识往往以别人的行为、思想为指导，本身缺乏独立分析能力，模仿性和从众性较为明显。因此，在这一阶段，其消费容易受到监护人、老师的影响，具有较强的可塑性；同时也会受到推销销售的影响。

二、少年群体的消费心理

少年消费群体是由 10～14 岁的消费者组成的群体。少年群体是儿童向青年过渡的一个中间过程，在生理上呈现出第二个发育高峰，少年群体的心理发育也有很大的改变。在这一阶段，其具有很高的消费地位，在家庭中尤其是独生子女家庭中，父母希望孩子能够获得更好的教育和生活，在物质条件上也更多向孩子倾斜。这一阶段的消费群体主要的消费心理有以下几点：

1. 消费独立性增强

随着年龄的不断增长，在少年时期，最为显著的发展就是其个体的自我意识的增强。在这一时期内，他们认为自己已经长大，具有很强的成人感，希望在学习生活过程当中拥有与成年人相同的权利，这一心理反映到消费行为中，就表现为购物时不希望父母过多地干预，希望按照自己的意愿选择商品或服务，希望自己的消费决策是独立的。

2．购买行为倾向性开始确立

在这一阶段，消费者对于社会的认知不再局限于家庭，而是对于社会有了一定的了解和认识，伴随着自己知识能力储备的不断增加，以及个人兴趣爱好的发展，对于商品的认识和鉴赏能力也在趋于稳定，形成自己独有的特点。随着消费次数不断增加，他们对于消费这一行为愈发了解，消费行为趋于习惯化、稳定化，购买的倾向性也开始确立。

3．模仿从众心理较为突出

在这一阶段，消费者所处学龄大多位于初中时期，在这一时期，同学之间的交往、集体活动频率增加，对于消费者来说，更深一步地离开家庭投入社会，对于社会上琳琅满目的商品也有了进一步的了解，其消费观念不再局限于家庭的影响，而是进一步会受到学校、同学、朋友等各个方面的影响。为了使自己能够更好地融入集体，这一阶段的消费者会更加明显地模仿周围同学的消费，因此，在这一阶段，消费者模仿从众的消心理较为突出。

> ◆ 课堂讨论
>
> 从众心理和行为在日常生活中非常普遍，例如女性护肤的"早A晚C"，带起了无数跟风，企业在做产品时也会突出"早A晚C"这个概念。那么请你分享，你在生活中有过哪些从众行为呢？

三、青年群体的消费心理

青年消费群体是由14～35周岁的消费者组成的群体，是消费群体中比重较高的一个群体。青年群体接触多元的文化，其消费行为具有很强的包容性和可塑性。青年群体是一个购买力巨大的消费群体，对其他消费群体具有极大的影响力。青年群体善于追求新颖与时尚，崇尚品牌与理念，突出个性与自我，注重情感与直觉。这个群体具体的消费心理特征有以下几个方面：

1. 追求新颖与时尚

青年群体具有热情奔放、思维活跃、富于幻想、积极向上等特点，这些特点表现在消费心理方面就是，这类人群更加注重时尚性以及新潮度的追求，希望自己成为引领时代的先锋，引导时代的时尚潮流。这一消费群体对于新事物以及新商品的兴趣特别浓厚，接受度也特别高，他们往往是新商品的种子用户，作为新商品的首先试用者。

2. 突出个性，表现自我

随着年龄的不断增长，在青年这一阶段，他们的自我意识逐步增强，追求个性独立，希望形成一个较为完善的自我形象。这种心理反映在消费过程当中就表现为愿意追求个性独立，在商品选择过程当中，更加愿意选择与自我形象相匹配的个性化商品，希望通过消费行为能够更好地展示出自己的个性。

3. 追求实用，表现成熟

相较于少年儿童时期来说，青年群体对于社会的认知程度更加深入，通过不断地消费，其个人的消费倾向以及对商品的认知越来越多，消费行为的理性不断增强，在进行商品选择时，会综合考虑除了外观包装以外的商品内涵信息。

4. 注重感情，冲动性强

虽然随着年龄的增长，青年群体的认知相较于少年儿童来说已经得到了很好的发展，但是这个阶段的群体很容易受到新事物、新思想的影响，其个人的专属思维方式以及特有的兴趣爱好还不是特别稳定，会随着事件的发展而有所改变。而且这个阶段的群体由于人生阅历不够丰富，对事物的分析判断能力还没有完全成熟，在处理事情时容易受到感情因素的影响，导致冲动性较强。这一特点表现在消费心理当中就是消费的计划性较弱，容易产生冲动消费。比如，在进行商品选择时，商品的外观、价格、款式、形状等单独因素都会严重影响其消费选择，在消费时，会由于冲动而放弃进一步综合考虑。

5. 购买范围广泛，购物能力较强

青年群体通常有一定的收入来源，比如生活费、工资等，同时对于这一群体而言开始拥有独立购物的能力又无须兼顾家庭责任的重担，没有经济压力导致这一群体在消费的时候只会按照心意考虑当下是否购买。因此，青年群体消费兴趣浓厚，各类感兴趣的商品都可能会进行购买，购买范围广泛，同时生活中没有经济压力以及存款压力，在消费过程中较为随意，购物能力较强。

四、中年群体的消费心理

中年消费群体是由 36～60 岁的消费者组成的群体。这一年龄阶段的群体拥有丰富的社会阅历，心理发展也是非常成熟的，个人的消费倾向固定，不会轻易进行冲动消费，在面对商品选择过程当中，能够沉稳地进行综合判断和分析。这个群体具体的消费心理特征有以下几个方面：

1. 理智胜于情感，冲动消费弱

中年群体的人生阅历以及社会经验丰富，消费行为也很多，在这一阶段，个人的情绪反应较为稳定这些反映到消费行为当中就是消费行为更加理性，在进行商品选择的过程中不容易受到情绪的影响。他们很少因为商品的单一因素而草率决定购买，而是会进行综合的分析和比较才会最终产生消费行为。

2. 消费计划性强，盲目性弱

中年群体大多拥有独立的家庭，需要照顾老人以及供养子女，属于家庭经济来源的重要支柱，因此这一群体在进行消费决策时通常都是带有一定的计划性的，对于商品的需求也是有规划的，很少产生盲目性的冲动购买。

3. 重视地位，需求稳定

中年消费者处于人生的成熟阶段，大多生活稳定，是社会的重要支柱，在工作和生活当中都起到一定的表率和模范作用。这些反映到消费行为当中就是，在购物时不会一味地追求个性，而是会有所约束，选择符合自己社会地位和社会身份的商品进行购买，不希望破坏自己在其他人心目中的固有印象。

五、老年群体的消费心理

根据 2022 年联合国世界卫生组织对全球人身体素质以及平均寿命的重新测算，对于人一生中的年龄阶段也有了新的规划。按照新的规划要求，61～78 岁为老年人，79 岁以上被称为高龄老人，本单元所描述的老年消费群体主要是统称年龄在 60 岁以上的消费者群体。随着社会老龄化的日益加重，中国的老年人越来越多，所占人口比例也越来越高。根据第七次全国人口普查结果显示，中国 60 岁及以上人口为 26 402 万人，占 18.70%。我国众多的老年人人口，也使得这一消费市场前景越来越广阔。这个群体具体的消费心理特征有以下几个方面：

老年消费群体的消费心理

1. 消费习惯稳定

老年群体在人生数十载的光阴生活当中，不断地重复着消费行为，其已经有了非常固定的消费习惯和消费倾向。由于他们有非常丰富的社会阅历，同时对于新鲜事物的接受程度较低，因此在进行商品选购时，更加倾向于选购已经购买过多次的商品，他们大多数都有非常重的怀旧心理，年轻时代使用过的商品往往会唤起他们对于自己曾经的美好回忆。在面对一些新的商品的时候，老年群体完全凭借着自我意识和经验判断是否购买。他们与中年消费群体相比，消费行为更加稳定。

2. 追求实用性，价格敏感度较高

虽然追求物美价廉是大多数消费者都拥有的消费心理，但是这对于老年消费群体来说尤其突出。实用是老年人消费的第一原则，在进行商品选择的过程当中，除了商品的款式、包装，他们更加注重商品的质量以及价格，只要能够使用，他们会抛弃掉华而不实的包装所带来的影响。并且，这一阶段的消费者属于离退休人员，收入相较之前有所下降，在选购商品的时候，性价比成为他们购物消费的首要选择。

3. 消费追求便利，追求服务

在这一年龄阶段，其相应的身体技能开始出现退化，体能、记忆力等能力都有明显下降，在进行消费的时候，通常希望选择一些方便实用的商品，减少自己精力的损耗。因此在购物过程当中，他们会追求便利，希望购买手续简单、商品使用方便。同时在这一年龄阶段已经拥有了一定的社会地位和阅历，通常老年群体拥有较强的自尊心，希望在消费过程当中也能够得到对方的尊重，因此这一群体对于服务人员的态度是很敏感的，同时由于老人精力有限，也希望在购物之后，能够有良好的售后服务让老人放心，包括送货上门、售后维修等。

4. 消费需求结构发生变化

老年人丰富的阅历让他们对于很多需求的欲望都变淡了，这一阶段的消费者最希望的是拥有一个健康的身体，因此他们对于商品的需求结构也发生了很大的改变。由于身体的需要，在这一阶段的消费者以营养食品、保健产品、医疗服务等消费为主，对于其他商品的需求大大降低。

// 案例任务 5-1

"区别对待"才能全面覆盖

ABC 食品公司根据不同年龄段的消费者心理特点和偏好,将消费群体划分为儿童、青少年、年轻人、中年人和老年人等不同分段。针对每个分段的消费群体制定相应的产品定位和营销策略。

儿童市场:针对儿童消费者,采用明亮多彩的包装设计,搭配有趣的角色形象,增加产品的吸引力。同时,关注儿童消费者的亲子关系需求,通过亲子活动、团购等营销手段吸引家庭购买。

青少年市场:青少年消费者更注重时尚、个性和社交需求。ABC 公司通过社交媒体、明星代言等方式传播品牌形象,强调产品的年轻、时尚和个性化特点,以吸引青少年群体。

年轻人市场:年轻人注重产品的品质、功能和体验。ABC 公司通过提供高品质的产品、个性化的服务以及线上线下融合的购物体验等手段吸引年轻人的关注和购买。

中年人市场:中年消费者注重产品的功效和健康成分。ABC 公司通过强调产品的营养价值、天然绿色等特点,以及与健康、美容相关的内容营销,吸引中年人的购买。

老年人市场:老年消费者更注重产品的安全性、便捷性和实用性。ABC 公司通过简单明了的包装设计、易于打开的盖子等方式增加产品的便利性,同时注重提供老年人常见问题的解决方案,如骨质疏松、肠胃问题等。

这样的"区别的对待"使得 ABC 食品公司在食品市场上拥有很大的优势,销量不断提高。

请思考: ABC 食品公司根据不同年龄段的消费者心理特点和偏好进行市场细分有什么作用?

单元三 性别群体对消费心理的影响

不同性别的消费者,由于其生理过程以及心理特征的显著差异,在面对相同事件时有不同的处理方式。研究发现,相对来说男性较女性而言更为理性,女性较男生而言更为感性,这也使得不同性别的消费群体具有不同的消费心理。

// 案例任务 5-2

是"粉红经济"也是"粉红陷阱"

粉红经济是指以女性为目标群体的消费市场或经济发展模式。它强调女性在经济、社会和文化领域的重要性，并通过提供针对女性需求的产品和服务来满足她们的购物需求。

在美妆行业，很多化妆品品牌都推出了针对女性消费者的粉色系列产品。这些产品的包装以可爱、粉色为主调，设计精美，吸引了众多粉色爱好者的购买兴趣。这种粉色经济的案例在很大程度上改变了传统化妆品市场的格局，带动了粉色产品的销售增长。

在餐饮行业，一些餐厅以粉色为主题，提供粉色调的室内装饰和粉色系列的菜品。这些餐厅通过独特的装饰、精致的菜品和友好的服务，为消费者创造了一种浪漫、温馨的就餐体验。这种粉色经济的案例证明了餐饮行业也可以通过特色主题创造独特的消费体验，吸引消费者前来消费。

在旅游行业，一些目的地城市主打粉色旅游，通过营造粉色主题景点和活动，吸引了众多游客的到访。例如，日本的佐贺县推出了粉红色的樱花景点，吸引了大量国内外游客前往欣赏。这种粉色经济的案例为目的地城市带来了旅游收入和知名度的提升。

然而，粉红经济也存在一些问题和陷阱。首先，粉红经济往往将女性消费者局限在传统的女性角色和兴趣领域中，如化妆品、饰品、时尚等。这种将女性消费者的喜好简化为"粉红色"可能会强化性别刻板印象，并限制女性的选择。

此外，粉红经济也可能通过过度强调外貌、物质消费和个人幸福来促使女性过度消费或产生不必要的经济压力。女性可能因为追求所谓的"粉红色"理想而花费大量金钱和时间，而忽视了其他重要的生活领域，如教育、职业发展等。

请思考： 试辨析"粉红经济"的利弊。

一、女性的消费心理

有关报告显示，女性消费者已经成为中国市场当中最为活跃的一部分，研究女性的消费心理对于企业开展营销类活动具有非常重要的意义。女性消费者的消费心理主要有以下几个方面：

女性的消费心理

1. 消费的主动心理

女性的购买动机相比男性较为强烈，在家庭分工当中，女性在家务上往往居于主导地位，她们往往会关注着市场的动向，计划着家庭需要的物资采买，具有很强的消费主动性。同时，购买商品通常会给予女性一定的成就感，加之女性心思较细腻，对家庭的衣食住行考虑得比男性多，购买频繁。因此，她们更加乐意且积极主动地参与到商品购买活动当中。

2. 消费的情感性心理

女性消费者由于其生理机制上的特别，具有较强的情绪记忆能力，比较容易触景生情，相较于男性而言，女性更容易产生移情作用，即将自己置身于他人的情绪空间之中感受他人正感受着的情绪，因此，女性消费者的情绪稳定性较差，容易受到外界的影响。这种心理在消费过程当中尤为明显，当接触到一些包装精致、气味出众的商品时，容易激发女性消费者积极正面的情感，从而增加购买的决策力。所以在消费过程当中，女性具有很强的情感性心理，这也导致了在购物过程当中女性消费者容易受到导购服务人员的刺激进行冲动消费和购物。

3. 消费追求时尚、美感和个性化心理

女性天生对时尚流行有着特别的触觉，尤其是随着当下中国经济条件的不断发展，人们在物质生活条件得到满足之后，希望得到更高层次的精神满足。"爱美之心，人皆有之"这句话在女性消费者身上尤为明显，在消费商品选择过程当中，除了商品品质之外，女性消费者非常重视商品的包装、销售的环境、商品的个性化等，希望通过商品的购买，使自己一直走在时代潮流的前头。

4. 追求自立心理

随着经济的不断发展、社会的不断进步，由性别所导致的职业差异逐渐在减小，女性的经济越发独立，在此基础之上，女性消费者越发表现出希望拥有属于自己独有的物资和资产，很多商品的销售当中，女性购买者的比重也在逐年攀升。例如，女性驾驶员数量不断增加，女性对汽车的购买能力也在逐年增强；2022年3月7日，贝壳研究院发布的《女性居住消费调查报告2022》显示，从租房、购房消费趋势看，女性消费者占比连续5年呈上升趋势。

5. 追求商品的实用性心理

女性的个性相较于男性而言大多更加保守，在进行商品选择时，会比较谨慎，不会轻易下决定，往往会深入了解，多次对比比较，最终才决定进行购买。这种心理更多表现在贵重物品、护肤品等商品的选择上。

二、男性的消费心理

思维是人脑对客观现实的概括和间接的反应，一般来说，男性对问题以及事件的分析思考能力、逻辑推理能力、抽象思维能力等较强，因此在购物过程当中，男性消费者对于商品的结构以及相应的功能掌握度都是比较高的，在选购商品时，男性消费者主要有以下几种消费心理：

1. 求新、求异心理

相对于女性而言,男性具有更强的冒险性,表现在消费行为当中,男性消费者具有求新、求异的心理,对于新的商品有较强的好奇心,勇于尝试新事物。

2. 消费具有明确的目的

一般情况,男性相较于女性而言有更强的自信心,他们在进行消费行为之前,通常具有较为明晰的购物目的,男性消费者逻辑思维较强,善于独立思考问题,在进行消费决策时不易受到他人的影响,在面对商品选择时,能够很快地分析商品的利弊,进而明确自己的消费决策。

3. 购买动机形成的迅速性和被动性

男性消费者较为理性,不易受到情绪的影响,同时购买动机并没有女性消费者强烈,如果欠缺什么东西,就会有目的性、针对性地进行购买,选定所需商品之后,快速了解相关信息,面对相同商品的时候,男性消费者更关注商品的质量以及整体,不太注重一些细节,能够很快地进行购买决定。但是很多时候男性消费者购买动机不强烈,尤其在家庭当中,往往听从女性的安排和要求购买商品,因此,购买具有一定的被动性。

4. 商品的性别特征明显

由于男性消费者的购买动机相较于女性消费者而言更弱,需求较少,能够让他们主动购买的商品都有其明确的性别属性,比如剃须刀等男性消费者生活所必需的物资商品。

// 案例任务 5-3

因人制宜,满足需求

ABC 服装公司决定进行一项研究,以了解男性消费者和女性消费者在购买衣物时的区别,进而更好地满足他们的需求,以需求的满足来带动销量。为此公司专门聘请了一家市场研究机构来进行调研。

首先,ABC 公司明确了调研目标,即了解男性和女性消费者在衣物购买方面的偏好和需求差异。公司希望针对以下几个方面进行调查:购买决策动机、购物渠道、购买时间和产品偏好。

接着,市场研究人员制订了调研计划,并收集了大量的数据。他们通过在线问卷调查、电话访谈和实地观察等方式收集了统计数据和消费者意见。然后,他们对数据进行整理、分析和解读。

通过研究他们发现男性和女性消费者在购买决策动机方面存在差异。男性消费者更注重衣物的功能性和品质,倾向于购买耐用、风格简约的衣物;而女性消费者更注重时尚性和款式的多样性,倾向于购买追求个性和流行的衣物。

关于购物渠道,男性消费者更喜欢在实体店购买衣物,并且更倾向于按照自己的需求来搜索和购买；女性消费者则更多地选择在线购物，因为这样她们可以在任何时间和地点购买。此外，女性消费者更喜欢使用社交媒体平台来获取时尚资讯和购买灵感。

关于购买时间，男性消费者更注重实用性和便利性，会在需要时立即购买衣物；女性消费者则更注重时尚趋势和促销活动，她们会花更多时间研究和比较不同品牌和商店的产品和优惠。

最后，研究发现男性和女性消费者在产品偏好方面也存在差异。男性消费者更注重衣物的舒适性和耐用性，常常选择简约风格和中性色系的款式；女性消费者则更追求独特性和时尚性，会选择较多花纹和明亮色彩的款式。

根据这些调研结果，ABC公司制定了一系列针对男性和女性消费者的市场策略。他们将重点推出男性消费者喜欢的简约风格的衣物，并优化实体店的购物体验。对于女性消费者，他们将加强在线渠道的推广和社交媒体的营销活动，并与时尚博主和名人合作，提供时尚资讯和灵感。通过这些措施，公司的销量有了进一步的提升。

请思考：ABC服装公司进行的市场调研起到了怎样的作用？

单元四　参照群体对消费心理的影响

一、参照群体的概述

（一）参照群体的概念

参照群体是指消费者在进行消费决策的时候，用来进行参照、比较的群体，是个人认同的为其树立和维护各类标准、提供参考的群体。参照群体会深刻地影响消费者的消费心理。

（二）参照群体的分类

参照群体通常可以分为两种，第一种是消费者属于该群体当中的一员，例如家庭、学校、同事等群体；第二种是消费者自身向往但并未加入的群体，例如名人、专家、行业精英等。

二、参照群体对消费心理的影响方式

（一）规范性影响

规范性影响是指群体内的规范作用对群内成员消费行为产生一定的规范性。

规范是指在一定社会背景下，群体对其所属成员行为的合适性的期待，是群体成员

共同接受的一些行为标准。通常来说在正式群体当中，规范是明确界定写入群体规章当中，严格约束着成员的行为和举动；非正式群体当中，规范是由成员相互之间约定俗成的。当有群体存在的时候，规范就会严格约束着成员的行为和行动，包括成员的消费行为以及相应的消费心理。当成员遵守规范的报酬越大，或者是因为违反规范的处罚越大，群体的规范性影响也就越大。为了获得尊重、奖赏和避免惩罚，个体就会按群体的期待行事。

（二）信息性影响

信息性影响是指参考群体成员的消费行为、消费决策等相关信息被个体当作是非常有用的信息作为参考，进一步影响自己的消费心理。当消费者对所购买产品缺乏了解，凭眼看手摸难以对产品品质做出判断时，别人的使用和推荐将被视为非常有用的证据。群体在这一方面对个体的影响，取决于被影响者与群体成员的相似性以及施加影响的群体成员的专长性。通常情况下，参考群体的信息性影响力主要出现于以下两种情况当中：一是当所需要购买的商品存在着一定的风险的时候，消费者就会从参照群体当中获取信息进一步做出消费决策；二是消费者对于所需购买的商品缺乏充足了解，则会参考参照群体的信息。

（三）价值认同的影响

当消费者自觉主动地遵守参照群体成员共同具有的某种价值信仰的时候，他们在自己行为处事过程当中，就会不自觉将这种价值信仰作为自己的价值观，这是一种价值认同的表现。价值认同的影响指个体自觉遵循或内化参照群体所具有的信念和价值观，从而在行为上与之保持一致。

◆ **课堂讨论**
　　如果你想要购买一件衣服，你会参考哪些群体提供的信息来帮助你做出决定？

三、参照群体对消费心理影响的主要因素

（一）对参照群体的忠诚度

参照群体对于消费者消费心理的影响力度最主要体现于消费者对参照群体的忠诚度。如果消费者认为参照群体价值取向非常正确，信息来源非常可靠，那么参照群体对于消费心理的影响力度就会非常大；相反，如果消费者对于参照群体的信息来源认同度低，那么参照群体对于消费行为的影响也就会较弱。

同时，如果消费者对于参照群体成员的仰慕度越高，也就是消费者本身对于参照群体的忠诚度越高，就越发容易去模仿相应的消费行为，那么参照群体也更加容易影响消

费者的消费心理。

（二）产品或服务的特性

（1）产品的使用可见性越高，参照群体对于消费者的影响力度就越大；产品使用可见度越低，参照群体对于消费者的影响力度越小。例如，衣服、包包、家具这类商品容易被消费者所看到的，就容易受到模仿。

（2）产品与群体的相关性越高，参照群体对于消费者的影响力度就越大；产品与群体的相关性越低，参照群体对于消费者的影响力度越小。一些商品除了使用价值以外还包含一些特殊价值的商品，例如彰显地位，这些商品也会使得参照群体的影响力增加，消费者希望通过模仿来彰显自己同样的地位。

（3）产品的必需程度越高，参照群体对于消费者的影响力度越小；产品的必需程度越低，参照群体对于消费者的影响力度越大。

（4）产品的生命周期也会影响参照群体的影响强度。当产品处于导入期时，消费者的产品购买决策受群体影响很大，但品牌决策受群体影响较小；在产品成长期，参照群体对产品及品牌选择的影响都很大；在产品成熟期，群体影响在品牌选择上大而在产品选择上小；在产品衰退期，群体的影响在产品或品牌选择上都比较小。

（三）消费者个人的自信

消费者个人的自信程度也是影响参照群体影响力的主要因素之一，自信的消费者对于自己的消费行为和消费决策拥有很坚定的信心，不容易受到各种因素的影响，当然受参照群体影响的程度也较低。因此，消费者个人自信程度越高，其受参照群体影响的程度就越低；消费者个人自信程度越弱，其受参照群体影响的程度就越高。

四、参照群体在营销中的心理策略应用

（一）名人效应

消费者往往都有自己的偶像或者是喜欢亲近的人，在生活当中，自然就希望自己的消费行为能够与他们相同或相似。基于这一原理，在进行商品推销以及推广过程当中，可以利用名人效应进行营销，例如邀请明星、运动员作为广告代言人等。

（二）专家效应

专家是指在某一专业领域受过专业训练，具有专门知识、经验和特长的人。各行各业当中都存在这该行业的领军人物，这些人在所属领域就称为专家。当消费者对于某一商品了解程度较低的时候，他们就会比较相信专业人士的解释和判断。因此，很多企业为了进行商品推广，就会选用专家作为代言，例如营养学专家、教育专家、技术专家等。

（三）"普通人"效应

除了名人、专家效应之外，大多数消费者在社会生活当中都是一个普通人的角色，参照群体也就是普通人群体，会按照普通人的生活进行消费以及购物。很多企业营销推广人员也利用了这一效应，采访街头普通人员作为自己的商品广告宣传，由于出现在广告画面上的人是和潜在顾客一样的普通消费者，会使受众感到亲切、平和，从而使广告诉求更能引起共鸣。

案例分析

ABC的故事由你来说——ABC体验官活动

ABC服装公司一直致力于提供最优质的服装和卓越的客户服务。为了进一步提升客户体验，并且展现公司的价值观和使命，ABC公司决定选择两位忠诚客户成为体验官，并且拍摄一部纪录片来讲述她们的故事。

首先，ABC公司开始了一项全面的客户调研，通过问卷调查和面对面的访谈，搜寻那些真正深受客户喜爱的产品和服务。ABC关注的不仅仅是购买频率和金额，更注重客户对品牌的认同和忠诚度。

在调查过程中，ABC意外地发现了两位非常特殊的客户：刘杰和李靓。刘杰是一位长期购买ABC产品的男子，他对服装的品质、设计和舒适度非常挑剔，也一直积极地提供宝贵的反馈和建议。他还将ABC视为自己的"理想品牌"，在朋友和同事面前推荐ABC服装。

而李靓是一位对时尚非常了解且经常参加社交活动的女性。她是一位时装博主，每天分享自己的穿搭心得和时尚见解。李靓对ABC品牌的服装和风格非常欣赏，并且在她的博客和社交媒体账号上持续地推荐ABC款式。

基于调查结果，ABC公司决定邀请刘杰和李靓成为他们的体验官。公司与两位客户进行了详细的访谈和沟通，了解他们对ABC服装的独特看法和体验。接下来，ABC公司制订了一个计划，让刘杰和李靓深入体验公司的运作和设计流程。

在纪录片中，观众看到刘杰和李靓亲身参观了ABC的工厂，目睹了服装的生产过程，了解了ABC对品质控制的严格要求。他们还参与了ABC设计师团队的会议和创作过程，亲身感受到独特设计的背后的故事和灵感来源。

此外，观众还能看到刘杰和李靓在ABC门店的体验。他们试穿不同款式的服装，并给予了ABC宝贵的反馈和建议。他们与店内的销售人员进行交流，并分享了自己对ABC服装的独特见解。

纪录片的最后一部分聚焦于ABC服装公司为体验官定制的一件特别礼物。设计团队精心为他们每人设计了一套限量版服装，将他们对时尚和品牌的热爱完美地融入其中。观众可以看到刘杰和李靓收到礼物时的惊喜和感激。

这部纪录片不仅展示了ABC服装公司对客户体验的重视和努力，同时也向全球观众传达了ABC的品牌形象和使命。观众可以从纪录片中深入了解ABC服装的背后故事，感受到其背后所传达的价值观和承诺，进而对ABC品牌产生更多的信任和忠诚度。同时，这也是ABC服装公司在市场竞争中的一次宣传亮点，带来了更多的关注和认可。

【案例分析题】

1. ABC公司的体验官活动运用了什么样的消费者心理策略？
2. ABC公司在纪录片中向消费者传达了哪些信息？

模块小结

本模块从消费群体的概念入手，进一步按照不同因素分析了不同群体的特性，主要因素包括性别以及年龄，同时进一步分析了参照群体对消费者心理的影响。通过对本模块的学习，能够更深入地剖析群体对于消费者心理的影响模式。

练习题

一、单项选择题

1. 一个人在群体中有明确的地位和角色，群体内有明确的规章制度，这样的群体被称为（　　）。
   A．正式群体　　　B．非正式群体　　C．长期群体　　　D．主要群体
2. 参照群体对消费者的影响，通常表现为规范性、（　　）和价值认同的影响。
   A．多样性　　　　B．发展性　　　　C．客观性　　　　D．信息性
3. 家庭成员、亲戚朋友都会影响消费者的购买行为，从对消费者影响的角度来看，他们属于（　　）群体。
   A．首要群体　　　B．次要群体　　　C．渴望群体　　　D．比较群体

二、多项选择题

1. 老年消费群体的消费心理特征包括（　　）。
   A．注重商品的科技成分　　　　　　B．对保健品需求加大
   C．追求实用性　　　　　　　　　　D．追求方便舒适
   E．喜欢个性化商品
2. 参照群体对消费心理的影响因素包括（　　）。
   A．对参照群体的忠诚度　　　　　　B．追求时尚和个性化心理

C. 产品或服务的特性　　　　　　D. 消费者个人的自信

E. 求新、求异心理

三、论述题

1. 举例论证参照群体的作用。
2. 试述女性消费者的消费心理。

> **实训项目**

购买决策分析

一、实训目的

培养对消费者消费决策的分析判断能力。

二、实训内容

设计问卷，调查至少 50 名同学的消费情况，分析当下社会群体对于大学生消费者的心理影响。

三、实训要求

1. 按教学班级进行分组，每组 5～8 人，按组进行调查。
2. 小组成员针对自身情况逐一陈述分析。
3. 由每组组长负责完成分析报告的撰写。

Module 6

模块六
社会环境与消费心理

---- 学习目标 ----

【知识目标】
- 理解并掌握文化的含义、特征及其对消费心理的影响。
- 掌握经济环境对消费心理的影响。
- 掌握社会阶层、家庭对消费心理的影响。

【能力目标】
- 能够明确文化、经济、社会阶层、家庭等因素在营销过程中的重要作用,并能够根据这些因素制定针对性的营销策略,以提升营销效果和市场竞争力。
- 能够熟练运用文化、经济、社会阶层、家庭等多元影响因素深入分析消费者心理,从而精准把握消费者需求与行为模式,为制定有效的市场策略提供有力支持。

【素养目标】
- 通过深入剖析社会环境中各种因素对消费心理的影响,提升市场洞察与分析能力。
- 理解社会环境与消费心理的关系,提高策略制定与实施能力。

导入情景

ABC公司设计部内，两名设计师正在进行产品颜色设计的讨论。

实习设计师："我们需要给这个产品设计不同的颜色方案吗？难道不同国家不是都可以使用相同的颜色品？"

韩设计师："不同国家有不同的文化和习俗，甚至有些国家对个别颜色有禁忌。我们需要考虑这些因素，以避免在特定国家引起不必要的负面反应。"

实习设计师："那么我们应该如何确定每个国家的适宜颜色呢？"

韩设计师："首先，我们可以进行针对每个国家的文化研究，了解他们的传统色彩以及代表特定含义的颜色。例如，在中国，红色被视为吉祥和幸运的颜色；在西方国家，白色象征纯洁并常被用于婚礼。此外，一些国家可能会将某些颜色与负面意义联系在一起，如黑色在西方国家常被视为哀悼和丧葬的颜色。"

实习设计师："这听起来是个复杂的任务。我们应该如何应对那些具有禁忌颜色的国家？"

韩设计师："对于那些有禁忌颜色的国家，我们应该避免在产品设计中使用这些颜色。如果需要考虑这些市场，我们可以选择使用符合他们文化的其他颜色方案。例如，在泰国市场可以多采用绿色，因为他们认为绿色是有财运的颜色。此外，我们还可以与当地的相关专家进行磋商，以确保产品颜色设计符合当地的文化和习俗。"

实习设计师："看来我们需要更多的研究和合作才能确保产品在不同国家的颜色设计合适。"

【引入问题】

1. 为什么社会环境对消费心理有重要的影响？
2. 哪些社会因素会对消费者心理产生影响？

单元一　文化环境与消费心理

一、文化与亚文化

文化与亚文化

（一）文化的含义与特征

1. 文化的含义

文化有广义和狭义之分。广义的文化是指人类在社会历史发展过程中所创造的物质财富和精神财富的总和，如文学、艺术、教育、科学等。其中，物质财富是指物质文明，包括社会生活的物质产品、物质环境、文化和娱乐设施等。例如与人们生活密切相关的衣、食、住、行，属于可见的显性文化。精神财富是人类各种意识观念形态的集合，包括理想信念、价值观念、行为取向、道德规范、心理习惯等，属于不可见的隐性文化。

狭义的文化是指人类精神活动创造的成果，如哲学、宗教、科学、艺术、道德等。

文化具有历史属性，每一个社会都有与其相适应的社会文化，并且随着社会的进步发生一定的演变。文化是一种涉及政治、宗教、传统习俗等诸多因素的社会现象，是被社会公认并世代相传的行为规范，也是对社会经济、政治状况的反映。

文化与大众消费者的生产和生活密切相连，受所在地区和历史传统的影响，消费者会表现出不同的价值观、信仰、生活习惯、消费习俗等，从而在购买心理和行为上会持有不同的态度。

2. 文化的特征

（1）传承性。文化是由社会成员在生产劳动和共同生活中创造的，是一种社会现象，因此为社会大多数成员所共有，并在共同生活的群体中相互分享和传承。这种传承表现为同一个社会的成员具有世代相同的价值取向、态度倾向、偏好禁忌等。文化的传承性保证了社会文化财富能够持续保存和延续。

（2）习得性。文化与遗传的生物特征不同，不是与生俱来的，而是人类在后天社会活动中通过学习逐渐形成的。消费者的行为受文化后天习得的影响，使他们在消费活动中表现出具有一定的文化意识和观念。依据文化的习得性，企业在研究消费者心理与行为时，要尊重他们文化观念和消费习惯，并正确利用后天习得这一特点对消费者进行宣传和引导。

（3）无形性。文化对人们行为的影响作用是看不见摸不着的，是在意识的支配下完成的。文化在潜移默化中造就了人们的某些特定思维模式和行为准则。文化的无形性只有在不同的文化影响表现出差异时，人们才会感受到。例如，东西方文化的差异无形中导致人们在对待同一件事物上表现出不同的思维方式和习惯，从而形成不同的行为结果。

（4）稳定性。文化在人类社会群体中形成之后，会保持长期的稳定性。文化的稳定性会以固定的风俗、行为、习惯、思想、观念等形式体现。虽然在历史的发展中，科学、人口、气候、资源等因素会导致文化意识的改变，但是，只要文化形成，在很长时期内是不会改变的，并且对人们会产生持续的影响。

（5）发展性。文化虽然长期存在于人类社会中，但随着社会经济和环境的发展变化，人的思想意识和行为是在不断地演化和更迭的，也就是说文化的发展变化是必然的。摒弃落后的思想，接受新的观念是文化发展的重要特征。企业应该及时觉察到变化的文化意识对消费者观念和行为的影响，积极寻找市场机会，不断地开发出适应消费心理变化趋势，并能满足消费者需求的新产品。

// 案例任务 6-1

手艺的传承

李大爷是村中的老人，精通一种古老的编织技艺。这个技艺在村庄中已有几代人传承，但随着城市化进程的加速，年轻人逐渐离开村庄，这项技艺渐渐失传。

李大爷非常担心这个古老的编织技艺会因此消失，所以他决定采取行动。他邀请了村里的年轻人到他的家里，向他们展示和教授这项编织技艺。李大爷告诉他们，"这项技艺代表了我们村子的文化传统，是我们祖先留下来的宝贵财富"。

起初，年轻人对这项技艺并不感兴趣。他们认为这是过时的、没有用处的活动。然而，李大爷没有放弃，他以温和和耐心的态度一遍又一遍地教导着这些年轻人。

经过一段时间的学习，年轻人逐渐发现这项技艺的美妙之处。他们发现，在纷繁复杂的现代社会中，能够亲手编织一件物品，让他们感到平静和满足。他们也开始深入了解村庄的历史和文化，并为能够传承这项技艺而感到自豪。

随着时间的推移，这些年轻人成为李大爷的得力助手，他们不仅使这项技艺继续传承下去，还开始将其融入现代设计中，创作出新颖的作品。这样，这项古老的编织技艺在村庄中重新焕发了生机，并成为当地的一张文化名片。

这些年轻人中有一人因为编织对服装设计产生了兴趣，考取了设计专业。目前是 ABC 集团服装公司设计部的设计师。他每年都会带领团队深入到村寨中进行走访和学习，立志继承和发扬传统技艺。

请思考： 通过这个案例你有什么感受和领悟？

（二）亚文化的含义与特征

1. 亚文化的含义

亚文化，又称集体文化或副文化，是指与主文化相对应的那些非主流的、局部的文化现象。它是在主文化或综合文化的背景下，由于社会成员的民族、宗教、地理位置、价值观、语言、年龄等的不同而形成的一种更细致的文化。

在每一个社会，主文化都是由许多亚文化构成的。因此，亚文化既包含着与主文化相通的价值与观念，也具有属于某一区域或某个集体所特有的生活方式、思想和价值观。

亚文化可以分为民族亚文化、区域亚文化、宗教亚文化、语言文字亚文化等。

2. 亚文化的特征

（1）多元性。社会整体文化由不同的亚文化所组成，而影响亚文化形成的重要因素之间是具有差异的，如不同的地域、不同的民族、不同的价值观等，因此构成了多元化的亚文化体系。

（2）独特性。亚文化的独特性表现为所属的群体一般情况下都处于同一地理位置、民族或年龄段等，群体内部具有独特的价值观、信念以及行为习惯等。

（3）小众性。由于亚文化属于整体文化的组成部分，除受到亚文化影响的部分群体之外，亚文化并不为更多的人所了解，也不会大面积地流行，因此亚文化的存在只是小众性的。

◆课堂讨论

你知道哪些亚文化？请你思考亚文化与主流文化之间的关系。

二、消费习俗与消费流行

（一）消费习俗的含义与特征

1. 消费习俗的含义

消费习俗是指一个地区或一个民族约定俗成的消费习惯，是人们在长期的社会实践活动中沿革形成的社会习俗的重要组成部分。

2. 消费习俗的特征

（1）长期性。消费习俗是社会成员在长期的生活实践中形成和发展起来的，受到历史、经济、政治等诸多因素的影响。在我国，传统节日的庆祝习俗历经几千年的历史依然传承至今。

（2）社会性。消费习俗是社会成员在共同参与的社会生活中逐渐形成的，是社会生活的重要组成部分，与人们的衣、食、住、行息息相关。无论是物质层面还是精神层面，消费习俗对社会成员的消费影响都很重要。

（3）地域性。消费习俗通常具有浓郁的地域特色，表现出较强的地域性特征。例如，我国不同地区的饮食文化差异很大，不同菜系具有浓郁的地方特色；各地区的服饰、节日等也有不同的消费习俗。

（4）约定俗成。消费习俗是社会发展过程中潜移默化形成的，是社会成员自觉或不自觉地遵守的行为规范。具有相同文化背景的社会成员通常会遵从固有的消费习俗，包括饮食、服饰、节庆、宗教等方面。例如，春节穿新衣服，中秋节吃月饼，端午节有吃粽子、赛龙舟的习俗，等等。

（二）消费流行的含义与特征

1. 消费流行的含义

消费流行是指在一定时期和范围内，大部分消费者呈现出相似或相同行为的消费现象。其具体表现为多数消费者对某种商品或时尚同时产生兴趣，而使该商品或时尚在短时间内成为众多消费者狂热追求的对象。此时，这种商品即成为流行商品，这种消费趋势也就成为消费流行。

2. 消费流行的特征

（1）短暂性。消费流行从出现到消失的时间很短，消费者的心理与行为变化很快。消费者往往表现出在短时期内对某种需求的大量增加，迅速形成消费的流行趋势。但这种流行趋势的时效性很强，短时期内就会很快结束。在产品生命周期中，与一般产品相比，流行产品的成长期和衰退期变化趋势很明显。

（2）突发性。消费流行之下，某种流行产品兴起时的速度非常快，并呈现出一种爆发式的扩张。消费者在需求表现上反映出来的也是一种突然性的急剧增长。

（3）群体性。消费流行的出现是从某一特定群体开始的，表现出对某种需求的一致性和从众趋势，越来越多的消费者会不断接受并模仿消费，在群体中迅速蔓延开来。

（4）区域性。在特定区域中，消费流行的现象会更为明显。同一区域的消费者形成了某种特定消费习俗和习惯，并具有相似的需求特点，在一定时期内就会形成一种消费流行。

// 案例任务 6-2

美 味 中 国

ABC 餐饮公司在进行市场调研时，对我国不同地区在主食上的消费情况做出大致总结：我国地域辽阔，各地的气候、土壤、水质等地理环境差异很大，因此每个地区的主食原料也有所不同。例如，北方较冷，适合种植小麦，所以北方各种面食如饺子、面条等就更加盛行；南方气候湿热，适合种植稻米，所以南方的主食以米饭为主。加之历史悠久，各个地方在长期的发展和演变中形成了独特的饮食文化。不同地区的居民在食材选择、烹饪手法、口味偏好等方面会有所差异，从而形成了各自的主食特色，简单举例：

北京炸酱面：这是北京地区非常有名的一道面食，以较粗的面条和炸酱搭配，再加上一些蔬菜和豆腐等配料。

重庆小面：这是重庆地区非常著名的一种面条，以其辣味闻名。小面是细面条，搭配特制的辣椒酱和其他配料，一碗麻辣鲜香的小面令人垂涎欲滴。

柳州螺蛳粉：这是广西柳州地区的特色面食，以粗粉为主料，配以螺蛳和特制的辣酱，形成了独特的鲜辣口味。

上海生煎包：虽然不是传统的面条，但上海的生煎包也是非常有名的一种面食。生煎包是在面团中包裹有鲜肉馅料，然后锅贴煎煮至底部酥脆，上部包裹着软嫩的面皮，非常美味。

山西刀削面：山西是面食的重要产区，刀削面是山西的传统面食之一。刀削面是手工切削成宽而薄的面条，煮熟后具有嚼劲和弹性，搭配各种配料食用，非常受欢迎。

广东云吞面：广东地区的云吞面是以细面条为主料，搭配馅料丰富的云吞，可以根据个人口味加入其他配料，如豆芽、青菜等。

湖南米粉：湖南地区的米粉以细白的米线为主料，搭配辣椒、花生、豆皮等配料，形成酸、辣、香的特色口味。

除此之外，我国是一个多民族国家，各个民族的饮食文化都有自己的特色，也会在面食上体现出来。例如维吾尔族的手抓饭、藏族的糌粑、朝鲜族的冷面等，都是中国特色主食的代表。

总之，多种因素导致了我国不同地方有不同的主食，丰富了中国的饮食文化，造就了美味中国。

请思考：结合案例内容，谈谈你对我国饮食文化的理解。

三、文化环境对消费者心理的影响

（一）文化差异对消费心理的影响

1. 中西方文化差异

中国文化千年传承，作为中国消费者在消费心理上和西方国家的消费者有很大的差异。中国文化的核心思想主要为儒家的"仁义礼智信"，强调文化传承的礼法和规矩等，因此中国消费者在消费活动中更注重人与人、人与社会的和谐相处，重视礼节性、人情味的消费。中国人的家庭观念较强，大多数在消费行为上是以家庭为单位的消费活动。中国人注重储蓄，习惯通过有计划的开支来进行消费，很多家庭在消费上都有节俭的传统。

西方文化中比较注重个体在精神、行为等方面的个性化追求，在消费活动中个人独立的心理倾向比较明显，并且对是非的理解和处事方式上相对比较直接，消费者在消费过程中表现得会较为直接、果断。西方消费者的消费观念是超前的、享受型的，更注重当下的消费体验，而不过多考虑将来的经济压力。

2. 亚文化差异

在整体文化之中，包含着民族、地域、宗教信仰、语言文字等众多亚文化。受不同亚文化因素影响的消费者，在思想和行为准则上会存在很大的差异，例如不同民族和宗教的风俗禁忌、不同地域的饮食和生活习惯、语言的表达和理解等。因此，在开展营销工作中之前，需要营销人员针对不同亚文化特点进行研究，避免在销售中出现与消费者产生误解和冲突的情况。

（二）文化价值观对消费心理的影响

文化价值观指人们形成的一种对具体的行为模式和生活意义的持久信念，它是人们在处理事物的过程中表现出来的一种较稳定的喜好或厌恶态度。

文化价值观决定了消费者喜欢什么样的产品，消费者在购买时表现出不同的消费行为和偏好。通常，有相同文化背景的消费者往往喜欢相似的产品。比如受中国传统文化的影响，很多消费者十分看重商品的使用价值，这是因为他们早已形成了简朴节约的消费习惯。

另外，在一定的社会环境中，个体受不同文化氛围的熏陶和影响，并融入自身的理解和经验，通过后天习得而形成不同的文化价值观。文化价值观可以说是人们潜在的行为准则，对个体的认知体系起着核心的影响作用。在消费活动中，不同的文化价值观对消费者的心理和行为反应会造成很大的差异。例如，比较自我的消费者，希望获得能够突出表现其自我个性的商品；提倡实用的消费者，倾向于节俭、实际的消费；享受生活的消费者，则接受超前消费，感受消费带来的快乐等。

（三）消费习俗对消费心理的影响

消费习俗作为一种社会文化规范，对社会成员有强大的约束力，促进了消费者的购买习惯和购买心理的稳定性。而消费习俗的地域差异，使消费者形成特色鲜明的消费倾向与特殊偏好，影响着消费者的购买选择。消费习俗的存在会导致消费者的心理倾向不易改变，对新的消费方式和消费观念的变化接受速度较慢。

（四）消费流行对消费心理的影响

随着时代的进步，消费者求新、求异的心理特征越来越明显，对消费流行趋势的追求也越来越强烈。消费者会担心落后于消费新潮，一旦出现消费流行，就会密切关注。消费流行更新速度加快，消费者学习的时间缩短，往往对流行产品能够迅速接受，甚至马上采取购买行为。在消费流行的冲击下，消费者的购买心理进一步得到强化，流行产品在群体中的迅速蔓延，直接影响群体成员的消费偏好，转向流行商品的购买。在购买力不断提高的前提下，消费流行持续的时间也会越来越短，新产品的开发和更新就成为企业的重要任务。

单元二　经济环境与消费心理

一、经济环境

经济环境是企业营销活动的经济条件，主要包括消费者的收入水平、支出模式、储蓄和信贷、经济发展水平、经济体制、地区发展状况、城市化进程等多种因素。经济环境的一系列因素对消费者购买的需求程度、消费信心、购买频率等都会产生直接或间接的影响。

二、直接影响因素

消费者的收入水平、支出模式、储蓄和信贷对消费者心理产生直接的影响。

（一）消费者收入水平

消费者收入是消费者在一段时间内所获得的实际货币收入。消费者购买力来自消费者收入，其收入水平是影响社会购买力、市场规模大小以及消费者支出多少和支出模式的一个重要的因素。

消费者收入大致有以下几类：

1. 个人可支配收入

消费者个人收入中扣除各种税款和非税性负担后的余额就是消费者个人可支配收入，可以用于消费或储蓄，形成实际的购买力。

2. 个人可任意支配收入

消费者个人可支配收入中减去用于维持个人与家庭生存所必需的费用和其他固定支出后剩余的部分称为个人可任意支配收入。个人可任意支配收入对消费者的需求影响较大，因此，开展营销活动时需考虑消费者个人可任意支配收入的影响作用。

3. 家庭收入

生活中大多数产品的消费都是以家庭为单位的进行的，如购买家用电器、住房、家用轿车等，因此，家庭收入的高低对市场需求的影响是很明显的。企业应结合产品的特点，以家庭为对象开展营销活动。

当消费者收入水平提高时，消费者会消费更多档次较高、品质更优的商品；当消费者收入水平较低时，消费者不得不消费低价的商品以节约开支。因此，消费者收入水平越高，购买力就越强，反之越弱。

（二）消费者支出模式

消费者个人或家庭在日常消费中，对商品和服务所支付的费用就是消费者支出，也就是消费者在普通消费中支付的诸如餐饮费、交通费、购买日常消费品等，属于普通的生活支出，而不是用于投资回报的支出。

消费者支出模式是指消费者收入变动与需求结构之间的对应关系，也就是常说的支出结构。恩格尔系数反映了消费支出的变化。恩格尔系数表明，家庭中食物开支占总消费量的比重越大，恩格尔系数越高，生活水平越低；反之，食物开支所占比重越小，恩格尔系数越小，生活水平越高。

另外，在收入一定的情况下，消费者会根据消费的急迫程度，先满足主要的消费再考虑其他消费。例如，首先解决温饱和医疗的消费，其次是住、行和教育开支；再次是保健、娱乐等舒适型、享受型的消费。

（三）消费者储蓄和信贷

消费者个人收入中没有被花掉的部分，消费者可以通过各种形式进行储蓄，常见的包括银行存款和购买有价证券。当消费者的收入一定时，储蓄越多，现实消费就会减少，而潜在消费就会增加；反之则现实消费增加。

消费者凭借自身的信用先获得商品使用权之后，按期归还贷款的方式就是信贷。信贷可以提前支取收入进行消费，这也是当前比较常见的一种消费方式。例如，用分期付款、信用卡消费的信贷方式，消费者可以提前购买到超过自己现实购买力的商品，实现超前消费，从而创造并满足消费者更多的需求。现阶段消费者信贷的主要方面包括住房、汽车、消费贷款等。但应注意的是，开展信贷消费的同时需要企业正确引导消费者有计划地、合理地进行消费，理性对待这一消费方式。

◆ **课堂讨论**

你的个人收入来源有哪些？支出模式是怎样的？有没有储蓄和信贷？

三、间接影响因素

经济发展水平、经济体制、地区发展状况、城市化进程对消费者心理产生间接的影响。

（一）经济发展水平

社会经济发展水平是影响消费心理活动的最基本的因素，它调节着消费者心理活动的变化。

经济发展水平的不同影响着消费品的供应数量和质量、消费者的消费观念和方式等，从而使消费者形成了不同的消费心理。例如，经济发展水平提高后，消费者的购买从日常的柴米油盐拓展到了更丰富的产品，满足了消费者不同方面的需求；新产品的层出不穷，使消费者改变了过去陈旧的消费观念，愿意尝试新产品带来的消费体验。反过来看，刺激消费、扩大内需又对我国经济增长起到了促进作用。

（二）经济体制

经济体制对消费者心理活动的影响也是显而易见的。我国在改革开放之前，消费者的消费活动受到很大程度的制约。改革开放后，尤其是社会主义市场经济体制的建立，市场上的商品日益丰富，价格放开后，消费者的消费活动越来越活跃。一方面，消费者对商品的品质有了更高的要求，另一方面，个性化、多元化、差异化的消费特点日益突出，加之互联网时代的多种消费方式，消费者的消费心理和行为都发生了本质的变化，消费者在精神层面的消费占比大幅度提升，如娱乐、旅游、生活品质等方面。

（三）地区发展状况

我国国土辽阔，人口分布不均匀，各地区发展状况不平衡。东部沿海地区与内陆相比，呈现出经济发展水平东高西低的局面，对消费者的购买心理也会产生重要的影响。不同区域的消费者在购买力、消费水平、消费心理满足程度等方面都有所差异，形成了不同的区域消费特征。

（四）城市化进程

随着城市化进程的加快，消费者的心理活动受城市化的影响越来越明显。从消费者的受教育程度、生活方式、思想转变等方面可以看出，个性化、自我意识突出、理性消费等特点已成为城市化消费的主流。与此同时，这种趋势也为广阔的农村市场带来了大量的商机。

单元三　社会阶层与消费心理

一、社会阶层的概念

（一）社会阶层的含义

社会阶层是由具有相同或类似社会地位的社会成员组成的相对持久的群体。社会阶层是一种普遍存在的社会现象。同一社会阶层成员之间的态度、行为、消费模式、价值观等具有相似性。不同社会阶层的成员存在差异性。

（二）社会阶层的特征

1. 同质性

同一社会阶层的成员在态度和行为模式上具有相似的倾向。例如，同一社会阶层的成员在消费时会表现出一些类似的行为特点。

2. 层级性

社会阶层的地位有高低层级划分。不同社会阶层的消费者由于在职业、收入、教育等方面存在明显差异，人们通过消费来体现自身的社会地位阶层。

3. 多维性

社会阶层是职业、收入、教育等多方面的综合结果，决定社会阶层的变量不是单一的，而是由多种因素构成。

4. 动态性

个体所处的社会阶层是会发生改变的，可能提升到较高的阶层，也可能下降到较低的阶层。越是开放的社会，社会阶层的动态性越明显。

5. 限定性

处在同一社会阶层的人群，在消费、交往、信息传播等方面的互动会更多。因为他们存在彼此较为认同的价值观念和共同语言，在交往的过程中比较流畅自如。相反，不同的社会阶层成员在交往时出现信息沟通不顺畅、互动较少等情况。

// 案例任务 6-3

旅行的意义

小张是一名普通的工薪族，每月收入有限。对于他来说，旅行可能是为了放松身心，摆脱工作的压力和日常生活的单调。他可能会选择去一些周边城市或风景区旅行，尽情享受美食和自然景观，让自己的生活更加充实和快乐。

小马生活比较富裕，他拥有丰富的财富和资源。对于他来说，旅行可能更多是一种追求刺激和新奇体验的方式。他可能会选择去一些遥远的目的地，尝试极限运动、深海潜水、豪华游轮等高端旅游项目，以满足自己对奢华和刺激的需求。同时，他还可能会通过旅行来拓展自己的社交圈和人脉资源。

请思考：为什么小张和小马的旅行意义不一样呢？

二、影响社会阶层划分的因素

不同的研究领域对社会阶层的划分标准有所不同。同一社会阶层成员具有类似的价值观和行为方式，在消费心理和行为上，不同的社会阶层表现不同。

消费心理学将影响社会阶层划分的因素归纳为以下几个方面：

1. 职业

大多数研究表明，职业这一因素被视为衡量个人所处社会阶层的一项重要的指标和线索。从职业上可以反映一个人的大致专业特长、知识文化水平、收入层次等。也能从职业上来判断一个人大体的消费倾向和生活方式。

2. 财富

一个人拥有财富的情况是向外传递其所处社会阶层的一种信息，与此同时，外界也可以通过这种信息来衡量和判断其社会阶层。

3. 成就

当一个人在社会中取得的荣誉和成就越高，其获得社会尊重和认可的程度就越高。

个体可以通过工作业绩或非工作方面的活动来体现自身的成就。例如，除了做好本职工作体现优秀的业绩外，其自身和家庭成员通过助力公益事业、参与社区工作、帮助关爱他人等行为赢得社会的尊重，从而获得较高的社会地位，也对其社会阶层有一定的影响。

4. 价值取向

社会中个体的价值观、信念以及态度，都是表明其属于某一社会阶层的重要指标。在同一阶层中，成员之间的互动和交流会比较频繁，他们会更容易形成共同的价值取向。例如，对某些事物的认知、对某些消费行为的看法等，都会受到不同社会阶层价值取向的影响。同一社会阶层群体的共同价值观一旦形成，便会成为判断社会个体是否属于该阶层的标准之一。

5. 社会互动

常言道："物以类聚，人以群分。"社会中的个体与其他社会成员的相互交往和联络状况，一般会体现在具有类似价值观和行为习惯的人之间。例如，平时喜欢与哪一类社会成员相处并相处得很好，或者说与哪一类人会更有共同语言等。通过社会互动的作用，使社会成员与某一类群体划分于共同的社会阶层中。

6. 阶层意识

阶层意识是指某一社会阶层的人，意识到自己属于一个具有共同的政治和经济利益的独特群体的程度。当社会个体具备了阶层意识，他们的思想和行为会对于不同"圈子"的其他成员形成一定的排他性。个体的阶层意识越强，以某种形式推进和维护本阶层利益的行为表现就会越明显。

三、社会阶层对消费心理的影响

同一社会阶层成员因价值观、兴趣爱好、消费态度等比价接近，在购买商品时的心理特征和趋势都会很相似，但仍然会存在一些具体的差别。例如同一职业中，因岗位属性的不同，在不同职务、职称在收入待遇上的差别，使消费者的消费心理出现差异。

不同的社会阶层，消费者心理和行为的差别较为明显，主要体现在以下几个方面：

1. 商品的选择

不同社会阶层的消费者所选择和使用的商品是不同的。对于市场上的现有产品和品牌，消费者会自觉或不自觉地将它们归入某一阶层的消费内容。社会阶层较高的消费者选择的是有品牌、有品位的商品，偏爱能够体现他们身份地位的高档住宅、轿车、家电、进口食品、收藏品、艺术品等。而廉价的商品则更多地被社会阶层较低的消费者购买，他们多半选择低价、实用的生活用品和食品。

2. 动机的差别

不同社会阶层的消费者在购买偏好和动机上也会有差异。比如同是买外套，较低阶层的消费者可能看中的是它的耐用性和经济性，价廉物美、经济实惠是他们选择商品时首要考虑的，而较高阶层的消费者可能注重的是它的时尚性和自我表现力。

出于有意无意的模仿心理，人们更愿意模仿较高社会阶层的消费习惯。一些消费者之所以购买某种商品，很可能是因为这些商品被同阶层或更高阶层的消费者看重，如果是属于较低阶层的消费商品则会受到较高阶层消费者的排斥。

3. 购买地点的选择

不同的商品销售地点适合不同社会阶层的消费者光顾。处于不同社会阶层的消费者会倾向于到与自己社会地位相一致的购物地点购物。通常，社会阶层较高的消费者喜欢光顾环境优雅、商品品质高、销售服务好的商店，而且乐于接受新的购物方式；而处于中、低社会阶层的消费者，由于收入的限制，对商品价格敏感度高，在商场购物比较谨慎，会关注折扣店的商品，或是到低价的批发市场等场所进行购物。

4. 信息的获取和处理

社会阶层较高的消费者，获取信息的数量和渠道较多，获取速度也比较快，他们可以充分地了解有价值的商品信息，从而为他们购物提供便利。由于社会阶层较高的消费者通常受教育程度较高，对信息的辨识力较强，在处理获取的各种信息时比较有把握。相反，社会阶层较低的消费者，一方面获取信息的途径有限，另一方面因受教育程度低而容易缺乏对信息的辨识力，在购买时往往需要外界帮助。

单元四　家庭与消费心理

一、家庭的概念与结构特征分类

（一）家庭的概念

家庭是由婚姻关系、血缘关系、收养关系或共同经济为纽带结合成的亲属团体，是以婚姻和血统关系为基础的社会单位，成员包括父母、子女和其他共同生活的亲属。一般来讲，家庭成员共同居住在一起，共同消费。

（二）家庭的结构特征分类

家庭在人类生活和社会发展方面发挥着重要的作用，按家庭的代际数量和亲属关系的结构特征分类，有如下几类：

1. 夫妻家庭

夫妻家庭即只有夫妻两人组成的家庭，包括丁克家庭、子女不在身边的空巢家庭以及尚未生育的夫妻家庭。

2. 核心家庭

核心家庭指由父母和未婚子女组成的家庭。

3. 主干家庭

主干家庭指由两代或者两代以上夫妻组成，每代最多不超过一对夫妻且中间无断代的家庭，如父母和已婚子女组成的家庭。

4. 联合家庭

联合家庭指家庭中有任何一代含有两对或两对以上夫妻的家庭，如父母和两对以上已婚子女组成的家庭或兄弟姐妹结婚后不分家的家庭。

除以上几类外，还有其他形式的家庭，包括单亲家庭、重组家庭等。

二、家庭生命周期与消费心理

（一）家庭生命周期的概念

家庭生命周期与消费心理

家庭生命周期最初由美国人类学家格里克于1947年提出，是指一个家庭形成、发展直至消亡的过程，反映家庭从形成到解体呈循环运动的变化规律。

通过研究消费心理学中的家庭生命周期，可以分析和揭示消费者在不同阶段消费的形式、内容和特征等。

（二）家庭生命周期各阶段

1. 单身期

单身期指已经成年但尚未结婚时期。这个时期的青年男女收入大多并不高，但无经济负担。单身期的年轻人大多数还与父母生活在一起，保持着与父母共同生活的习惯，所以消费相对简单。他们的收入一部分用于自己的穿着、娱乐、交往、发展等方面的需要，也有一部分用于储蓄。

2. 新婚期

新婚期指男女青年结婚，自立门户，但尚未有小孩的时期。由于组建新家庭，几乎所有消费品都需要购买，消费量大，耐用消费品支出占首位。新婚家庭一方面需要购买所需的生活用品，另一方面由于没有孩子带来的经济负担，所以他们可以无顾虑地追求享乐，其消费需求具有不稳定性。

3. 生育期

生育期是指由年轻的夫妇和尚未成年的孩子组成的家庭阶段。这一时期，孩子的出生带来了新的需求，也带来了新的消费，家庭开支增大，购买频率高，购买心理随孩子的成长而发生变化，在儿童食品、玩具、服装、教育培训等方面的开支较多。这一时期的消费表现出对家庭和社会的责任感。

4. 满巢期

满巢期指子女尚未独立时期，包括子女仍在中学或大学读书，以及刚参加工作的时期。这一时期，夫妇已到中年，孩子已到少年或青年，家庭收入达到高峰，家庭支出开始稳定。由于子女即将独立，父母主要以培养子女未来自主生活能力为主，具有预防性储蓄意识是这一时期的主要特点。

5. 离巢期

离巢期指子女成家独立，父母已经退休或接近退休的时期。由于夫妇已到老年，子女相继成家，此时期家庭收入稳定，支出逐渐降低。家庭消费更趋谨慎，倾向于购买满足自己需要的商品，如营养保健用品、家居家电等，而娱乐费、交通费下降。家庭储蓄部分用于自己的重点消费上，部分用于支持子女。

6. 鳏寡期

鳏寡期指两老之中有一方先谢世的时期。鳏寡老人由于生活自理能力下降，必须依靠子女赡养。此时期，老年人渴望健康长寿，其消费支出大部分用于生活必需品、食品和医疗保健方面，服装、娱乐、耐用家电支出减少，在进行购买决策时更缜密、更稳健。

// 案例任务 6-4

小阳和小月

小阳和小月是一对闺蜜，自从五年前小阳结婚生子后，小月觉得小阳在结婚后和单身状态的她会有一些消费心理和消费行为上的区别。

首先，小阳在结婚后会有家庭的责任和重担。她会优先考虑家庭的支出，例如购买家居用品、装修房屋、孩子的教育开支等。因此，她的消费心理更加注重实用性和经济性，以满足家庭的需求。同时，小阳也会受到社会与家庭压力的影响，对于养家糊口的责任更加敏感和重视。

相反，小月作为单身，没有类似的家庭责任和压力。她的消费心理更加注重个人的兴趣和需求满足。她会更加倾向于购买时尚、娱乐和个人消费品，例如化妆品、服装、旅行等。她也会更加关注自己的职业发展和个人成长，会进行一些专业培训或者兴趣爱好的投资。

然而，尽管有这些区别，小阳和小月作为闺蜜也存在一些相似之处。比如，两人都注重品质和性价比，追求个性化和时尚的消费。她们会通过购物和消费来缓解压力、放松心情、增加幸福感。此外，她们也会互相分享和推荐各类商品和服务，例如优惠券、购物经验、心得等。

请思考： 小阳和小月的消费心理和行为为什么不一样了？

三、家庭购买决策的影响因素

1. 社会文化与价值观

家庭所处社会文化环境以及价值观影响着家庭购买决策。经济发达地区和落后地区相比，收入水平和消费观念不同，使得家庭的消费决策有所差别。即使是在同一地区，文化背景不同，也会导致家庭的购买决策各不相同。

2. 家庭角色分工

在家庭购买决策中，夫妻双方、子女都会形成一定的角色分工。家庭中的角色分工与家庭发展所处的阶段密切相关。比起建立已久的家庭，年轻夫妻组成的家庭会更多地进行联合决策。随着孩子的出生和成长，家庭内部会形成一定的角色分工。

◆ **课堂讨论**

你家的家庭角色分工是怎样的？

3. 家庭生命周期

在不同的家庭生命周期阶段，由于家庭的消费特点不同，家庭消费的决策方式也会有所变化。单身期，自主决策；新婚期，夫妻双方共同做出购买决策的情况比较多；当孩子出生以后，家庭生活内容繁杂，自主决策和共同决策的情况都会出现；当子女成家立业之后，夫妻双方各自决策的情况较为常见；鳏寡期，老人受子女照顾，更多由子女为父母做出购买决策。

4. 个人特征

家庭成员的个人特征，如收入、年龄、能力、受教育程度等，都会直接或间接影响其在购买决策中的作用。

5. 购买介入程度

家庭成员对特定产品的介入程度不同，在购买某些产品时某个成员可能会发挥较大的影响。例如，对于玩具的购买，孩子可能会发挥较大的影响；而对于洗衣液、卫生纸等日用品的购买，孩子不会特别关心。

6. 产品特点

家庭购买决策会因所购产品的不同而出现差异。当某个产品对整个家庭都很重要，且购买风险很高时，家庭成员倾向于进行联合决策，如住房、高档电器等；当某个产品是个人使用的，或者购买风险不大时，家庭成员自主决策就可以，如零食、日用品等。

四、家庭消费的特征

1. 阶段性

在家庭生命周期的每个阶段，在家庭经济条件变化的不同时期，家庭消费的心理和购买决策都有着很大的差异。比如经济条件比较差时，吃的食品占家庭支出比重最大；小康时期，健康、教育、住房消费较大；富有时，则对养生、旅行、文化的投入比较大。

2. 相对稳定性

家庭消费由于消费惯性和刚性的作用，具有相对稳定性。虽然居民家庭收入的增加会逐步提高居民家庭的消费支出水平，但消费习惯的形成和改变则受社会文化传统和风俗习惯潜移默化的影响，是一个缓慢持久的过程。一个家庭消费的习惯不会经常性发生改变。

3. 传承性

家庭消费支出多少，不仅取决于家庭收入的高低，而且还与社会的文化传统和经济制度环境密切相关。受不同的文化传统和社会经济制度环境对家庭消费的影响，家庭消费在家庭成员中会表现出世代相传的特点。例如，西方国家的家庭储蓄率较低，而在亚洲很多国家，无论经济发展水平是高是低，其家庭储蓄率普遍较高。

> **案例分析**
>
> **阳光咖啡馆**
>
> 在一座靠海的小城市里，有一家名为阳光咖啡馆的咖啡店，一直以来都是当地居民闲暇时光的聚集地。虽然店内环境优雅，咖啡品质出色，但是因为外地游客少，所以客流量一直不高。
>
> 今年暑假，一位名叫小佳的大学生在社交媒体上发现了阳光咖啡馆。她被店内的美食图片和舒适的环境吸引，决定周末去享用一顿精致的午餐。
>
> 小佳光顾了阳光咖啡馆后，对店内的食品、咖啡、服务等非常满意。她迫不及待地将她的用餐体验分享到了自己的社交媒体账号上，并上传了几张照片，配文称赞阳光咖啡馆的美味和舒适，是逃脱压力、放松心灵的好地方。不久之后，小佳开始收到同学和亲友们的留言，纷纷表达了对她推荐的阳光咖啡馆的兴趣。
>
> 阳光咖啡馆因此开始受到更多人的关注，有越来越多的人前来品尝美食和享受宁静的时光。小佳带来的这股社交媒体热潮，引起了一位同校同学小丽的注意。
>
> 小丽是一名生活博主，有着很高的社交媒体影响力，数十万名粉丝关注她的账号。她经常在自己的平台上分享交友、美食、旅行等内容，她了解到阳光咖啡馆的网红

风潮后，决定亲自前往一探究竟。

小丽来到阳光咖啡馆后，发现一切都超出了她的期待。阳光咖啡馆的美食、环境和服务让她非常满意，她觉得这是一个非常适合宣传的地方。于是，她迫不及待地在自己的社交媒体上打卡阳光咖啡馆，并配文称赞了店内的各项优点。她还与店内的服务员进行了小小的采访，展现了店家的用心和专业。

小丽的推荐对阳光咖啡馆产生了非常大的影响力。越来越多的粉丝开始前往咖啡馆品尝美食，并留下自己的心得和印象。一时间，阳光咖啡馆成为该城市的网红打卡地之一，吸引了大量的年轻人和媒体的关注。

阳光咖啡馆意识到这是一个难得的机遇，通过与小丽合作，推出了一款网红套餐，与其他优质餐厅合作推出了阳光菜单，还为小丽和其他社交媒体上有一定影响力的用户提供了特定的优惠和回馈。这些举措进一步增加了阳光咖啡馆的知名度和客流量。

渐渐地，阳光咖啡馆吸引了很多来自外地和外国的游客。许多游客专程前来此地，为了在阳光咖啡馆感受那独特的氛围和美味佳肴。阳光咖啡馆得到了更多的曝光机会，也获得了更多的商业合作和投资机会。

最终，阳光咖啡馆因为不断追求卓越的品质和独特的体验，融入了网红经济的浪潮之中，成为一家备受瞩目的网红咖啡馆，为小城市带来了繁荣和活力。

【案例分析题】

试分析阳光咖啡馆成为网红咖啡馆的原因以及将会带来的影响。

模块小结

消费心理受到外部社会环境因素的影响，本模块主要介绍了影响消费心理的社会环境因素，包括文化、经济、社会阶层、家庭。

练习题

一、单项选择题

1. 恩格尔系数反映了（　　）的变化。

　　A. 消费流行　　　B. 消费习俗　　　C. 消费收入　　　D. 消费支出

2. （　　）使社会群体的思想和行为会对于不同"圈子"的其他成员形成一定的排他性。

　　A. 价值取向　　　B. 社会互动　　　C. 阶层意识　　　D. 职业

3．（　　）耐用消费品的支出占首位。

A．单身期　　　B．新婚期　　　C．生育期　　　D．满巢期

二、多项选择题

1．经济环境中（　　）是消费心理的间接影响因素。

A．经济发展水平　　　　　　B．经济体制

C．地区发展状况　　　　　　D．城市化进程

E．储蓄和信贷

2．亚文化的特征包括（　　）。

A．多元化　　　B．独特性　　　C．小众性　　　D．短暂性

E．自觉性

三、判断题

1．家庭生命周期反映的是家庭从形成、发展到消亡的过程。　　　　（　　）

2．文化差异对消费心理的影响并不大。　　　　　　　　　　　　　（　　）

3．不同社会阶层成员之间的态度、行为、消费模式和价值观等方面具有相似性。

（　　）

4．家庭消费中，所有成员每次都必须参与。　　　　　　　　　　　（　　）

5．消费者的储蓄和信贷对消费心理产生直接的影响。　　　　　　　（　　）

实训项目

社会环境调查

一、实训目的

了解家庭消费的特征。

二、实训内容

1．调查本地的家庭消费情况。

2．分析可能影响本地家庭消费的因素。

三、实训要求

1．按教学班级进行分组，每组 5～8 人，按组进行调查。

2．小组成员针对自身了解到的情况逐一陈述分析。

3．由每组组长负责完成分析报告的撰写。

Module 7

模块七

产品策略与消费心理

学习目标

【知识目标】
- 了解商品命名、包装、品牌和商标的心理功能和策略。
- 了解产品生命周期理论。
- 掌握商标设计与运用策略。
- 掌握生命周期不同阶段的消费心理特点及营销策略。

【能力目标】
- 能够深入分析企业名称、包装、品牌和商标的特点,并基于这些特点提出针对性的优化建议,以提升企业品牌形象和市场竞争力。
- 能够熟练分析产品生命周期各阶段的消费者心理变化,并据此制定和调整相应的营销策略,以实现产品在不同阶段的最佳市场表现。

【素养目标】
- 在制定产品策略过程中,结合消费心理的特点,提出新颖、独特的产品设计和推广方式,培养创新思维能力。
- 在实际岗位中将产品策略与消费心理结合运用,树立正确的营销理念。

导入情景

赵导师今日带着王小小一行旁听 ABC 集团关于新款零食命名与包装的讨论会，并要求会后撰写总结学习心得。与会人员包括产品部、设计部和市场部人员。

钱经理："下面我们来讨论一下新推出的零食商品的命名和包装设计。我们需要考虑到心理功能与策略，以吸引消费者的兴趣和购买欲望。"

市场部李强："是的，我们的零食市场竞争激烈，所以品牌和包装至关重要。首先，我们要从命名出发，给商品取一个能引起消费者共鸣的名字。"

产品部张平："对，一个好的名字可以让消费者对我们的产品产生兴趣。我们的零食是健康的，所以我们可以选择一些与健康、活力、美食相关的词汇。"

市场部李强："没错，比如使用一些积极的形容词，如'活力''美味''天然'等词汇，可以让消费者对我们的产品产生好感。另外，还可以结合一些时下流行的词语或概念，这样可以更好地吸引目标消费群体。"

产品部张平："正是如此，我们的目标消费群体是年轻人，他们对健康、时尚和独特的产品比较感兴趣。举个例子，我们可以使用一些流行的俚语或年轻人常用的简写词，以引起消费者的共鸣。"

设计部马超："好的，我会考虑这些因素来命名我们的新产品。接下来，我们还要注意包装设计。包装直接影响到消费者对产品的第一印象。我们需要考虑包装的颜色、形状和布局。"

设计部刘丽："颜色的确很重要，鲜艳的颜色可以吸引目光，我们可以选择一些明亮的色彩，如橙色、绿色或红色。形状方面，我们可以尝试一些创新设计，比如与我们产品特点相关的图案或造型。"

设计部马超："另外，布局也很重要。我们要清晰地展示产品的特点和优势，同时还要保持简洁和吸引人的设计。符合大众审美的包装设计更容易被消费者接受。"

产品部张平："除此之外，我们想要通过使用美食的图片或者采用一些有趣的图形元素来吸引消费者。还有，我们能不能在包装上加上一些简短但引人入胜的口号，以增加产品的吸引力？"

设计部马超："好的，我会和设计团队进一步讨论和研究命名和包装的设计方案。这些措施应该可以帮助我们增加产品的市场竞争力，吸引更多的消费者。"

钱经理："很好，我们要紧跟市场的变化，不断创新和改进。期待我们的新产品能在市场上取得成功！"

【引入问题】

1. 产品策略与消费心理之间有何联系？
2. 结合对消费者心理活动的分析来制定有效的产品策略，营销人员该从何入手？

单元一　商品命名、包装设计与消费心理

商品命名的主要目的是引起人们的注意并让人记住，最好能激发起人们的联想和购买兴趣，好的名称能为产品加分增值。

一、商品命名与消费心理

商品命名就是企业为产品取名字的过程，是运用语言文字给商品起一个能吸引消费者并能在一定程度上概括反映其某些特性的文字称号。一个好的名字，是一个企业、一种产品拥有的精神财富。一个好的名字不仅能唤起人们美好的联想，刺激人们的购买欲望，而且使拥有者得到鞭策和鼓励。

（一）商品命名的心理功能

商品命名的方法虽然多种多样，但基本心理功能主要有以下四个方面：

1. 认知商品

通过概括反映商品的特点、用途、形状等属性，消费者能迅速获得商品的相关信息并感知商品。

2. 便于记忆

朗朗上口、言简意赅的名字能给人留下深刻印象，当消费者有购买需求的时候，就会想起这种商品。

3. 诱发情感

商品名称如果能反映不同购买者和使用者的个性心理特征，具有某种情绪色彩和特殊意义，符合消费者某方面的心理需要，就会得到消费者的信任和偏爱。

4. 启发联想

商品名称如果寓意深远、风趣幽默、新鲜脱俗，则能启发消费者对美好事物的回忆和想象，加深对商品性能的理解。

（二）商品命名的心理策略

每一种商品命名的方法都有其特色和使用范围，但所有命名的核心都是使产品名称更好地适应消费者的心理特征，满足他们的需求。在选择命名方法时，不能千篇一律，要充分考虑商品性质的差异、用途的限制和实际效果。

1. 根据商品的主要效用命名

根据消费者的求实心理，在商品命名时突出商品的性能和功效，以其本质特征直接命名，如"感冒灵"。

2. 根据商品的主要成分命名

把商品所含的重要成分体现在商品名称里，多用于食品和药品的命名。如"美加净银耳珍珠滋养霜""人参蜂王浆"直接反映名贵原料，从而引起消费者的购买欲望。

3. 根据商品的产地命名

用商品的出产地或传统商品生产地作为商品名称，如"青岛啤酒""云南白药牙膏"等。

4. 根据人名命名

用历史或现代名人、民间传说人物、产品首创人作为商品的名称，如"李宁""张小泉"等。

5. 根据商品的外形命名

利用商品独特的外形，吸引消费者的注意和兴趣，如"鸭舌帽""动物饼干""棒棒糖"等。

6. 根据商品的制作方法命名

利用产品的独特工艺和加工过程，提高消费者的认可度，产生货真价实、质量可靠的感觉，如"烧饼""鲜榨橙汁"等。

7. 根据美好形象的事物或形容词命名

利用美好的形容词比喻商品，使消费者产生美好的联想，如"红双喜"等。

8. 根据外文译音命名

根据进口商品的外文直译为中文的谐音，激发消费者的好奇心，同时克服翻译的困难，如"夏普""舒肤佳""可口可乐"等。

商品的命名方法还有许多，其中有两点要求尤为重要：①不能生搬硬套，要结合商品的自身情况，灵活选择适合自己商品的命名方法；②要强调命名的创意性，要具有独特的感染力和诱惑力，让人难忘，形成独特竞争优势的品牌冲击力。

（三）商品命名的技巧

一个好的名字能唤起人们美好的联想，在激烈的竞争中脱颖而出，使拥有者得到鞭策和鼓励。商品命名的技巧主要有以下几点：

1. 定位准确

一个好的名称最好能够直接暗示自己的品类和服务。例如，"易到用车"，意思是很容易叫到车；"淘宝"，就是淘换宝物的商城；"支付宝"，能够让人联想到金钱、支付。

2. 易懂

通俗易懂，一定要做到四个"易"：易认、易写、易读、易记。在商品命名的时候，一定要避免生僻字，笔画简单为好。

3. 意蕴良好

商品名称要能唤起消费者美好的联想，这直接关系到商品的销量。

4. 信息辨别度高

大部分名字都存在明显的性别特征和年龄特征，这类特征让消费者不需要看说明就可以判断是男性用品还是女性用品，是适合年龄大的还是年龄小的，缩短了交易时间。

5. 悦耳动听

好听的名字更容易传播，如"娃哈哈"的创始人宗庆后考虑到商品的直接消费者是儿童，认为"娃哈哈"三个字最适合儿童的心理，"哈哈"是一种笑声，悦耳动听的名字能立即引起孩子的好感。

二、商品包装设计与消费心理

商品的包装在产品整体概念中占有重要的地位，尤其在现代市场营销中，包装的意义已经远远超越了它作为容器保护商品的作用。据调查，有 50%～60% 的消费者是受包装的影响而产生购买欲望并付诸购买行动的。

（一）商品包装的作用和心理功能

商品包装的最初功能是承载和保护商品，使之最大限度地免遭挤压和碰撞，从而维持商品的使用价值。

1. 保护功能

商品包装的首要功能就是保护商品的内在质量不受损。商品在运输、流通过程中，如果没有良好的包装，商品可能会受到不同程度的损伤，从而丧失商品的使用价值。

2. 吸引注意功能

当商品的质量不容易从产品本身辨别的时候，人们往往会凭借包装做出判断，因此包装成为商品差异的主要因素之一。心理学研究分析，一件包装设计要想引起消费者注意并能理解、领会，进而形成牢固的记忆，是和作用于人的眼、耳等感觉器官的包装中的文字、色彩、图形及声音等因素的新奇性分不开的。

3. 便利功能

包装将商品划分出适当的分量，提供了可靠的保存手段，又便于携带和使用，还能够指导消费者如何使用。因此，为了满足消费者的携带或保存需要，设计合理、便利的商品包装，能使消费者产生便利感，刺激消费者购买。

4. 美化功能

现代商品的包装越来越注重艺术性，让消费者赏心悦目，刺激其感官，引起注意。美观的包装能给商品起到锦上添花的作用，从而有效促使潜在消费者变成现实消费者，甚至变成长久型、习惯型消费者。

5. 传递信息功能

包装上有关商品功能作用、使用方法、注意事项的表述，能使消费者增长知识，加深对商品的认识；有关商品重量、效能参数、优点等的说明介绍，能让消费者对商品进行比较；有关商品原料成分、加工方法、出厂日期、检验标记等内容，能够解除消费者的疑虑。不同行业的产品的包装设计要求传递不同的商业信息。

> **// 案例任务 7-1**
>
> **城市限定系列珠宝**
>
> 某珠宝品牌有一个根据不同城市的文化来设计的城市限定珠宝系列，并根据城市为珠宝产品命名，同时为了突显"限定"，这些珠宝只能在本城市售卖。最热销的五款是紫禁城玉镯、Eiffel之舞项链、樱花之恋手镯、自由之星耳环、毕加索之境项链。
>
> 紫禁城玉镯以北京的紫禁城为设计灵感，采用上等和田玉制作而成。玉镯的纹饰取自古代宫廷的装饰图案，紫禁城玉镯的制作过程需要经过繁琐的手工工艺，传达着中国古代皇家的权威、荣耀、奢华，并将中华文明的匠心和艺术融入其中，极具东方美学。
>
> Eiffel之舞项链的灵感来自巴黎著名的地标埃菲尔铁塔。项链的吊坠以铁塔的轮廓为设计，结合蓝色和白色水晶，象征着浪漫与华丽，展现巴黎特有的魅力。
>
> 樱花之恋手镯的灵感来自东京的樱花季节，以粉色珍珠和樱花形状的镶嵌元素打造。手镯传达了樱花盛开时节的浪漫与独特美感，展现东京的优雅与精致。
>
> 自由之星耳环以纽约市标志性的自由女神像为设计灵感，采用黄金和蓝宝石制成。耳环的造型优雅而简约，象征着纽约的自由精神和独立意识。
>
> 毕加索之境项链的灵感来自巴塞罗那著名艺术家毕加索的创作风格，以多彩宝石和几何元素设计而成。项链表达了巴塞罗那的现代艺术氛围和浓厚的文化创意。
>
> **请思考**：案例中的城市限定系列珠宝命名运用了那些技巧？有什么作用？

（二）商品包装设计的心理要求

成功的包装设计，不仅需要结合材料学、化学、物理等科学原理，进行包装工程方面的设计，还必须结合心理学、美学、市场学等基础知识，设计出富有感染力的商品内外层包装。在对现代商品包装的各项设计中，应考虑以下几个特性：

1. 安全实用，便于携带

包装的设计必须能够满足消费者的核心需求——实用性。外层包装以商品的物理形态、化学性质为出发点，选择适当的材料。内层包装要根据不同商品的特点，采用不同的形式。另外，要防止过度包装，否则会使人感到华而不实。

2. 商品属性明确

消费者的心理是希望包装与商品表里统一，对购买的商品一目了然，因此在外包装的设计上应采用透明式、开窗式、敞开式的包装形式，直接地显示商品形象，也可以运用写真式摄影包装，或者视频扫码间接地显示商品形象。在设计外包装的色彩、文字、图案等方面，视觉传达的信息都应该与商品属性相协调，正确引导消费者展开联想。

3. 新颖别致

英国著名设计师加德先生说："成功的包装设计是在7秒钟的时间内把信息传达给消费者，在4米远就能把消费者吸引过来。"试想，在琳琅满目的商场，如果商品不能有力地吸引消费者目光，引起他们的注意，使消费者不能很快地清晰辨认商品的名称、内容，那么这个包装设计就是失败的。因此，为了吸引消费者的眼球，商品包装的设计就要求新颖别致，趣味十足。

4. 诱发联想

在商品包装设计元素中，色彩冲击力最强。商品包装所使用的色彩会使消费者产生联想，诱发各种情感，使购买心理发生变化。但使用色彩来激发人的情感时应遵循一定的规律。

5. 信任感

消费者都希望买到货真价实的商品，包装可以说是消费者决定是否购买的最后广告，如果在包装上突出厂名、商标，不仅有助于减轻购买者对产品质量的怀疑心理，而且也是对企业和产品的宣传，一举两得。

（三）商品包装设计的心理策略

1. 按照消费习惯设计包装

人们在日常生活中，由于生活经验、传统观念、生理特点等因素，会形成一定的消费习惯，因此，尊重消费者的习惯，采用消费者容易接受的包装，是包装设计重要的心理策略。

（1）传统型包装。产品长期沿用特有的包装，便于消费者识别与记忆商品，例如茅台酒特有的白色瓷质瓶包装。

（2）系列式包装。对于用途相似、品质相似或者同一品牌的商品，采用一致或类似的图案、色彩、形状的包装，便于消费者识别，从而增强识别和记忆。

（3）配套式包装。为满足消费者对商品连带使用或匹配使用的习惯，将相关商品组合起来包装。例如将笔墨纸砚同时包装，洗护产品同时包装，能让消费者既方便购买也方便使用。

（4）分量式包装。按照不同分量包装，既能适应不同消费者的习惯，方便消费者使用，也能通过分量的大小制定优惠价格，便于消费者购买。

2. 按照消费者的消费水平设计包装

消费者的经济状况和生活方式存在差别，对包装也会提出不同的要求。因此，需要针对不同的消费对象，有针对性地设计包装。

（1）简易包装。这是一种低成本、构造简单的包装。要求经济实惠、价格低廉，以满足消费求实、求廉的心理。如日用品多采用简易包装，并配以"省钱省在包装上"的广告宣传，便会很快迎合消费者讲求实惠的心理。

（2）高级包装。按照商品的高档、中档、低档，分别采用相应的包装材料和包装设计，使之与商品价值相吻合，并且适应不同消费能力、社会地位和购买目的的消费者需求。它可分为精装和简装。

（3）特殊包装。这是针对价格昂贵、货源稀奇、工艺精良的名贵商品专门设计的包装形式。这种包装的造型结构独特，制作精细，保护性强，甚至可以作为艺术品。

（4）复用包装。这是指能周转使用或具有多种用途的包装。当消费者把原商品用完后，这种包装可以为消费者提供其他用途，满足消费者一物多用、求利的心理，并且能起到长期广告宣传的效果。

3. 按照消费者性别、年龄设计包装

消费者的性别和年龄不同，在生理和心理上也存在很大的差异。尤其随着市场细分化，差异也体现在包装设计上，因此，对商品包装的设计要突出个性特征。

（1）男性化包装。适应男性刚劲、庄重、坚毅、粗犷等心理要求，采用表现力度强的男性气质包装。

（2）女性化包装。适应女性温柔、典雅等心理需求，包装精致，体现女性魅力。

（3）中老年用品包装。适应中老年人求实、求廉的心理需求，采用传统与实用相结合，突出舒适、实用的包装，避免华而不实的包装。

（4）青年用品包装。适应中青年消费者求新、求奇、求趣、求变、求美的个性心理需求，采用个性时尚的包装设计，通过知识和情感的结合，吸引消费者注意。

// 案例任务 7-2

高端与个性从包装开始

某高端女装品牌设计出一种独特的包装,既能突出品牌的高端形象,又能吸引目标消费者的眼球。

首先是精美的包装盒,采用高质量的卡纸、磨砂纸以及亚光纸三种材质进行制作。包装盒有黑色、深蓝色、深紫色、银灰色、珠光色五种,突出高端感,并且每一个盒子上都有搭配金属色的烫金或丝绸印刷来增加质感和奢华感。与此同时,该女装品牌还专门设计了两种特殊的包装盒开启方式,突显包装的用心设计和奢华感。一种是可拆卸的盖子,另一种是翻转式的开启方式。特殊的开启方式可以提高消费者的用户体验和包装的价值。在包装盒内部加入精致的填充物,提供丝绒、珍珠棉或者有质感的纸张等材料作为填充物的选项。客户可以根据喜好搭配选择出自己的包装盒。

其次是品牌标识和名称突出,在包装盒的正面设计了品牌的标识和名称,并采用高光处理,增加视觉效果和品牌辨识度。使用充满艺术感和时尚感的字体来展示品牌名称,以增加包装的独特性。

最后在包装盒中会附加一些小的礼品或者优惠券,包括品牌的名片套、香水小样或者购物券等,以增加消费者对品牌的好感和忠诚度。

请思考:该女装品牌的包装能够起到什么效果?

单元二 商品品牌、商标与消费心理

一、商品品牌与消费心理

在现代市场经济中,品牌已被公认为企业非常重要的无形资产,是企业核心价值的体现。现代营销理论认为,一个品牌是在某些方式下能将它与用于满足相同需求的其他产品和服务区别开的一种产品或服务的特性。因此,品牌是企业和消费者信任的桥梁,维持一个良好的品牌形象,就等于拥有了一笔巨大的财富。

商品品牌与消费心理

(一)品牌的概念及其功能

1. 品牌的概念

品牌是一种名称、术语、标记、符号或图案,或是它们的相互结合。名称、术语可用语言称呼的部分叫品牌名称,是品牌传播的基础,如联想、海尔、华为等;而不能用语言称呼的部分叫品牌标识,如符号、标记、图案等。

因此，品牌是一个复合概念，由品牌名称、品牌形象、品牌认知、品牌联想、品牌标识、品牌色彩等要素构成。

2. 品牌的功能

（1）识别功能。品牌的建立是用来识别某个销售者的产品或服务的，消费者可以通过品牌知道产品是哪个国家生产的、哪家企业生产的。品牌代表着不同形式、不同质量、不同服务的产品，可为消费者认知、购买和使用提供借鉴。

（2）导购功能。消费者在众多的商品中进行挑选时，只需要根据品牌就可以迅速找到所需要的产品，从而减少搜寻时间的浪费。企业不仅是将商品销售给目标消费者或用户，还要使消费者或用户通过使用而对商品产生好感，形成品牌忠诚，围绕品牌形成消费经验，存贮在记忆中，使消费者或用户将来购买时直接从记忆中提取，从而促成重复购买。

（3）安全功能。企业设计品牌、创立品牌、培养品牌的目的是希望此品牌能成为名牌，于是在产品质量上下功夫，在售后服务上做最大努力。知名品牌就代表了一类产品的质量档次，代表了企业的信誉。选择知名品牌可以帮助消费者提高购买的安全感。

（4）增值功能。品牌以质量取胜，常附有文化及情感的内涵，因此给产品带来了附加价值。同时，品牌有一定的信任度和追随度，企业可以为品牌制定相对较高的价格，以获得较高的利润。

（二）商品品牌的消费心理效用

品牌与消费活动密切相关，会对消费者的购买心理产生重要影响。品牌通过鲜明的标识、匠心独具的设计，以及对商品外观和内在功能的阐释，加强对消费者的刺激。

1. 信息暗示

消费者对自己需要购买的商品的了解往往并没有想象中那么专业，他们对产品的了解信息是不对称的，但消费者会尽量多地去获取产品信息。因此，品牌正是通过自身所包含的内在信息，以暗示的方式让消费者快速了解产品信息并产生安全感，从而产生购买行为。

2. 个性展现

琳琅满目的商品，成千上万的品牌，产品相互之间的差别越来越小，产品的同质化使消费者单凭产品本身很难分辨出优势，甚至找不到自己的喜好。品牌经过多年的发展，积累了独特的个性和丰富的内涵，而消费者借助品牌标记，可以购买与自己相适应的品牌产品来展现自己的个性、身份、地位及所属群体等。

3. 消费经验

消费者无论是购买还是拥有或使用这个产品，都会形成与品牌有关的独特消费经验。很多时候，消费者购买的不仅是产品的使用价值，他们更希望能够延续以前的消费体验。

（三）提高品牌忠诚度的策略

品牌对于消费行为具有强化的心理功能。成功品牌的一个重要特征，就是始终如一地将品牌的功能与消费者心理上的欲求联结起来，通过这种形式，将品牌信息传递给消费者，使其在心理上产生偏向和依赖。

1. 品牌忠诚

品牌忠诚指消费者在购买决策中，多次表现出的对某个品牌有偏向性而非随意的行为反应。

2. 提高品牌忠诚度的策略

（1）切实满足消费者需求。企业要建立品牌忠诚度，赢得消费者的好感，其一切活动就要围绕消费者展开，从消费者的角度出发，切实考虑他们的内心和潜在需求。让消费者在购买使用产品与享受服务的过程中有难以忘怀、愉悦、舒心的感受。因此，企业在营销过程中必须摆正短期利益与长远利益的关系，必须忠实地履行自己的义务和应尽的社会责任，以实际行动和诚信形象赢得消费者的信任和支持。这是提高品牌忠诚度最好的途径。

（2）产品不断创新。产品的质量是消费者对品牌忠诚的基础，在某种意义上说，消费者对品牌的忠诚也就是对其产品质量的忠诚。产品只有不断创新，才能让消费者感觉到品质在不断提升。

（3）倾听消费者的心声。企业只有倾听消费者的心声，通过与消费者保持有效沟通，才能及时了解消费者的需求并给予有效满足。企业可以通过定期访问消费者、建立消费者档案等方式，与消费者保持长期而稳定的关系，从而提高品牌忠诚度。

（4）提供物超所值的附加产品和服务。根据产品的概念，企业不仅要注意核心产品和有形产品，还应更多地关注附加产品和服务。在市场竞争日趋激烈的今天，企业提供的产品越来越同质化，谁能为消费者提供物超所值的额外利益，谁就能最终赢得消费者。

> ◆ **课堂讨论**
>
> 你认为是"品牌塑造消费者"还是"消费者塑造品牌"？请讨论两者之间的互动关系。

二、商品商标与消费心理

（一）商标的概念及其心理功能

现代企业资产构成中，商标已被公认为企业重要的无形资产。它对消费者的心理活动产生重要的影响。

1. 商标的概念

商标是商品的标记，用来表示商品的特殊性质，是工商企业为了标明其制造或经营某种商品的质量、规格和特征的标识。一个商标一般由两个部分组成：一是发音的文字或数字，称为品名；二是不能发音的符号、图案，称为品标。二者必须兼而有之，才能构成商标。

品牌是一个市场概念，而商标是法律概念。一个品牌，要经过必要的法律注册后，才能成为"商标"。商标具有专有权，受法律保护。

2. 商标的心理功能

（1）识别功能。商标通过特定的文字、图形和符号，使一种商品区别于其他同类商品。商标是商品的直接外在标识，当人们看到某一种商标时，就可能会想象出某种商品的属性和形态。因此企业必须精心设计自己商品的标记，使消费者易识、易记。

（2）保护功能。商标一经注册登记，就具有受法律保护的专利权，对仿冒已注册商标者，要追究刑事责任。这样既保护了企业的合法权益，也保护了消费者免受假冒商品的损害。

（3）传播功能。商标作为企业形象和商品形象在消费者之间交流传播，就会影响消费者的品牌偏好，从而产生相信品牌、追求名牌、忠实老牌等不同类型"认牌购货"的消费行为。因此，世界上许多大公司都不惜耗费巨资精心设计商标，培植品牌信誉。

（4）强化功能。一个设计出色的商标会使人过目不忘，给消费者以深刻的印象，强化其记忆功能，增强偏好，从而形成品牌忠诚，消费者就不易改变对商品的印象，因此，企业的商标有强化消费者偏好或摒弃的功能。

（二）商标设计的心理策略

商标设计既是艺术创作，又需要遵循一定的策略，即符合消费者的心理。

1. 形象生动

人体五种感官获得信息的比重依次为：视觉占60%，听觉占20%，触觉占15%，嗅觉占3%，味觉占2%。形象生动的商标，能够使人看图知义，印象深刻，是对心理学原则的最佳运用。

2. 简便易记

商标是供人们呼叫和识别用的，是提高商业广告效果的普遍手段之一，因此，商标必须用简洁明了、易于拼读的字词，易于识别和记忆的图案，使人易懂易记，利用短暂的视听时间，在消费者的头脑中留下清晰的印象。

3. 配合目标市场

有意识地强调使用对象或商品等方面的特征，可以使人一见到或一听到就能想象出它的质量、性能,由此产生好感,激起其购买欲望。

4. 体现商品的特点和风格

商标的设计应结合商品的特点,突出个性化,使人们记忆深刻。

5. 尊重习俗

各个国家或地区的政策法规、生活环境、宗教信仰、风俗习惯等有所不同,并且反映在对事物的好恶上。因此,在面对不同的市场时,企业的商标必须注意尊重当地的风俗习惯,否则,即使产品质量上乘,也很难打开销路。

> // 案例任务 7-3
>
> **ABC科技的商标设计**
>
> 近年来科技发展日新月异,因此 ABC 集团筹备进军科技领域,为子公司命名为 ABC 科技,由设计部基于公司的定位和目标,提交商标的设计方案,在经过几轮修改后确认如下。
>
> (1)元素结构:商标设计采用了字母"A""B""C"的组合,以代表 ABC 集团的名称。字母形状简洁,充满现代感,展现出科技和创新的特点。
>
> (2)色彩选择:商标设计以蓝色作为主要色调。蓝色在科技行业中常被视为稳重、可靠和创新的象征,与公司的品牌形象相契合。
>
> (3)字体选择:商标采用现代风格的字体,字母间距适中,既能突出字母的形状,又能保持整体的平衡感。
>
> (4)细节处理:商标设计在字母之间添加了细微的连接线,以展现 ABC 集团的内聚力和团队合作精神。连接线处采用渐变色处理,使商标更具立体感。
>
> (5)可变形态:为了增加商标的灵活性和可适应性,商标设计也提供了一个可变形态,即将字母 A、B、C 之间的连接线变形为齿轮形态,突出 ABC 集团在科技领域的专业性。
>
> **请思考**:最终版的设计方案呈现出来的效果如何,有什么作用?

单元三 产品生命周期与消费心理

一、产品生命周期理论

在市场流通过程中,消费者的需求、消费方式、消费结构和消费心理的变化会导致商品由盛转衰,因此,研究产品生命周期各阶段的消费者心理,并针对各个阶段的特点制定相应的营销策略来延长生命周期就显得尤为重要。

产品生命周期

(一)产品生命周期的含义

产品生命周期(Product Life Cycle)也称"商品生命周期",是指产品从投入市场到更新换代和退出市场所经历的全过程。典型的产品生命周期一般可分为四个阶段,即导入期、成长期、成熟期和衰退期。

1. 导入期

导入期指新产品刚刚投入市场的最初阶段。在这一阶段,由于技术方面的限制,产品不能大批量生产,制造成本高,产品销售额增长缓慢,企业不但得不到利润,反而可能亏损。虽然导入期得不到丰厚的利润,但是对于产品以后的市场发展是至关重要的。

2. 成长期

成长期指产品在市场上取得消费者的认可,销售量和利润迅速增长的阶段。这时产品开始大批量生产,一方面生产成本开始降低,另一方面销量开始迅速增加,销售增长率达到整个生命周期的最高点。与此同时,竞争者看到有利可图,纷纷进入市场,竞争日益激烈。

3. 成熟期

成熟期市场需求趋向饱和,销售额增长缓慢直至转而下降,潜在的消费者已经很少。在这一阶段,产品的销售量达到最高点后开始下降,利润在这个时期达到最高点后也开始回落,市场竞争更加激烈,产品售价开始降低,促销费用开始增加。

4. 衰退期

衰退期产品销量急剧下降,产品逐渐被市场淘汰。由于科学技术的发展,新产品或新的替代品相继出现,消费者的注意力开始转向其他产品,从而使原来产品的销售额和利润额迅速下降,此时成本较高的企业就会因无利可图而陆续停止生产,留在市场上的企业将维持最低水平作为经营目标。

(二)产品生命周期曲线

产品生命周期这一概念,是把一个产品的销售全过程比作人的生命周期,要经历出生、成长、成熟、老化、死亡等阶段,就产品而言,也就是要经历一个开发、引进、成长、成熟、衰退的阶段。表 7-1 是产品生命周期各阶段的特点,图 7-1 所示为一般产品的生命周期曲线。

表 7-1 产品生命周期各阶段的特点

产品生命周期	特　点
导入期	销售缓慢,利润为零或为负
成长期	销售快速增长,利润明显增加
成熟期	利润到达最高点后走下坡路
衰退期	销量显著衰退,利润大幅度下滑

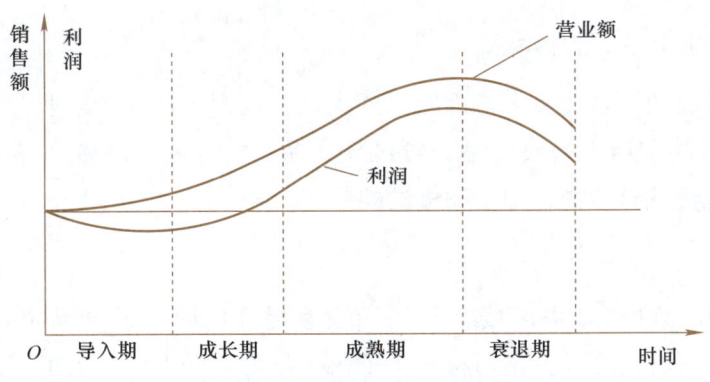

图 7-1　产品生命周期曲线

注：该曲线适用于一般产品的生命周期的描述。

◆课堂讨论

请选择你所知道的运用了生命周期理论的产品进行分享。

二、产品生命周期各阶段的消费者行为特点及营销策略

产品生命周期各阶段的划分以销售量和利润作为一定的衡量依据。在每个阶段，消费者均有其明显的行为特点，企业也有与之相对应的营销策略重点，目的是通过合适的战略来实现产品在各时期的最大价值，同时尽可能地延长兴盛阶段。

（一）导入期的消费者行为特点及营销策略

1. 导入期的消费者行为特点

企业在此阶段所面对的消费者主要是革新者和早期采用者，他们是愿意冒险的消费者，在产品推向市场后会很快购买该产品。他们具有冒险精神，希望拥有新产品，为他们带来新的体验。而其他大多数消费者对导入期产品不熟悉，因此处于继续了解和收集信息的阶段，在没有充分了解之前，他们不会轻易地改变消费习惯。

2. 导入期的营销策略

导入期的营销目标是创造产品知名度和提高产品试用率，吸引的主要消费对象是革新者和早期采用者。如果以价格和促销作为两个标准，企业有四种战略可供选择：快速撇脂战略、缓慢撇脂战略、快速渗透战略及缓慢渗透战略。这里的"快速"与"缓慢"分别指高促销水平和低促销水平，"撇脂"与"渗透"是定价战略中对高价和低价的区分。各种战略有其不同的适用性，企业可根据产品本身特点和企业知名度做出选择。

(二)成长期的消费者行为特点及营销策略

1. 成长期的消费者行为特点

进入产品成长期,企业更多地面对早期大众,他们的特点是采取行动前深思熟虑,需要花更多的时间和精力去决定是否尝试新产品,并且向革新者和早期采用者征求意见,虽不能领先尝试新事物,却是积极的响应者。

2. 成长期的营销策略

成长期是市场对产品快速接受和利润快速提高的时期,产品销售量剧增,利润增长,竞争对手开始增多,营销目标转为追求市场份额最大化。为了提高市场占有率及维持市场增长势头,企业应适当调整营销战略,具体可以采取以下四个方面的营销手段:①改进产品质量,扩大服务保证等外延产品,增加产品特色和式样,寻找和进入新的细分市场;②以渗透市场定价法为主,降低价格,以吸引下一层对价格敏感的购买者;③采用密集分销方法,扩大分销覆盖面并开拓新的分销渠道;④在促销上进行高信任度的宣传,使早期大众从对产品的了解转向对产品的偏好和购买。

(三)成熟期的消费者行为特点及营销策略

1. 成熟期的消费者行为特点

进入成熟期,产品的优越性已经非常突出,并且得到消费者的认可,购买者中增加了大量的晚期大众。晚期大众的特点是对新事物通常持有怀疑态度,相对于早期大众而言,对变化的反应较慢。在成熟期的后半期,如何争取晚期大众,对于企业保持利润率至关重要。

2. 成熟期的营销策略

成熟期的目标是保护市场份额和争取最大利润,因此,使用创新的营销策略来保持消费者的忠诚度和满意度是企业在这个阶段的主要任务。首先进行市场创新,如通过发现产品新用途或投入新的细分市场,增加现有消费者使用量;其次是产品创新,优化产品特征,如通过质量、特色、式样来吸引新的消费者;最后是营销组合创新,即通过产品、价格、渠道、促销四个市场营销组合因素来改进销售,如采用多品牌多型号,制定能与竞争对手抗衡的定价战略,建立更广泛、更密集的分销网络,加强宣传,强调品牌差异和利益等。

(四)衰退期的消费者行为特点及营销策略

1. 衰退期的消费者行为特点

在衰退期,大多数消费者的新鲜感逐渐消失,在这一阶段转而注意新的替代品。这时只有少数传统者成为产品的消费者。他们的特点是比较保守,对新变化不放心,只有当一项革新慢慢变成传统之后才会接受。传统者对产品的购买属于一种零星并且短期的购买，是产品先前投资的残留回收，企业可以顺其自然，适当采取少量优惠手段回馈这类消费群体，使衰退产品走出低谷。

2. 衰退期的营销策略

在这个阶段，企业的营销目标为榨取剩余品牌价值，有维持、收获和放弃这三种战略选择。维持战略是采取积极的应对措施，可通过对品牌重新定位或寻找产品新功能，回到产品生命周期的导入期或成长期；收获战略则是通过减少各种成本，仍继续销售，从而获取短期利润；放弃战略指从产品系列中逐步撤出，放弃经营。

> **案例分析**
>
> **ABC家居的生命周期**
>
> ABC 家居公司专注于家居产品的制造和销售。公司充分运用不同生命周期阶段的特征结合消费心理来制定营销策略。
>
> 在产品导入期，ABC 公司需要引起消费者的注意并树立品牌形象。消费者对于新产品往往抱有好奇心和期待，因此 ABC 公司的营销策略侧重于创造品牌认知度和增加产品曝光度，包括广告宣传、市场推广、网站建设和促销活动。公司通过讲述产品的独特卖点以及如何解决消费者的需求来吸引他们。此外，ABC 公司还与影响力人士、媒体和博主合作，以增加产品的曝光度和口碑。
>
> 在产品成长期，ABC 公司的消费者已开始认可该产品的价值并开始购买。此时，公司进一步加强品牌形象来巩固市场地位。营销策略包括扩大产品线、提供个性化定制选择、改进售后服务等。此外，ABC 公司利用消费者反馈和口碑营销，通过社交媒体和在线评论等方式与消费者互动。公司组织用户体验活动、参加行业展览和展销会等，进一步推广品牌和产品。
>
> 在产品成熟期，市场竞争激烈，ABC 公司采取策略来维持市场份额并寻找新的增长点。消费者的购买决策更多地依赖于产品的价格、质量和品牌声誉等因素。为了吸引更多消费者，ABC 公司采取降价策略，推出限量版和特别版产品等。此外，公司与其他品牌合作，扩大销售渠道。营销策略包括促销活动、增加产品附加值和提升品牌形象。
>
> 在产品衰退期，ABC 公司面临市场需求下降、销售额减少的挑战。此时，公司重新定位产品或开发新产品以寻求新的增长机会。营销策略包括开发新的目标市场、深度挖掘现有客户群体、提高产品的附加值和重塑品牌形象。ABC 公司与其他行业合作，引入创新技术或概念，重塑产品的竞争力。
>
> 【案例分析题】
> 1. 总结 ABC 家居公司在不同生命周期的营销策略。
> 2. ABC 公司运用了哪些策略延续自己产品的生命周期？

模块小结

随着社会的不断发展，消费者对商品的命名、包装设计、品牌和商标等的重视程度越来越高。本章对商品的各种属性及对消费者的心理影响逐一、系统地进行了分析与说明。只有把商品的命名、包装设计、品牌和商标等看作企业营销决策与战略策划的重要组成部分，牢牢把握消费者心理及其变化，在商品的每个周期阶段采取不同的营销战略，企业才能在激烈的市场竞争中立于不败之地。

练习题

一、单项选择题

1. 等级式包装主要是针对消费者的不同（　　）设计的。
   A．消费习惯　　　　　　　　B．消费水平
   C．消费者性别　　　　　　　D．消费者年龄

2. "云南白药牙膏"是以（　　）命名的。
   A．商品的主要效用　　　　　B．商品的主要成分
   C．商品的产地　　　　　　　D．商品的制作方法

3. （　　）是法律术语。
   A．品牌　　B．商标　　C．包装　　D．商品名称

4. 消费者通过品牌可以知道产品是哪一家企业生产的、是哪个国家生产的，这反映了品牌的（　　）功能。
   A．识别功能　B．导购功能　C．安全功能　D．增值功能

5. 购买者中有大量的晚期大众，对新事物持有怀疑态度，对变化的反应更慢，这是产品生命周期的（　　）的消费者行为特点。
   A．导入期　　B．成长期　　C．成熟期　　D．衰退期

6. 利润到达最高点后走下坡路是生命周期（　　）的特点。
   A．导入期　　B．成长期　　C．成熟期　　D．衰退期

7. （　　）反映出消费者强烈地偏好某个品牌，是品牌忠诚的最高阶段。
   A．品牌执着　B．品牌认知　C．品牌偏爱　D．品牌迷信

8. 提到某品牌就会联想到其产品的高质量和完善的售后服务，从而增强了消费者的安全感，这是品牌的（　　）。
   A．识别功能　B．导购功能　C．安全功能　D．增值功能

9. 一个好的名称最好能够直接暗示自己的品类和服务。比如，易到用车，意味着很容易叫到车。这是（　　　）命名技巧。

  A．易懂　　　　B．定位准确　　　C．悦耳动听　　　D．信息辨别

10. 销量在产品生命周期（　　　）达到最大。

  A．导入期　　　B．成长期　　　　C．成熟期　　　　D．衰退期

二、多项选择题

1. 商品命名的心理功能有（　　　　　）。

  A．认知商品　　B．便于记忆　　　C．启发联想　　　D．诱发情感

  E．自我表现

2. 提高品牌忠诚度的策略有（　　　　　）。

  A．切实满足消费者需求　　　　　B．产品不断创新

  C．倾听消费者　　　　　　　　　D．提供物超所值的附加产品和服务

  E．降低价格

3. "撇脂"和"渗透"分别指（　　　　　）。

  A．高定价　　　B．低定价　　　　C．高促销水平　　D．低促销水平

  E．无促销

4. 衰退期的营销战略有（　　　　　）。

  A．创新　　　　B．维持　　　　　C．收获　　　　　D．放弃

  E．寻找新市场

5. 商标的心理功能有（　　　　　）。

  A．识别功能　　B．保护功能　　　C．传播功能　　　D．强化功能

  E．艺术功能

三、判断题

1. 包装的颜色在考虑包装设计时可以不予考虑。　　　　　　　　　　（　　）
2. 在成熟期，营销战略是创新。　　　　　　　　　　　　　　　　　（　　）
3. 吸引注意是包装最基本的功能。　　　　　　　　　　　　　　　　（　　）
4. 商标一经注册，便受法律保护。　　　　　　　　　　　　　　　　（　　）
5. 商品命名越复杂越好。　　　　　　　　　　　　　　　　　　　　（　　）
6. "动物饼干"是以商品的外形命名的。　　　　　　　　　　　　　（　　）
7. 品牌具有信息暗示的心理效用。　　　　　　　　　　　　　　　　（　　）
8. 品牌能给商品添加附加值。　　　　　　　　　　　　　　　　　　（　　）
9. 产品不断创新是降低品牌忠诚度的策略。　　　　　　　　　　　　（　　）
10. 消费者心理在产品的决策中扮演着重要的角色。　　　　　　　　（　　）

手机营销与购买心理调研

一、实训目的

通过实训学习产品名称、商标、包装、品牌是如何影响消费者购买行为的。

二、实训内容

1．试对某一手机卖场进行一次社会调查，选择苹果、OPPO、小米、华为等 5～8 种国内外手机品牌，收集有关的广告宣传材料，就各品牌手机的名称、外形、基本功能、商标等进行比较。

2．分析这些手机的品牌、包装运用了哪些营销心理的方法，起到了什么作用。

3．对本班同学所使用的手机进行品牌占有率调查，了解每位同学当初选择该款手机的原因，使用体验如何；了解大家再次购买手机的购买意向。

4．在班内组织一次交流与研讨。

三、实训要求

1．按教学班级进行分组，每组 5～8 人，按组进行调查。

2．由每组组长负责完成调查分析报告的撰写。

Module 8

模块八
价格策略与消费心理

学习目标

【知识目标】
- 理解价格的含义及价格的心理功能。
- 掌握消费者的价格心理表现。
- 掌握商品定价和调价的心理策略。

【能力目标】
- 能够根据市场环境、消费者心理及企业目标,制定合理的价格策略,以提升营销效果和市场竞争力。
- 能够深入理解消费者的心理特征,并据此熟练掌握定价和调价的技巧,以确保产品定价策略与消费者需求和心理预期相契合,实现销售目标的最大化。

【素养目标】
- 能够依据相关法律法规,合理制定价格策略,确保营销活动的合法性和合规性,维护良好的市场秩序和公平竞争环境。
- 注重保护消费者权益,真正做到为广大消费者提供更多的实惠和便利,展现出高度的法律意识和社会责任感。

> **导入情景**
>
> 赵导师:"大家好!今天我们来讨论一个有趣的话题,就是为什么消费者会买高价商品呢?请大家踊跃发言。"
>
> 王小小:"我认为消费者会买高价商品是因为他们追求品质和享受。有些高价商品可能在质量、材料或者工艺上有很高的标准,对于追求品质的消费者来说,这些商品能够给他们更好的使用体验。"
>
> 张帅帅:"我觉得有时候消费者会被品牌的影响力所吸引,他们买高价商品是因为希望拥有这些知名品牌所带来的身份和面子。有些人认为高价商品是一种社会地位的象征,所以愿意为此买单。"
>
> 王小小:"还有一种可能是,消费者会被市场营销手段所影响,他们被宣传和广告中美化的高价商品所吸引,觉得只有买了这些商品才能够拥有所谓的高品位和高档次。"
>
> 李美美:"还有一些消费者会为了自己的社交圈和社交活动而购买高价商品。比如要参加高档餐会、晚会等社交活动的人,可能会为了适应这样的场合去购买高价的商品。"
>
> 赵导师:"非常棒的观点!那我们一起来学习价格策略与消费心理吧!"
>
> 【引入问题】
> 1. 价格对消费心理的影响有哪些?
> 2. 如何结合消费心理来制定合理的价格策略?

单元一 价格的心理功能

一、价格的含义

(一)基本含义

价格是对商品价值的度量。在商品经济条件下,商品价值通过货币的形式借助于价格实现,从而使商品交换能够更为直接、顺畅,促进了市场商品交易活动以及消费者购买决策的顺利完成。

(二)消费心理学中的价格

从消费心理学的角度出发,价格是消费者对商品理解的重要途径之一,影响着消费者对商品的接受和购买。价格可以调节市场供求,传递市场信息,企业通过商品价格可以合理地进行经济核算，消费者则可以根据价格衡量商品价值，通过货比三家，进行理性消费，从而挑选出性价比较高的商品完成购买活动。

企业的定价或调价都会直接刺激消费者，激励或抑制其购买行为；反之，消费者的价格心理也会影响企业的价格决策。商家只有更好地了解消费者的价格心理，才能科学地制定商品价格。

商品价格对消费者的心理而言是判断商品价值的主要依据。消费者对商品价值认同的差异使消费者产生不同的心理反应，从而形成不同的消费行为。

二、价格的心理功能体现

（一）商品价值的认知功能

在现实生活中，消费者在购买商品时，并不能对所有商品的价值都充分了解和掌握。通常情况下，当消费者对某种商品认知度不够或者完全陌生时，往往会通过价格来判断该商品质量和性能的优劣，以及商品价值的高低。

"便宜无好货""一分钱一分货"等常见的消费者心理认知，可能导致消费者会更青睐于价格高的商品。对价格便宜的商品，消费者往往会对商品的质量有更多的顾虑和担心，而不愿意尝试购买。例如，网店销售的商品价格有时会低于实体店，消费者可能就会产生疑虑而不愿在线上购买。特别是一些价值高、性能复杂的商品，许多消费者认为还是"眼见为实"，宁愿以更高的价格在实体店购买。

当然，也有些消费者出于追求性价比的考虑，认为当商品质量好坏不得而知时，廉价的商品买了还有可能减少损失，不如就买便宜的。这种心理在消费中也比较多见，特别是对一些简单的，不需要过于注重品质的商品，如一些日用品、一次性使用的商品等。

（二）消费者自我意识的比拟功能

1. 社会地位比拟

一些消费者认为购买商品的价格越高越能体现自己的身份和社会地位。例如，进出高档的商场，购买奢侈品、限量款商品等。

2. 文化修养的比拟

一些消费者为了显示自身的品位和欣赏水平，以体现自己的文化修养而产生消费行为。例如，听音乐会、看歌剧、参观文化艺术展等；或者参与一些陶冶情操的活动，如学习绘画、书法、乐器、学跳芭蕾等；也有消费者愿意花高价购买古董、收藏品等。

3. 个性特征的比拟

大多数消费者的购买行为与自身的个性特征是相符的,从其所购买商品就可以判断出消费者的气质、性格特点。行事低调内敛的消费者,购买的商品也比较常规、实用;而个性鲜明的消费者,购买的商品也比较独特、有个性。

> // 案例任务 8-1
>
> **歌剧的魅力**
>
> 小姚是一位文艺青年,他对音乐和艺术非常感兴趣,尤其热爱歌剧。他在过去几年内积极地参观了国内多家知名的歌剧院,也曾观看过来自不同国家的演出。
>
> 然而,小姚渐渐觉得国内的歌剧表演虽然精彩,但总体水平与国际先进水平还存在一定差距。为了满足自己追求艺术的渴望,小姚决定到英国伦敦观看歌剧表演。
>
> 他提前购买了演出门票,并安排了一周的时间游览伦敦,感受这座城市浓厚的艺术氛围。他迫不及待地参观了伦敦歌剧院,这是世界上最著名的歌剧院之一,拥有丰富的歌剧表演资源和顶尖的演员阵容。
>
> 演出当晚,小姚坐在了歌剧院的观众座位上,随着音乐欣赏精彩的歌剧表演。他被演员们华丽的服装、婉转的歌声和细腻的演技所震撼。整个表演过程中,小姚目不转睛地关注每一个细节,细细品味着每一段旋律。
>
> 回到国内后,小姚在和朋友们谈论自己的英国之行时,他不仅和他们分享了这次精彩的表演,还谈及了自己对歌剧表演的理解和所感受到的文化震撼。
>
> **请思考**:为什么小姚专门到英国去看歌剧?这与消费心理有什么关系?

(三)调节消费者需求的功能

商品价格变化能够使市场上的供求状况产生改变和调整,也会改变消费者对商品的需求。就消费者而言,在消费水平一定的情况下,当商品的价格上涨时,消费者内心会抑制对该商品的消费,从而对这种商品的需求量就会减少,或者购买其他商品替代这种商品;反之,当商品价格下跌时,消费者在价格的刺激下,会对该产品产生购买的欲望,对它的需求量就会增加。但有时候消费者也会产生"买涨不买跌"的心理,即在商品价格上涨时,消费者因担心会继续上涨而增加购买;在商品价格下跌时,因担心会继续下跌而减少购买。因此,价格的变化调节着消费者的需求心理,改变消费者对商品的需求量和需求方向。

生活中的"吉芬商品"是在某种条件之下,由消费者的"买涨不买跌"的心理所导致的消费现象,因此,对该类商品应结合特定时间和空间范围、商品的特点和消费者的心理活动来研究。

单元二 消费者的价格心理

一、消费者价格心理的含义和特征

(一) 消费者价格心理的含义

消费者的价格心理是指消费者在购买商品时对商品价格进行评价的心理现象。不同消费者自身的心理特点以及通过知觉对商品价格所做出的判断是不同的，他们对同样商品的价格评价也会有差异。

(二) 消费者价格心理的特征

企业在营销活动中，需要考虑消费者的价格心理，充分认知消费者价格心理的特征，从而实施合理的价格策略。

1. 习惯性心理

习惯性心理指消费者在反复购买的过程中，由于多次购买的经验而对商品价格产生的习惯性感知。消费者在反复的购买经验中，对某些稳定的商品价格已经形成了一种习惯性的认识。这种商品的习惯性价格一旦形成，会在消费者对商品价格的理解中起着稳定、合理的心理作用，而消费者在购买商品时就会以习惯性价格为标准货比三家，进行商品挑选。如果消费者在购物时遇到不同种价格的情况，他们会更加信任和认同习惯性价格，对其他或高或低的商品价格持怀疑和拒绝的态度。

2. 敏感性心理

消费者在购买商品时首先考虑的因素是价格，最关注的也是价格。敏感性心理是指消费者对商品价格高低变动做出反应的程度，如灵敏度、速度等。通常情况下，消费者对商品价格变动的心理反应程度强弱与该商品价格变动幅度的大小是同方向变化的，但有些商品的价格调整幅度很大却不能引起消费者强烈的心理反应，其原因是消费者对不同商品价格变动的敏感程度是不同的。一般来说，消费者对于和日常生活关联紧密的商品价格变动反应敏感度较高，而对于不经常购买的高档消费品的价格变动反应敏感度较低。比如超市打折的纸巾可能会让消费者增加购买量，而降价的名牌跑车却不一定能调动起消费者的购买欲望。

// 案例任务 8-2

小朱买洗发水

小朱是一名刚毕业，正在深圳打拼的年轻人。他每天都很努力工作，然而因为刚参加工作，他的收入有限，所以他非常注重价格，对于每一笔购买都会认真考虑。

> 周五下班后小朱走进了一家超市，打算买一瓶洗发水。他在货架前比较了几个品牌的洗发水，并研究了每个品牌的价格。
>
> 小朱注意到有一款国外品牌的洗发水价格很高，而且包装也非常奢华，包装上还标明洗发水成分有最新生物科技，看起来很高级。另一款国内品牌的洗发水虽然价格相对便宜，但包装过于简单，只写了"清爽滋养"等字样。小朱不确定该如何选择。
>
> 正在犹豫间，小朱注意到了一个特别的促销活动。促销活动是针对另一款国内品牌洗发水的，现在只需要原价的一半就可以购买。小朱心想，洗发水只要能清洁就行应该都差不多，关键是价格的优惠他无法抗拒。于是，他决定购买促销款洗发水。
>
> 几个星期后，小朱发现这款洗发水的质量很好，并没有因为价格便宜而减少功效。小朱非常高兴他做出了明智的选择。他决定在今后的购物中更加注重价格，寻找更多的促销活动，以满足自己的各种需求。
>
> 请思考：试从消费心理的角度分析小朱买洗发水的行为。

3. 感受性心理

感受性心理指消费者对商品价格高低的感知程度。同样的商品，不同的消费者对价格的感受是不一样的，有的消费者会觉得定价偏高，有的觉得价格适中，而有的觉得非常便宜。一方面，消费者个人的职业、文化程度、经济收入、社会地位等不同，导致他们对价格的感受不一样；另一方面，商品本身的包装、质量、品牌等也会影响消费者对商品价格的感知。另外，商品销售的场所、氛围、展示、服务等也会使消费者对商品价格产生不同的感知。例如，一瓶矿泉水在超市的定价为2元，在旅游景区可以卖到5元以上，而在景点观光的游客还是会接受这样的价格。

4. 倾向性心理

倾向性心理指消费者在购买过程中对商品价格的选择倾向。消费者不同的心理动机、经济状况、消费习惯等，造成他们购买商品时，对商品的价格具有或高或低的倾向性。例如，经济状况较好的消费者，他们出于求名、求质的动机，在购物时更偏向于档次高、有品牌、质量好、价格高的商品；反之，经济状况一般的消费者，出于求实、求廉的动机，在购物时更偏向于价廉物美的商品。

5. 逆反性心理

逆反性心理是指消费者在某种特定的情况之下对商品的价格表现出的反向心理，也就是我们平时所说的"买涨不买跌"的心理。例如，刚需购房者在购买商品房时意识到房价正在涨，而且有可能还要再涨，出于担心房价继续再涨的心理，他们会尽快买房。他们认为现在买进的价格要比将来的便宜。反之，房价正在跌，购房者会认为房价还要跌，现在买房就意味着过后房子会贬值，于是购房者反而捂紧钱包，出于等待观望的心理，他们不会急于购房。

消费者的价格心理是消费者在长期消费经验中所形成的具有相对稳定的特性，不同的消费者对不同的商品价格所做出的不同心理反应，是企业研究消费者心理的重要方面。企业在制定商品价格时，既要结合市场行情、自身经营的实际情况，符合企业营利的目标，同时也要站在消费者角度考虑，尽可能满足消费者的心理需求。

二、消费者价格心理的表现

1. 价格预期

消费者以当前商品的价格作为依据对商品未来的价格做出变化趋势的判断和结果预测，这就是价格预期心理。消费者会通过分析影响价格变动的因素，也会出于消费者自身对商品价格的心理感受以及自己的经验、具备的专业知识等推断出商品未来的价格。

2. 价格攀比

价格攀比心理表现为消费者之间因为商品价格差异而相互攀比。价格攀比心理通常会因消费者对商品需求的盲目性而引发超前消费、大量囤货等缺乏理性的消费行为，或将致使商品价格出现不正常的上涨势态。如艺术品拍卖会上，竞拍者在价格攀比心理的驱使下，竞相抬高价格购买，最终使拍卖品以远高出竞拍底价的价格成交。

3. 价格观望

消费者在商品价格达到自己的心理价位时才采取购买行动，这样的消费者心理就是价格观望心理。价格观望心理常常会出现在商品价格下降趋势比较明显的时期，消费者会结合市场的情况、自身的经验与社会群体的购买行为等确定期望的价格和等待的时间。如果商品价格很快达到消费者的心理期望价格，消费者便会立即采取购买行为，也会因希望商品出现更低价位而继续等待；如果消费者长时间等待后仍未达到心理期望价位，也会适当提高期望价格而采取购买行为。消费者的价格观望心理通常在耐用品、不动产消费方面表现得较为明显。

4. 价格倾斜

价格倾斜心理是指消费者在某种利益或者价值观的影响下，在心理与行为方面发生的偏向。例如，商人在现实生活中既是卖家也是买家。作为卖家，为了增加自身的经营收益，他们希望商品的销售价格越高越好；而作为买家，为了节省自身的消费开支，他们则希望购买的商品价格越低越好。

三、消费者的价格判断

消费者对商品价格的判断会受到消费者价格心理的影响。消费者的购物经验以及生活中各类商品价格的比较都是消费者进行商品价格判断的重要依据。一般情况下，消费者会通过比较来感知商品的价格，从而进行消费决策。

（一）消费者价格判断的途径

1. 同类商品价格比较

与市场上现有的同类商品进行比较是消费者价格判断的最常见方式，这种判断途径简单直观，方便消费者迅速了解所选商品价格，做出购买决策。

2. 不同销售地比较

同样的商品，因为销售地的政策不同导致商品价格会出现高低差异。消费者会通过销售地价格的比较判断购买的时机和地点。例如，消费者会通过本地销售价格和外地销售价格的比较、线上网店销售价格和线下实体店销售价格的比较等，在相同的商品中挑选出价格最友好的销售店进行购买。

3. 商品信息比较

在售价差别不大的情况下，消费者会通过了解商品各类相关信息，再进行全面比较来选择性价比最高的商品。例如，消费者会考虑商品的型号、性能、外包装、产地、销售附加服务等，综合判断商品的价格。

4. 自身体验比较

消费者在购买商品时，如果自己已经具备产品相关的购买使用经验，或者通过亲自体验感受过商品的性能，那么通过自身体验的比较，消费者就可以对商品价格做出判断。对消费者来讲，重复购买或者现场试用等方式都能使其做出的价格判断相对更为客观、合理。

// 案例任务 8-3

外套的定价

ABC服装公司采用最新技术面料，专门为老年人设计制作出一款既舒适又保暖的休闲外套。外套上市之前，公司的销售部门为了这款外套的定价专门开会进行讨论。究竟该如何为外套制定一个合理的价格呢？是定高还是低？这个定价怎样才能符合消费者的要求？怎样的定价才不会影响产品的销售？这一系列的问题的确难住了销售部。

为此，销售部的工作人员绞尽脑汁、集思广益，通过多次开会讨论，最后想出了一个方案：首先，在市内知名商场随机选取一定数量的中老年顾客；然后，让这部分顾客试穿这款外套三天；最后，试穿结束回访时请他们完成相关调查问卷，收集他们对该外套定价的意见，并赠送小礼品进行回馈。

三天后，销售人员回访完毕回到公司反馈：在200名试穿者中，80%以上的顾客都能接受公司的外套定价，更出乎意料的是，有20多个人愿意当场购买外套。

根据回访的信息，公司销售部通过商议讨论，最终制定出了合理的外套定价。当外套上市后，销量果然很好，公司盈利也不错。这样，销售部既顺利完成了销售任务，也为广大消费者提供了满意的商品。

请思考：通过这个案例你对产品定价有什么想法？

（二）影响消费者价格判断的因素

1. 消费者的经济收入水平

在同样的商品价格之下，由于消费者的经济收入不同，他们对商品价格的感知会有不同的结论。例如面对中高档商品，高收入的消费者可能觉得价格能够接受可以购买，但低收入的消费者就会觉得商品价格太高而不考虑购买。

2. 消费者价格心理的差异

消费者所具备的不同价格心理导致消费者对价格的判断会出现差异，消费者价格心理的习惯性、敏感性、感受性、倾向性、逆反性是影响消费者价格判断的重要因素。

3. 商品产地的不同

商品的不同产地会使消费者对商品质量、性能等产生一些主观的印象，从而影响其对商品价格的认知。例如，同样的商品，消费者对A地区生产的商品印象是货真价实、质量保证，而对B地区生产的商品印象却恰恰相反，那么即使A地区的价格高于B地区，消费者也愿意接受A地区的商品。

◆ **课堂讨论**

请谈一谈你在现实生活中遇到的因为产地而影响价格判断的产品。

4. 消费者对商品需求的紧迫性

在某些特殊的情况下，消费者会因时间和空间的制约，出现对商品需求的紧迫状态，此时消费者对商品价格的判断不会成为购买商品的主要依据。例如，商品销售处于限购状态、库存紧张或是购买时间和地点的制约等，导致消费者急于购买却无法找到替代品时，消费者就会忽略商品的价格，即使高价消费者也愿意接受。如游乐园里餐厅的食品价格高，但因为消费者感觉到饿而又无法在园里找到可替代的价格更低的食品，不得不进行消费。

5. 商品的类别和特性

商品的不同类别和不同属性，会使消费者产生不同的价格判断。换季打折的商品，消费者会等到合适的时机以实惠的折扣价购买；限量版纪念商品，消费者则更看重的是商品的意义而不是优惠程度。例如，正在进行的运动赛事吉祥物、纪念品等，因有一定的纪念意义，即使价格高仍然会吸引很多消费者购买。

// 案例任务 8-4

"冰墩墩"

2022 年年初的北京冬奥会，让我们记住了那个憨厚可爱的"冰墩墩"，也使它成为当时最抢手的冬奥纪念商品。虽然"冰墩墩"的定价不菲，但消费者购买"冰墩墩"的热情却一浪高过一浪。冬奥会开幕之前，消费者已经提前很早就预约购买，但还是不一定能够买到。淘宝、京东等线上购物平台也无法满足消费者的购买需求。当时没能买到"冰墩墩"成了很多消费者的一大遗憾。

随着北京冬奥会的闭幕，消费者对"冰墩墩"追捧的热度也逐渐淡去。此时，"冰墩墩"已经不再是消费者极力想买的商品，也不会再出现"花钱难买"的局面。

请思考： 为何北京冬奥会期间的"冰墩墩"如此受欢迎，以至于出现断货的情况呢？

单元三　制定价格的心理策略

企业在营销活动中，为商品制定合理的价格是一项重要的工作。企业应根据对消费者心理活动的研究，采取灵活、合理的定价策略，对满足消费者需求、促成消费者购买起到积极推动的作用。

一、新产品定价策略

企业的新产品刚上市进入产品生命周期的导入期时，通常会采用的定价策略主要包括撇脂定价法、渗透定价法和满意定价法。

1. 撇脂定价法

撇脂定价法是指在新产品刚刚上市时，企业通过制定高价进行产品销售，待竞争对手出现后，企业再做出由高到低的价格策略调整的定价方法。这种定价方法利用了消费者的好奇心理、求新心理，在市场还缺乏竞争对手的情况下，对一些全新的产品、流行的产品、受专利保护的产品、需求价格弹性小的产品，以及未来市场形势难以测定的产品等制定较高的售价，通过消费者高价购买新产品，使企业迅速地收回投资，尽快获得利润收益。

（1）优点：

① 能为企业迅速地收回投资获取利润，减少企业的投资风险。

②新产品上市之初,消费者缺乏对该产品的了解,更多的是在好奇心的驱使下进行购买,因此购买行为缺乏理性。企业可以借助这一定价策略做好产品定位、品牌宣传、销售推广等工作,争取到更多的消费者,为新产品打造良好的形象。

③先定高价销售再逐渐调低价格销售,在价格调整上有充分的余地,可以使企业在产品销售中掌握一定的主动性。通过价格变动,利用消费者对于价格的敏感性和感受性,争取、挖掘到更多的潜在消费者,使他们从关注产品到采取购买行为,进而成为现实的顾客。

(2)缺点:

①较高的售价和较高的利润回报会导致竞争者对产品的关注和重视,当竞争者大量涌入市场后,各种仿制品、替代品的出现,将会导致市场竞争的混乱,迫使产品价格下跌。当企业产品形象已经受到侵害,但消费者又无法辨别时,消费者对产品会产生更多的疑虑,很可能对原有产品失去信任,如果企业不采取有效措施调整,势必会失去一部分忠实顾客。

②如果企业新产品上市之初的定价过高或不符合市场状况,在高价购买产品之后,消费者的利益在某种程度上会受到损害,这样不利于消费者合法权益的保护。当消费者冷静下来理性地看待产品定价时,企业和消费者之间很有可能发生矛盾冲突,导致抵制购买、投诉、维权等更多的问题出现。

2. 渗透定价法

渗透定价法是指在新产品投入市场时,企业将销售价格定得相对较低的定价方法,也是企业在新产品上市时常用的一种促销手段。此种方法利用消费者求廉的消费心理和物美价廉的产品形象吸引大量消费者购买产品,从而在短期内迅速获得较高的市场占有率,为企业获取长远利益打下基础。

(1)优点:

①渗透定价法的低价策略,是消费者最易接受的定价方式。低价的产品可以促使消费者果断形成购买决策并完成购买。"薄利多销"使企业能够迅速地打开市场,短时间内就能占据并扩大有利的市场份额。

②企业通过制定接近成本的低价,会使竞争对手望而却步,不得不考虑自己的成本和利润,从而不敢轻易进行低价竞争。也可以说渗透定价法是比较有效的一种竞争策略。

(2)缺点:

①较低的定价可能造成某些消费者对产品质量抱有质疑的态度,因而会谨慎购买,同时也会导致企业产品的整体形象降低。

②对于企业自身而言,较低的产品定价使销售利润微薄,不利于企业投资的尽快回收,在将来也不利于产品的提价,企业定价会处于一种尴尬而被动的境地。

当新产品上市后,企业最终的目标都是获取利润。但是,在消费者购买心理和购买行为日趋成熟与理性的今天，无论企业选择撇脂定价法还是渗透定价法，也都要符合消费者的心理需求。

> **// 案例任务 8-5**
>
> **定价策略有讲究**
>
> 在购物时，产品的价格是消费者较为关心的问题，而产品的创新程度也是消费者关注的一个重要方面。
>
> 很多新品上市之初会用一个较低的价格来吸引更多消费者的关注。低价使得产品销量大增，这种定价策略就是渗透定价。
>
> 企业采用渗透定价提升产品销量的同时，也存在利润获取较为缓慢，利润额很低甚至是不赚钱的情况。这并不代表企业不考虑利润，而是希望用一个较为低的价格，即通过外部刺激来调动消费者的购买欲望。
>
> 第一，此种策略正好符合消费者的心理，低价容易让消费者很快接受产品。
>
> 第二，当销量上去之后，企业的生产就会达到一定规模，从最开始的少量生产到批量生产，从而降低了企业的生产成本。
>
> 第三，销量的提升有助于扩大产品的市场份额，提升市场占有率，稳定产品的市场地位。
>
> 第四，企业在市场竞争中可以利用低价赢得一定的优势，对竞争对手形成有效的威胁。
>
> 企业在渗透定价策略的具体运用中，通常会以低价为"诱饵"开展一些销售活动。例如，借助线上线下的购物平台，通过"限时低价""秒杀"等低价销售的活动，刺激消费者购买。这种低价的定价方式往往很容易被大众消费者所接受，企业也可以在较短的时间内实现销售量的提高。
>
> 总的来说，渗透定价策略在营销活动中发挥了重要的作用，可以为企业赢得更多的营销先机。如果一个企业希望自身的产品能尽快占领大量的市场份额，从销量上获得竞争优势，那么渗透定价策略就是一个不错的选择。
>
> **请思考**：企业该如何把握渗透定价策略？

3. 满意定价法

满意定价法是指新产品投入市场时，企业以适中的、介于撇脂定价和渗透定价之间的价格进行销售的定价方法，是一种中间价格策略。因为所制定的价格低于撇脂定价但又高于渗透价格，使卖方和买方都感觉比较合理，所以这种定价也可以称为"君子定价"或"温和定价"。满意定价一般适用于需求弹性适中，销售量稳定增长的产品。

（1）优点：

①由于价格适中，在新产品上市时消费者易于接受，利于商家促销。

② 稳定的销售状态可以减轻或避免企业新产品上市的销售风险。

（2）缺点：

企业不容易掌握让买卖双方都能满意的价格，如果时机把控不合适，所制定的价格就有可能给企业带来利润上的损失。例如销售旺季价格定低了，或是定价高于消费者心理预期等，都可能使企业无法赚足利润。

二、差别定价策略

差别定价策略又称价格歧视，指企业按照两种以上的差异价格销售同种商品或服务。

1. 顾客差别定价

顾客差别定价又称顾客细分定价，是指企业按照不同的价格把同一产品或服务卖给不同的顾客。该策略需考虑消费者的经济状况和支付能力来进行差别定价。另外，不同年龄、职业、性格的消费者对价格的接受程度也会有差别。例如，收入水平和社会地位较高的消费者在消费时更偏重于追求品质，价格制定略高反而符合他们的心理需求；职业不稳定、收入较低的消费群体等消费者的消费能力有限，出于求廉心理，他们更愿意接受低价的商品。

2. 产品差别定价

产品差别定价是指企业按产品的不同型号、不同容量、不同包装、不同式样等制定不同的价格。企业可以对同一产品采取不同的包装或造型，塑造不同的销售形象，让消费者对产品产生不同的心理感知，从而接受不同的价格。例如同样的香水，一部分使用普通瓶子装，一部分使用更时尚华丽的瓶子装，再通过设计创意赋予不同的品牌和形象，对二者进行差别定价。在现实中，产品差别定价能符合某些消费者的价格感受和心理需求，也是一种利于企业获利的常见策略。

3. 时间差别定价

时间差别定价是指企业销售的产品按不同的销售季节、时期等变化来制定价格的一种定价策略。例如，酒店会按节假日、周末和平常日等不同标准来收房费；航空公司机票在淡季的价格便宜，而在旺季立马涨价。这种定价策略可以使消费者根据自身对价格的感受再结合各方因素进行权衡后消费，使消费者需求趋于理性化、均衡化。与此同时，企业也能依据不同时间的销售情况调节资源，合理规划销售工作。

◆课堂讨论

请分享你所知道的运用时间差别定价的产品或服务。

4. 地点差别定价

地点差别定价是指对处于不同地点或场所销售的产品或服务制定不同价格的策略。企业可以利用不同地点和场所的消费者需求不同实行地点差别定价，从而获取利润。例如，剧院不同座位的成本费用都是一样的，但出于消费者在观看演出时对不同座位的位置偏好不一，所以不同座位的票价就有高低差异。还有，同样的商品也可以通过不同的销售渠道、销售环境，结合消费者的心理需求而实施差别定价。例如，在廉价商店低价销售商品，可以满足消费者的求廉心理；而在精品店配以优良的环境和服务就可以提高价格，对于追求良好的消费心理体验的顾客来说，稍高的价格他们依然可以接受。

三、整数定价策略

整数定价也称"方便定价策略"，是指企业利用消费者求便心理，在定价时将尾数去掉，采用一个整数来定价的策略。这种价格策略一方面给消费者留下"一分钱一分货"的感觉，便于消费者对款式新颖、档次高、价值高的商品加深记忆，加强对商品的印象和品牌形象，同时也能够满足消费者社会身份、地位的需求。如 9 995 元和 10 000 元，对于有支付能力的消费者来讲，他们更关注商品的质量而不是价格，10 000 元的价格给他们产生的心理感受是品质更高，更能够满足他们的心理需求；另一方面，在低价商品的销售中整数定价也给消费者造成商品价格便宜的感觉，如 10 元店、2 元店能吸引更多抱有求廉心理的消费者去光顾。

四、尾数定价策略

尾数定价与整数定价刚好相反，也称非整数定价、零头定价，是指企业给商品制定一个带有零头的价格。企业利用这种定价，可以给消费者造成价格感知的错觉，消费者会认为企业制定的商品价格偏低并且精准、合理，从而刺激消费者购买。如一件商品 9.9 元的定价相比 10 元，尽管只是便宜了 0.1 元，却给消费者在心理上造成了便宜的感觉，而促使消费者完成购买。另外，许多企业还会利用尾数定价在商品价格尾数取吉利数字，比如中国人喜爱的"8"和"6"，引起消费者美好的联想而调动起消费者的购买欲望。

在国内外的很多商场、超市、便利店，尾数定价法已被普遍使用，主要以中低收入消费者为目标群体。但该策略使用过于频繁也可能会导致消费者产生逆反心理，认为是商家的营销套路而对价格产生不信任的心理。

◆课堂讨论

请谈一谈你作为消费者，对于尾数定价的真实感受。

五、招徕定价策略

招徕定价就是企业或商家为了扩大商品销售,利用消费者的求廉、求实心理,将一种或几种商品的销售价格定得低于市价或成本,从而吸引消费者购买,同时带动其他商品销售的定价策略。

该策略的优点在于能够很快引起消费者的关注并采取购买行为。消费者在购买"特价"商品时,多数情况下会顺便再买上几件其他的正价商品;对于商家而言并不会有损失,反而可以在这样的促销之下增加其他商品的销售利润。

但企业在采取招徕定价之前需要考虑选择哪类商品进行促销,例如,消费者关注的生活必需品,从市场价格到商品质量等都是消费者所熟悉的,实行低价策略就能很容易地吸引他们的购买。因此,与消费者生活密切相关的超市、餐饮店等,经常都会采用招徕定价法吸引顾客,并且促销效果非常明显。如超市的"每周一天特价蔬菜"、餐馆的"特价菜品"等。

六、折扣定价策略

折扣定价是指企业通过降低商品的价格鼓励顾客购买的一种定价策略。这种策略抓住消费者求廉、求实、"机不可失"的心理,利用优惠的折扣价格刺激消费者购买商品。折扣定价是企业和商家在大量购买、淡季购买、清仓购买时经常采用的价格策略。

折扣定价主要包括数量折扣定价、季节折扣定价、新产品折扣定价、功能折扣定价等。企业可通过折扣定价在新产品上市之初吸引消费者购买;在经营过程中利用定期折扣定价维持销售;在产品退市之前清理库存回收资金。一些超市、百货商场等都会经常采用该种策略来调整经营。但企业在使用该策略时需注意考虑消费者心理变化、市场情况、成本等因素。如经常采用折扣定价,可能会使消费者对产品和企业的经营产生疑虑或失去信任。

// 案例任务 8-6

线上销售的折扣定价

每年的"双十一""双十二"或"年中盛典"等节日活动,都成为商家们提升销售的最佳时机。京东、淘宝、唯品会等众多线上商家都会利用这些时机,借助折扣优惠来吸引广大消费者下单购买更多的产品。

近几年,这样的折扣活动在线上购物中越来越火爆,优势越来越明显。各大购物平台通过商品品类的细化让消费者的选购更具有针对性和便利性。例如,电器、服装、母婴、宠物、日用品等。不同品类的商品推出多种折扣形式让消费者选购,诸如"低至 5 折""1 件 9 折、2 件 8 折、3 件 7 折"或"满 200 减 30、满 300 减 50"等等,让消费者以更为实惠的价格购买到自己心仪的商品。

折扣定价的吸引力加上线上购物的便利，使消费者真正实现了方便与实惠，提升了消费者的网购体验感。

请思考：折扣定价为消费者和企业都带来了什么？

七、声望定价策略

声望定价指企业为了满足部分消费者的显耀心理以及社会身份地位象征的需要，对某些商品有意识地定高价格以提高商品地位的定价方法。声望定价策略多半被一些具有一定声誉的企业和品牌商品所采用，目的是通过提高商品在消费者心目中的声望和地位，制定出商品较高的声望价格。

企业会运用限购、定制等销售形式，以高价向消费者推出一些限量的高档名牌商品，利用消费者对企业声誉、品牌形象的信任以及品牌效应，满足消费者的心理需要。与此同时，高价也能给企业带来更多的销售利润。例如，利用品牌效应，向消费者推出全球限量款手表，私人定制个性化商品等。

八、习惯定价策略

习惯定价指根据消费者的习惯价格心理而定价的方法。生活中有许多消费者经常购买的日用消费品，它们在消费者心目中已经形成了一种习惯价格，不会轻易改变。例如，日常购买的食品、生活用品等。这一类商品降价可能导致消费者对商品产生怀疑，涨价又可能导致消费者拒绝购买。所以企业在销售此类商品时需要采用"薄利多销"的形式获取利润，而不是随意地涨价或降价。

习惯定价的优点在于合理的定价能让消费者容易接受，有利于维持消费的稳定。习惯定价策略的缺点是消费者一般对这类商品的价格变动敏感性特别高。因此，企业对这类商品的价格调整应该十分谨慎，一旦提价，会破坏消费者长期形成的消费习惯，很可能使消费者转而购买其他商品。

九、组合定价策略

组合定价指对于一些相互关联、相互补充、配套使用的产品采取的定价策略。这些商品既可以单独购买，也可以成套购买。通常情况下，组合定价策略针对成套购买的商品实行优惠价格，比起单独购买商品更为划算。这种定价有利于各种商品销售量的提高，也是商品增值的一种有效方式。消费者出于求廉求实的心理，对于成套销售的商品价格较为接受。例如，洗发水和护发素、数码相机和电池、咖啡和咖啡伴侣等成套销售。

组合定价的优势在于配套销售能带动企业主导商品的销售量提高，同时也能带给消费者更多的实惠。但企业需注意定价的灵活性，可采用组合搭配定价、系列产品定价、附加产品差别定价等多种方式来满足消费者的不同需求。

单元四　调整价格的心理策略

一、商品调价的概念

商品价格是影响消费者购买行为最直接的因素之一。商品价格的高低直接关系到企业商品的销售情况。因此，企业在制定商品价格时，应注重价格调整策略的合理化。

商品调价是指企业在市场营销活动中，根据产品供求、市场变化、政策环境等影响价格的因素变化，对产品基本价格进行提价和降价的策略。商品调价的目的在于促使产品定价适应供求变化，同时也与营销组合的其他因素协调一致，为企业经营发挥更大的作用。

价格调整是企业的一种动态定价策略。在企业的销售过程中，由于各种价格影响因素的存在，价格调整是经常性的。在通常情况下，企业仍会尽可能保持价格的稳定，避免影响产品的销售。企业在必须调整价格时，也应充分考虑消费者的需求变化和心理反应，结合企业内外部的形势，最终制定相对合理的价格调整策略。

二、消费者对商品调价的心理反应

商品价格是消费者在进行购买活动时最敏感、最关心的因素，价格的变动都会引起消费者内心的不同变化。

市场中，商品价格和销售量在理论上呈反向变动的关系。也就是说，当商品降价时，可以吸引更多的消费者购买，商品销量增加；当商品提价时，消费者会减少对商品的购买，商品销量减少。

但在现实生活中，不同的价格心理特征会导致消费者对商品的价格产生不同的理解，因此，消费者对商品价格调整就会出现不同的心理反应。具体表现如下：

1. 消费者对提价的心理反应

一般情况下，提价会减少消费者需求，影响产品销量。但是，由于消费者对提价的不同理解，商品提价不一定会使消费者降低购买，相反，企业成功提价有可能会刺激消费者购买而促进商品的销售。

消费者对于商品提价可能有这样的理解：

（1）企业想通过提价取得更多利润。

（2）现在很多人购买这种产品，可能很快会提价。

（3）商品已经开始涨价了，价格可能还会继续上涨。

（4）一分钱一分货，提价意味着商品质量有所改进，物有所值。

（5）市场上各种物价都在上涨，提价是正常的。

2. 消费者对降价的心理反应

一般来说，降价会刺激消费者的购买，因为实惠的价格是吸引消费者的最有效因素。然而在现实生活中，不见得所有商品降价都能激发消费者的购买欲望，消费者对降价的理解不同，心理反应也是不同的。消费者可能因价廉而产生强烈的购买欲望，也可能因降价对商品质量产生怀疑而抵制购买。

消费者对于商品降价可能有这样的理解：

（1）企业产品式样陈旧、有瑕疵、销售不佳等，快要被市场淘汰。

（2）企业遇到财务危机，很快将会停产或转产，需要资金周转。

（3）价格可能还要进一步下降，等等再买。

（4）产品的生产成本降低了。

（5）购买降价商品有失身份。

总之，企业调价的最终目的是促进销售，只有消费者接受调价才能实现对商品的购买。因此，企业要考虑调价对消费者产生的心理影响，必须仔细研究消费者对调价的心理反应，使价格符合消费者的心理需求。

三、商品调价的心理策略

根据消费者心理的分析，从消费者面对商品调价会出现的反应来看，企业要实施成功的调价需要合理把握相应的心理策略。

商品调价的心理策略

（一）商品提价的心理策略

1. 提价时机的选择

由于消费者的收入在不断增加，物价上涨是一种正常的经济现象。但提价意味着消费者购买商品时需要增加支出，所以提价对消费者来说并不是好事。为了避免消费者对提价的抵触心理，企业在采取提价策略时对于时机的选择也很重要：

（1）当企业产品在市场上处于优势地位时提价。

（2）新产品经历了导入期的渗透定价后，进入成长期提价。

（3）市场中的竞争对手纷纷开始提价时，企业也应提价。

（4）商品刚刚进入销售旺季，相比淡季时提价。

商品提价的时机，最好选在消费者心情放松，对市场客观情况比较熟悉的时期，对于提价更容易接受。

2. 提价幅度和频率的掌控

商品提价的幅度不应超出消费者的心理承受范围，企业应避免大幅度提价而引起消费者的抵触情绪。与此同时，由于消费者对商品提价很敏感，在提价频率方面，企业应慎重考虑，不宜过于频繁。如果企业必须大幅度提高商品价格，也应该分次、分阶段实施,两次提价之间的间隔不宜太近。

> **// 案例任务 8-7**
>
> **小吃店的凉粉**
>
> 小吃店的凉粉已经卖了十多年,常去的老顾客都知道,从十多年前开店到现在,店里每碗凉粉都一个样,味道和分量都未曾有过变化,就是价格从原来的 5 元一碗涨到了 6 元。
>
> 久而久之,这家物美价廉的小吃店吸引了很多慕名而来的顾客。有顾客好奇地问老板:"为什么你家的凉粉这么多年只涨了 1 元?"
>
> 老板笑着说:"我这小本生意,主要还是靠附近老顾客的捧场,每天抬头不见低头见的,价格可不能随便涨,这样就对不住老顾客们对小店这么多年的照顾了。"
>
> 顾客又问:"现在各种食材物价都在上涨,你不多涨点,难道不亏吗?"
>
> 老板解释道:"我家的凉粉就是卖给附近的熟客的,都是大众消费,大家都是图个方便,随时想吃就来吃。这样的价格更亲民,老少皆宜。当然,食材成本是在上涨,我就尽量减少不必要的开支,控制好其他方面的成本。这不也还是涨了 1 元吗?"老板笑笑接着说,"涨多了,我是多赚了,但有些老顾客可能也就不爱来了。小本经营嘛,除了自己赚钱,也要给顾客实惠,生意才能长久哦。"
>
> 顾客听了点点头表示赞同:"老板真有经营头脑!"
>
> **请思考:** 如何理解老板的涨价策略?

3. 采用变相提价的方式

企业通过改变商品的规格、包装的容积或者减少商品的数量、调整原料配比、降低成本等方式间接提高价格,称为变相提价。因为商品价格没有改变,消费者心理上对商品其他方面的改变并不敏感,所以这种方式既容易被消费者接受,同时也能保证企业的销售利润不受损失。例如,在价格不变的前提下,适当缩小商品包装的容积,减少包装内商品的数量等。

4. 说明提价的原因

企业做好提价的宣传解释工作,向消费者说明提价的原因,使消费者能更好地接受价格的上涨。例如,将成本上涨、市场行情变化等方面的数据向消费者公开,避免消费者的猜疑。

5. 提供更优质的服务

企业还可通过热情周到的服务,让消费者感受到提价带给他们更优质的消费体验,引导消费者正确理解提价,并赢得消费者对提价的接受和认可。例如,改善购物环境、提升服务附加值等。

6. 避免所有商品同时提价

企业因各种原因需要提高所有产品的价格，也应考虑消费者的心理承受能力，不能同时提价，而是需要循序渐进、分批次提价。并且各类不同商品的提价幅度和频率仍然是企业所需考虑的重点，必须围绕消费者的价格心理特征，通过分析判断后才能执行。否则，企业对产品的提价策略将百无一用。

（二）商品降价的心理策略

1. 降价时机的选择

为了避免消费者对降价产生不利于企业经营的负面心理反应，企业降价时需要考虑商品所处的不同时期而择机降价：

（1）当新产品上市一段时间出现竞争者后。

（2）当商品进入成熟期后期。

（3）当商品已经进入衰退期，清仓时。

（4）季节性商品在换季时。

（5）企业开业酬宾、周年庆典、节假日等优惠降价。

需要注意的是，选择降价时机，企业要重点考虑降价后的效果。降价可早可晚，早降可以通过降价的刺激提高消费者的购买欲望，促进商品的尽快销售，对于一些销售情况不太好的商品可以考虑提早降价，以便资金能尽快回收；晚降可以针对一些销售情况好的商品，只要消费者能够接受并愿意购买，晚点降价也利于企业获取更多的利润。

2. 把握好降价幅度

企业商品降价的幅度也会对消费者心理产生不同的影响。降价幅度太小，对消费者没有足够的吸引力，但一次性降价幅度过大，又会造成消费者对商品商品质量等的质疑。一般情况下，根据经验，消费品的降价幅度不宜超过10%，一般商品应该控制在10%～40%之间比较合理。

3. 降价频率的控制

商品降价不能过于频繁，否则会使消费者对商品价格产生不良的心理反应，失去降价对消费者的吸引力。一方面，消费者会对商品或商家缺乏信任感，认为降价后的价格才是商品的真实价格，企业最初的定价不过是在虚张声势；另一方面，过于频繁降价会使消费者认为价格还会再降，而迟迟不愿采取购买行为。

4. 降价的商品应有所选择

（1）对于消费者注重实际性能和质量的商品采取降价策略效果比较好，如生活日用品、食品等消费者非常熟悉的商品。

（2）对于那些能体现消费者社会地位、身份或具有收藏价值、审美价值、象征意义的商品则不能轻易降价，如古玩、字画、奢侈品、定制单品等。

5. 向消费者说明降价原因

让消费者了解企业降价的真实原因能使消费者的购买环节更加透明，实现"明明白白消费"，利于消费者合法权益的保护。

6. 保证降价商品的质量

即使是降价的商品，也需要消费者对商品有足够的信任。降价销售不等于降质销售，企业应在说明降价原因的基础上保证商品的质量不变，这对于企业忠诚客户的培养尤为重要。

总而言之，无论是提价还是降价，都会对消费者心理产生一定程度的影响，消费者的购买行为也会因此而发生改变。企业需要重视消费者对商品价格调整的反应，尽量谨慎为之。

案例分析

小超市的定价策略

某社区小超市，门面不大，但货品齐全，每天进出的社区居民络绎不绝。原来小超市的张老板有着一套自己的生意经。

张老板实行低价销售，超市里的商品价格都比较便宜。超市虽小，活动力度却毫不示弱，每周都有会员日，每天推出特价商品，总之是变着法儿为消费者省钱。与大超市相比，消费者更愿意在家附近随买随走。价格上，小超市不见得比大超市贵，甚至有些商品的价格比大超市还要便宜。因此，社区的居民特别喜欢这样的超市。

张老板的理念就是通过降低自身的经营利润带给消费者更多的实惠。原来，小超市的利润与其他同类超市相比，要低10%左右。多年以来，张老板通过自己的用心经营，在成本、费用各方面合理规划，采用薄利多销的经营方式，每天都给社区居民带来看得见的实惠。逢年过节还加大优惠力度，向社区居民提供更多的特价商品。

现如今，低价已经成为张老板经营超市的一大特色，也是他能在众多社区超市竞争中具备明显优势的重要原因。社区消费者在货比三家之后，最终还是选择在张老板的小超市购买商品。加之张老板在商品质量上一直严格把关，赢得了社区居民的充分认可，小超市的生意做得有声有色。

【案例分析题】

请分析案例中的价格策略，并结合消费心理谈谈其优势。

模块小结

本模块主要介绍了商品价格心理功能的主要内容、消费者价格心理，以及针对消费者价格心理应采取的商品定价的心理策略和价格调整的心理策略。

练习题

一、单项选择题

1. （　　）指在新产品上市之初将价格定得较高，采取高价出售，以期在短期内获得丰厚利润，尽快收回投资。
   A．渗透定价策略　　　　　　　　B．撇脂定价策略
   C．折扣定价策略　　　　　　　　D．声望定价策略
2. （　　）指企业按照两种以上的差异价格销售商品或服务。
   A．差别定价策略　　　　　　　　B．招徕定价策略
   C．整数定价策略　　　　　　　　D．尾数定价策略
3. 企业定价不变，但减小商品包装的容积，是一种（　　）。
   A．合理提价　　　　　　　　　　B．合理降价
   C．变相提价　　　　　　　　　　D．变相降价

二、多项选择题

1. 消费者自我比拟功能有（　　）。
   A．经济地位比拟　　　　　　　　B．社会地位比拟
   C．文化修养比拟　　　　　　　　D．个性特征比拟
   E．教育水平比拟
2. 消费者价格心理包括（　　）。
   A．习惯性心理　　　　　　　　　B．敏感性心理
   C．倾向性心理　　　　　　　　　D．感受性心理
   E．逆反性心理

三、判断题

1. 由于消费者收入在不断增加，物价总体呈上涨趋势，所以提价是一种正常的经济现象。（　　）
2. 研究表明，商品的降价幅度应在10%～30%，如果降价超过50%，就会使消费者对产品质量产生疑虑。（　　）
3. 感受性心理指消费者在购买过程中对商品价格的拒绝或接受的态度。（　　）

4．商品价值是商品价格的货币表现，是商品与货币交换比例的系数表现。

（　　）

5．商品的价格受供求关系的影响，又具有调节需求的功能。　　　（　　）

商品价格调查

一、实训目的

调查商品价格对消费心理的影响。

二、实训内容

1．调查学校超市的商品价格。

2．分析这些价格对消费心理的影响。

三、实训要求

1．按教学班级进行分组，每组 5～8 人，按组进行调查。

2．小组成员针对自身情况逐一陈述分析。

3．由每组组长负责完成分析报告的撰写。

Module 9

模块九

促销策略与消费心理

学习目标

【知识目标】
- ➢ 理解促销、促销组合以及整合营销沟通的基本概念和关系。
- ➢ 掌握在消费心理策略在促销中的应用。
- ➢ 掌握整合营销沟通中促销的重要作用及相关心理策略。

【能力目标】
- ➢ 能够准确把握不同促销形式对消费者心理的影响,并据此优化促销策略,提升营销效果。
- ➢ 能够根据消费者心理特征调整和优化促销策略与沟通方式。

【素养目标】
- ➢ 在制定促销策略过程中,综合考虑价格、产品特点、竞争对手的策略以及消费者的心理反应等多种因素,强化策略思维和综合分析能力。

> **导入情景**
>
> 　　一家智能手机门店内。
> 　　销售员："您好，欢迎光临！我注意到您对这款产品很感兴趣，它是我们最新推出的智能手表，具有多项功能，包括心率监测、计步功能等。目前我们正在进行促销活动，只要购买这款手表，还可以免费赠送您一款精美手表表带。"
> 　　客户："哦？听起来很不错！我一直想购买一款智能手表来监测我的健康状况。这款手表的电池续航时间如何？"
> 　　销售员："这款手表拥有高性能的锂电池，续航时间可以达到3天左右，同时充电也非常方便。您可以随时随地使用它，无须频繁充电。"
> 　　销售员："另外，这款手表还具有个性化定制功能，您可以根据自己的喜好选择不同的表盘颜色、界面风格，轻松与其他配件搭配，展现独特的个人风格。这不仅可以提升您的时尚品位，还能让您每天佩戴手表时感到愉悦。"
> 　　客户："这听起来很吸引人！不过，我想了解一下这款手表的价格。"
> 　　销售员："现在正是购买的好时机！由于我们正在进行促销活动，这款手表的价格已经降低了20%。您可以节省很多购买成本，而且我们还提供免费的包装服务，让您的购物体验更加完美。另外，我们店铺还提供延保服务，您只需支付一小部分费用，就可以延长手表的质保期，确保您的使用体验更加无忧。"
> 　　客户："的确不错，我很满意这款手表的功能和价格。我决定购买了！"
> 　　销售员："非常感谢您的选择！请您稍等，我现在为您办理。"
>
> 【引入问题】
> 1. 企业为什么要开展促销活动？
> 2. 促销活动对消费者会产生哪些影响？

单元一　促销与促销组合

一、促销的含义

　　促销一词源于拉丁语，意思是"前进"。在现代企业的营销中也称之为促进销售，是指企业通过一定的形式，将商品或服务的性能、特征等信息传递给顾客，帮助顾客认识商品或服务，引起顾客的注意，唤起其需求，使其采取购买行为的过程。

　　促销对企业经营活动的影响越来越重要，尤其是在社会生活方式、消费者需求特征以及消费者购买行为模式发生巨大变革的今天，为了更好地顺应经济发展的需要，企业必须重视促销方式的合理运用和调整。

二、促销组合的含义

促销组合是企业营销活动的策略，是指企业将人员推销与非人员推销的促销方式，即人员推销、广告、营业推广和公共关系结合起来，有目的、有计划地配合运用，起到整体促销作用的销售策略。

企业通过促销组合向目标市场传递企业及其产品的具体信息，挖掘、引导消费者形成产品和服务的需求，并最终转化为购买行为，从而达到扩大销售、增加企业效益的目的。

促销组合包含以下四种主要方式：

1. 人员推销

人员推销是指企业安排推销人员直接与消费者接触，向其进行产品介绍、推广，进而促进销售的沟通活动。

2. 广告宣传

广告宣传是指企业按照一定的预算方式，支付一定数额的费用，通过不同的媒体对产品进行广泛宣传，促进产品销售的传播活动。

3. 营业推广

营业推广是指企业为刺激消费者购买，运用一系列具有短期诱导性的方式构成的促销活动。

4. 公共关系

公共关系是指企业通过建立与内、外部公众良好的关系，开展品牌宣传、树立企业良好形象等一系列的间接促销活动。

三、促销对消费心理的影响

促销活动影响着消费者对利益的感知程度，可以唤起消费者某些感情和情绪，改变消费者的态度以及行为意向。主要从以下三个方面体现：

1. 获取信息

收集信息是消费者购买决策过程中的重要环节之一。通过促销，可以使消费者获取更多与商品相关的信息，有助于消费者购买决策及购买行为的产生。但企业也要考虑到促销活动传递的信息可能带给消费者的负面作用，例如，折扣或者降价时，有些消费者会报以怀疑的态度，认为产品有问题或者原价不合理才会促销等。

2. 获得收益

从经济的角度来看，促销活动可以为消费者带来金钱或非金钱的收益（支付费用减少或商品利益增加），如价格折扣或赠送样品等。消费者容易被这样的收益吸引，快速做出购买决策。这样一来，可以减少交易的时间，简化购买过程，促使消费者尽快产生购买行为。与此同时，获得利益的消费者还有可能将促销信息传播给其他的消费者。

3. 情感满足

在促销的作用下，消费者的情感和情绪会有微妙的变化。当消费者在购物时获取到相应的利益之后，内心的成就感油然而生，对自己的购买行为会持以肯定的态度。因此，促销活动不仅能让消费者得到利益上的满足，还可以形成愉悦的情感。例如，通过购物参与幸运抽奖、销售现场互动等获取更多利益的促销活动带给消费者的乐趣和惊喜，会使消费者的情感体验更为深刻。

总体来说，促销对消费者购买行为有着直接的影响。针对消费者购买决策过程中各环节的心理活动与行为，企业不失时机地采取适当的促销措施，可唤起和强化消费者的需求，引导消费者的购买行为朝着有利于实现企业市场营销目标的方向发展。

◆**课堂讨论**
你在现实生活中参与过哪些促销活动，有什么收获？请举例分享。

单元二　促销组合与消费心理

一、人员推销

（一）人员推销的含义

人员推销是企业推销人员直接向中间商或消费者推销商品或服务，使其采取购买行为的一种促销活动。人员推销包含推销员、推销对象（消费者）以及推销品三个构成要素。人员推销是人类最古老的一种促销形式，它在早期的商品市场中就已经很常见，今天仍然被各企业广泛采用。

人员推销

（二）人员推销的特征

与非人员推销相比，人员推销有着非人员推销不可取代的优点，主要特征体现在以下方面：

1. 双向的信息沟通

人员推销的过程是人与人之间信息沟通交流的典型方式。一方面，推销员可以面对面地直接向消费者推荐自己企业的商品，传递商品详细的功能、特性、优点、使用方法等相关信息，为消费者更全面地展示商品，激发消费者的购买欲望，引导消费者做出购买决策；另一方面，消费者可以对推销员传递的商品信息及时做出反应，包括对商品的评价、要求和疑问等。与此同时，推销人员也可以及时将消费者对产品的反馈信息进行收集并做出回应。

2. 推销过程灵活

由于人员推销是推销员与消费者之间面对面的交流与沟通,在这一过程中,商品、消费者和推销人员之间的能动性由推销员掌控。推销员能根据消费者的反应及时调整沟通方式,最大限度地满足消费者需求,通过解答消费者的疑问与顾虑,诱导其对推销品产生购买行为。这种灵活的推销方式使人员推销的成功率得到了很大的提高。

3. 推销针对性强

人员推销大多数情况下是采用一对一的形式,即一个推销员面对一个消费者的推销。推销员可以根据自己的推销目的来选择潜在的消费者作为推销对象。通过这种一对一的推销,一方面,推销员可以准确把握消费者的心理变化,提高推销的成功率;另一方面,消费者也能享受到推销员更优质、到位的服务。

4. 建立融洽的人际关系

人员推销中带有很明显的人际交往的色彩。推销人员和消费者直接接触与沟通,在交往中不仅形成了买方与卖方的关系,双方也建立起了友谊和信任,有助于建立友善、真诚的购销关系。亲和力强的推销人员,可通过耐心倾听并解答消费者的疑问,借助演示、试用产品等推销方式,更好地满足消费者需求,再加之一些后续的跟踪服务,可以和消费者维系长期协作关系。对企业来说,人员推销为企业赢得了一批稳固的客源,有利于企业发展更多的忠实顾客。

// 案例任务 9-1

电动遥控车的推销

一位中年男士带着孩子走进一家玩具店,在遥控汽车专柜前停下,推销人员立马上前接待。

"先生,您好。想给孩子买辆遥控汽车吗?"推销员面带微笑地问道。

男士没有回答,开始转向其他玩具柜。

推销员看了看孩子,向男士说道:"您的孩子上小学了吧?玩遥控汽车正是时候。"说着便把遥控车的开关打开,随即操作起来。

孩子立刻被吸引,转头看向推销员正在操控的玩具车。推销员一边熟练地操作着,一边说道:"小朋友看过《汽车总动员》吧,这辆车是不是有点像麦昆呢?"紧接着就把遥控器递到了孩子手里。于是,男士站在孩子旁边和孩子一起玩了起来。

父子俩玩了几分钟后,看到孩子满脸开心,男士问道:"这个遥控车多少钱一台?"

"499元。"推销员回答。

"价格高了点,可以优惠吗?"男士有些犹豫。

推销员面带微笑:"先生,我们是连锁店铺,全国统一售价。只要是会员都会有积分优惠的，请问您在我们家办理过会员注册吗？"

男士："我没有注册过。"

"如果您今天注册会员，可以享受满300元减50元的会员入会折扣。以后再购买都可以积分，随时参与优惠折扣。您看，要不要今天注册一下呢？"推销员热情地问道。

见男士似乎还在思考，推销员补充道："您如果再挑一个玩具凑够600元可以直接减100元，很划算的。你只要关注我们品牌的公众号就可以迅速办理注册了。"说完指引男士看向柜台上的公众号二维码。

男士抬起头看了一下，让孩子又选了一样玩具汽车，接着拿出手机扫码注册。

"对，扫码关注、会员注册、填写资料、提交，您今天就可以参与积分，享受优惠了。"推销员再一次提醒男士。

陪同男士付款之后，推销人员补充道："我们是全国连锁的玩具店，品质绝对保证，您记住，如果有任何质量问题，7天内凭小票包退换的。谢谢您的惠顾，期待再次光临！"

父子俩拿着玩具满意地离开。

请思考： 案例中的销售员是如何销售成功的？

（三）人员推销中消费者的心理

消费者实施购买行为的过程中，心理发展变化有六个阶段：无意关注、第一印象、好奇心与兴趣点、观察与想象、对接诉求、决策与行动。

图9-1 消费者购买过程心理

1. 无意关注

消费者在推销人员的语言描述、肢体动作的感官刺激下，加之周围购物环境的影响，会做出无意关注的本能反应，这是注意力的最基本形式，是引起消费者有意注意的开始。

2. 第一印象

消费者在与推销人员的接触中，会无意识地形成对于推销人员和推销商品最初的理解，并且会对其简单地进行分析思考，这就是第一印象，即心理学中的"首因效应"。当消费者受到第一印象的心理暗示后，会对接下来消费者的兴趣走向、购买态度、决策等后续一系列心理发展产生影响。

3. 好奇心与兴趣点

当消费者到达从无意关注到有意注意的过渡点时，消费者对推销商品会产生好奇心或兴趣点。此时，推销人员可以通过展示商品、提出观点或者给予消费者暗示，来激发、引起、保持消费者的好奇心和兴趣点，以便让消费者展开更深入的观察、想象和思考等心理活动。

4. 观察与想象

观察与想象是消费者购买决策过程中比较复杂的思维活动，消费者内心会提出"有什么效果？"或者"能满足什么？"等问题，并就此展开思考。

5. 对接诉求

经过思考，当使用效果和现实场景被消费者想象定义后，进一步明确自身的需求，这就是消费者对接自身诉求点的心理活动环节。在这一过程中，消费者会再次确认"这是不是我需要的东西？""我有多需要？"等问题。

6. 决策与行动

经历以上过程后，消费者最终需要通过决策与行动来实现购买。此时，推销人员继续引导、关注、提供帮助给消费者，都有可能加快推动消费者完成其购买活动。

// 案例任务 9-2

父亲的选择

苏先生是一个年轻的父亲，"六一"儿童节快到了，他准备给他的孩子购买一款安全可靠的火车玩具。在网上进行了一番调查和比较后，他发现有很多品牌的火车玩具，但价格和质量却参差不齐。于是，他开始关注消费者对这些玩具的评价和反馈。

在看了一些购物网站上其他消费者的评价后，苏先生决定购买乐高品牌的火车玩具。消费者们普遍认为乐高的玩具质量好，耐用且安全。同时，乐高拼搭火车的设计也获得了很高的赞誉。

苏先生还发现，乐高的火车玩具配有详细的组装说明书，可以帮助孩子们学习如何动手搭建。这一点也符合他作为一个父亲的期望，希望能够帮助孩子培养动手能力和空间想象力。

在了解到这些信息后，苏先生果断购买了乐高的火车玩具，同时还购买了一些额外的轨道和配件，以丰富孩子们的游戏体验。苏先生的孩子非常喜欢这款乐高火车玩具，他们花了很多时间和乐趣来拼搭、玩耍这个玩具。

请思考：在这位年轻父亲选购乐高品牌火车玩具的过程中体现出怎么样的消费心理？你认为这种消费心理与人员推销有什么区别？

（四）人员推销的心理策略

结合消费者的购买心理，推销员需要更多地发挥主观能动性，让消费者获得更好的购物体验，以下这几点心理策略尤显重要：

1. 推销员应塑造良好的第一印象

"首因效应"是由美国心理学家罗钦斯首先提出的，指交往双方形成的第一印象对今后交往关系的影响，即"先入为主"带来的效果。虽然第一印象并非总是正确的，但却是最鲜明、最牢固的，并且决定着双方交流的进程。专业的推销员必须给客户创造出一种好的印象。在客户眼里，推销员的一切在一定程度上都反映出推销员的素养，例如仪容仪表、衣着、姿势、面部表情、体态、谈吐等。

2. 推销员应激发消费者的兴趣点

为了达到唤醒潜在消费者想象力、兴趣点的目的，推销员应对商品的价值、功能、属性等进行生动的语言描述，向消费者传达商品的优势、利益点等信息，在消费者面前尝试去激发其需求。与此同时，通过商品的展示，推销员可以针对不同消费者的心理，有的放矢地提示商品带来的利益和能满足其需求的程度，进一步激发消费者对使用或购买此商品的兴趣，使消费者产生物质享受和心理满足的美好憧憬。

3. 推销员应强化商品的综合吸引力

推销员将商品畅销的状况、其他消费者对商品的评价意见、自身试用和观察获得的资料、商品售后服务的有关项目与方法、商店经营优势、服务精神和信誉保证等方面的信息传递给消费者，可以提升商品的综合吸引力，调动消费者的购买欲望并强化消费者的购买信心。

4. 推销员应提供优质的销售服务

推销员在推销活动中，主动、热情、周到、优质的推销服务需要贯穿整个销售过程（售前、售中、售后）。当消费者产生购买心理障碍时，推销员若有丰富而扎实的专业知识就会显得更加得心应手，可以帮助消费者答疑解惑，消除他们的购买异议，推销员与消费者之间更容易建立起信任感。需要注意的是，即便是消费者拒绝购买商品，推销员仍然要保持良好的销售服务态度。

// 案例任务 9-3

手工制品的潜在客户

ABC 公司开发了一条新的高品质手工艺品生产线。为了提高销售业绩，公司决定派遣推销员去寻找潜在消费者并推销产品。

推销员小张接到任务后，充满信心地走进了一家高档酒店。他注意到酒店大堂里展示了一些美丽的艺术品，于是他决定从这里开始寻找潜在的消费者。

小张目光锁定了一位正对着一幅油画发呆的年轻女士。他主动上前打招呼并微笑说道："您好，这幅油画真的很美，我公司也有一些这种风格的艺术品，而且都是自己设计、纯手工制作的。如果您感兴趣,我可以为您提供更多的信息。"

年轻女士望向小张,似乎对他的言语感到一丝兴趣。小张趁热打铁,拿出手机,向其展示了公司最新生产的精美手工艺品的照片,其中包括一些女士喜欢的风格。

年轻女士随即询问价格和购买渠道,小张告诉她可以直接在 ABC 公司的网站上购买,并且给了她一个独特的折扣码作为优惠。

年轻女士很愉快地挑选了几件手工艺品下单了。

通过与年轻女士的积极互动,小张成功唤起了她对手工艺品的兴趣,并和她达成了交易。年轻女士不仅购买了油画,还顺带购买了其他一些手工艺品。

请思考:这个案例表达了哪些人员推销的心理策略?

二、广告宣传

(一)广告宣传的含义

自从人类有了商品与商品间的交换,有了顾客与市场,就有了广告宣传活动。广告简单的解释是"广而告之",其目的是招徕顾客,沟通企业与消费之间的关系,使供求渠道更为通畅。

广告宣传有广义和狭义两种定义方式。广义的广告宣传指将某件事情广泛地告之公众所进行的信息传播活动。狭义的广告宣传指以付费的方式,利用公众媒介向消费者传递商品或服务信息,借以影响消费者的心理,引导其形成购买行为的活动。一般情况下,狭义的广告特指商业广告或经济广告。

(二)广告宣传的特征

1. 企业有目的、有计划的信息传播

广告宣传是企业市场营销活动的重要组成部分,是一种以推销商品、获得盈利为最终目标的商业行为。因此,广告宣传促销服务于企业营销目标,是在对消费者开展调查分析后,有目的、有计划进行的信息传播活动。

2. 利用传播媒介的沟通活动

广告宣传与其他的促销活动不一样,需要借助一定的媒介来完成与消费者的信息传播与沟通,并且必须支付一定的费用给特定的传播媒介,常用的媒介包括大众传播媒体、小众传播媒体以及新兴的互联网媒体等。广告宣传是一种带有说服性的沟通,对传播媒介的选择有一定要求。企业利用各类传播媒介的优势特点,有针对性地选择商品或服务信息进行传播,可以提高广告宣传的效果。

3. 商品或服务的引导信息

广告宣传向目标消费者传递商品性质、功能、优势等信息,唤起消费者注意,并调

动其兴趣，通过说服、引导来改变消费者购买观念和行为，最终达到促销的目的。因此，广告宣的信息对公众来说应该是有价值的，不仅要使目标消费者能够接收到广告信息，还要起到传播信息、引导消费、满足消费者需求的作用。

> **// 案例任务 9-4**
>
> **SuperTech智能手表**
>
> HX科技公司最近推出了一款名为SuperTech的智能手表。然而，尽管产品质量很高，HX公司发现它的销量并不如预期。
>
> 为了推广其智能手表，HX公司决定利用广告的目的性传播来达成更多交易。他们了解到，目标客户主要是科技爱好者、年轻人和健身爱好者。因此，HX公司聘请了一家广告代理公司，制作了一个针对这些受众群体的广告。
>
> 广告中，HX公司强调了SuperTech智能手表的各种特点和功能。他们展示了手表的高清迷你屏幕、多种智能应用程序以及与手机的无缝连接。广告还强调了手表的设计和品质，并以科技感和运动性为卖点。
>
> HX公司决定将广告定向投放在科技杂志、健身电视节目和社交媒体上，以确保它能够触达目标受众。此外，他们还计划举办一系列的促销活动，如限时优惠、合作推广和抽奖活动，以吸引更多潜在购买者。
>
> 通过这些广告和促销活动，HX公司成功地将SuperTech智能手表推向市场。消费者对产品的热情高涨，销量增加了很多。不仅科技爱好者和年轻人选择购买这款智能手表，就连一些不那么科技迷的人也开始对SuperTech感兴趣。
>
> **请思考**：HX公司推广SuperTech智能手表运用了广告宣传的什么功能特征？

（三）广告宣传的媒体分类

媒体的分类方式多种多样，本书按照传播范围、受众数量以及影响力水平将媒体分为大众媒体和小众媒体两类。

1. 大众媒体广告

大众媒体广告是指通过电视、广播、报纸、杂志、互联网等拥有大量受众、能大批复制传播内容、规模庞大的传播机构所发布的广告。这类广告通常能够同时影响数以万计的受众，是现代广告中最为普遍的传播媒体。大众媒体广告的主要形式包括报纸广告、杂志广告、广播广告、电视广告和网络广告。

（1）报纸广告覆盖面宽，读者稳定，传递灵活迅速，在新闻性、可读性、知识性、指导性和记录性方面比较有优势，并且广告费用较低。但报纸广告的局限性在于它以新闻为主，阅读者有一定限制，广告版面较少，广告时效性较短。

（2）杂志广告是指利用杂志的封面、封底、内页、插页为媒介刊登的广告。其优点在于选择性好、可信度高，并有一定的业界权威及口碑。杂志广告与报纸广告有着大体类似的特征，反复阅读率高，传阅率高，保存时间长。但杂志广告的费用较高，灵活性差，广告传播有一定的滞后性。

（3）广播广告是利用无线或有线广播为媒体播放的广告。由于广播传收同步，听众容易收听到最快最新的商品信息，而且每天重复播放频率高，传播范围广泛，传播较为普及，成本较低，选择性较强。但是广播广告只有声音的传播，信息展现手段较为有限，随机选择的频道声音不易查找和保存，稍纵即逝。广播的听众过于分散，广告传播效果难以评估。

（4）电视广告传播范围广、效果较好，传播时声情并茂，有强烈的艺术感染力，表现手法多种多样，感官刺激较为显著，能引起观众高度的注意，触及面广。但电视广告成本较高，传播信息转瞬即逝，选择性及针对性都较差。

（5）网络广告是指以互联网为传播媒介，以文字、图片、音频、视频等形式发布的广告类型。利用互联网创造的新媒体信息传播平台为广告业提供了一种全新的、巨大的传播渠道，其表现手法生动，具有即时性、互动性、持久性和可检索性的特点，使受众从被动接受广告信息转变为主动选择所需要的特定信息，有利于沟通及提高广告效能。网络广告具有报纸、杂志、广播、电视四大媒体所不具备的时间和空间优势，加之网络广告传播成本低，其发展十分迅速。

2. 小众媒体广告

小众媒体广告包括户外广告、交通广告、POP 广告、邮寄广告等，还有各种小型流动广告媒介（如购物袋、购物推车、广告衫、雨伞、小扇子等），也包括一些附载物或赠品广告（如杯子、纸巾、包装盒等）。小众媒体广告传播面小，会受到一定的时间和空间的限制，由于设置地点和宣传对象不固定，广告效果也不稳定，因此，通常来说传播效果不如大众媒体广告。

◆ 课堂讨论
　　现实生活中，有的人对于小众媒体广告有抵触情绪。请谈一谈你对小众媒体广告的看法，并尝试分析为什么部分消费者会有抵触情绪。

（四）广告宣传的心理策略

广告宣传的目的在于影响消费者的品牌态度与购买行为，引导、说服消费者购买广告中所宣传的商品。然而，影响人的态度与行为是一项极其复杂、艰巨的任务，要完成这一任务，需要企业实施正确的策略才能达到预期目标，通常可以通过以下几方面来实现：

1. 广告创意表现策略

随着市场竞争日益激烈，各企业为了争取消费者的关注，都很重视广告创意的表现。

广告创意的本质就是使广告所包含的信息能得到更好传达，是广告人在将广告策略予以表达时，利用各种创造性思维，将各种元素进行组合，创造出新的、出乎意料的广告表现与广告价值的过程。广告创意对诉求对象产生的影响作用是显而易见的。

"求奇""求实""求同"的创意表现是广告中常用的心理策略。

（1）"求奇"心理。在广告宣传中，站在"消费者的好奇心"这一角度，从大众猎奇的心理去关联想象、挖掘兴趣点，将那些独特的、博人眼球的创意植入广告信息，能在第一时间收获消费者的关注。

（2）"求实"心理。这是绝大多数消费者购物时的常见心理。在广告宣传信息中，依据消费者的"求实"心理，通过寻找广告宣传创意与实际产品的连接点，利用消费者的想象，将消费者代入商品实际使用后的效果中，以此强调商品的现实能效性，包括商品实际功能、实际品质、实际价格等。这样的广告创意有助于消费者明确自身的需求，采取相应的购买决策。

（3）"求同"心理。广告传播信息内容与消费者"共情"，使消费者被认同，产生融入感，在广告创意表现中看到和自己相似的人物、事件、画面。这样的创意设定会让消费者有亲切感、代入感，形成身临其境的情感体验，使广告内容更易被消费者接受和认可。

2. 广告媒体选择策略

首先，企业应结合自身产品和服务的性能、特点、档次来选择广告传播媒体。例如针对生产、运输、销售、储藏周期较短的商品，为了避免经济损失，以快速传播为特点的广告媒体是首选；而针对新产品上市或有长远销售目标的家用电器、高档商品、文化艺术等商品，可选择表现手法丰富、制作周期较长的广告媒体。

其次，企业要根据目标消费群体的心理偏好和接受程度，例如文化程度、职业、兴趣等要素来选择相应的媒体。由于不同的消费者接触的广告媒体不同，企业在做广告宣传时，应选择目标消费者群易于接受的媒体，并且根据媒体本身的社会影响力、传播范围，以及其对消费者的吸引力等因素来确定传播媒介，这是增强广告促销效果的有效方法。除此之外，还要充分考虑广告宣传的地域范围，目标消费群体所在的地理位置不同，也会区分该范围内不同的消费者媒体选择偏好。

最后，因为不同的媒体有不同的付费标准，所以企业还要考虑在自身经济能力允许的范围内去选择广告宣传媒体。

3. 广告宣传定位策略

广告宣传定位不是塑造出新奇的东西，而是去挖掘人们心里真实的想法，调动消费者的欲望和兴趣，引导消费者想象，使企业或者商品在消费者心中形成唯一的形象，最终占据有利位置。

首先，从市场细分开始，确定目标市场后，将目标消费群体的需求类型、兴趣点、关注度、购买倾向等信息结合起来，会更有效地引导消费者的需求走向。

其次，在广告宣传中，一旦产品和服务的品质定位、价格定位、功能定位、产品服务的文化内涵定位都清晰明朗了，需要选取广告中最具辨识度的要素进行定位，此时广告宣传便有了设计与创意的素材。这样能更准确地将企业产品与服务自身的属性、特点、优势作为信息传播的亮点来向消费者传递。

最后，广告宣传可以从企业识别系统（CIS）的理念、行为、视觉等方面去全方位定位一个品牌和企业。企业的社会责任、企业实力、企业文化、企业目标、企业标识等都可能成为消费者是否选择购买其产品的前提条件。

◆ **课堂讨论**
你认为一款好的宣传广告应该由哪些元素组成？

三、营业推广

（一）营业推广的含义

营业推广又称销售促进，指企业在短期内刺激消费者对某些产品或服务产生大量购买的促销活动。营业推广向消费者提供了一个特殊的购买机会，它能够唤起消费者的广泛注意，对想购买便宜商品的消费者及低收入阶层的消费者颇具吸引力。

（二）营业推广的特征

1. 短期性的促销

营业推广是一种短期的促销方式，是企业非经常性的促销活动。企业通常是在某一特定时期，根据一定的推销任务来进行的短期特别促销，一般以价格、赠品、奖励和展示为主要方式进行，时效性较短。

2. 针对性较强

营业推广通常是对企业的某种产品进行的短期促销，针对性较强。许多企业的营业推广都是借助道具、工具的展示来吸引消费者的注意力的，最直观地抛出诱导消费者的需求点，针对性强、见效快，效果可谓立竿见影。

3. 较为灵活的促销

采用营业推广作为促销手段时，企业可以根据产品销售的具体情况，灵活地应对消费者的需求，随时调整优惠活动的形式来增强促销效果。

4. 非连续性且局限

营业推广是其他促销方式的辅助手段，是在某个时间段开展的促销，往往以一次性的优惠来刺激顾客，具有明显的非连续性特征。并且，营业推广的影响面较小，如果使用不当则可能会降低消费者对品牌的长期忠诚度，引起消费者对商品质量的疑虑，对价格产生持续不满的态度。

（三）营业推广的形式

营业推广的促销方式很多，企业应结合自身产品的特点及本企业的销售目标来选择，常见的有以下几种：

1. 赠送样品

在企业推出新产品或开拓新市场时赠送样品给消费者。

2. 有奖销售

顾客在购买企业产品到达一定金额时，可获得一定数量的奖券参与抽奖活动，有机会获得某些物质奖励。

3. 附赠礼品

销售商品时附上某些小礼品在包装中，或者顾客购买商品时直接赠送。

4. 交易折扣

常见的有现金折扣、数量折扣、换季折扣等。

5. 赠优惠券

企业向特定节假日的特定消费群体赠送优惠券，刺激他们购买来增加产品销量。

6. 展销会

企业通过参与展销会展销自己的产品，一方面可以扩大产品知名度，另一方面也是刺激消费的较好形式。

（四）营业推广的心理策略

1. 以价格为主的营业推广

价格为主的营业推广是在一定时期内，用售价的变化来刺激消费者购买的促销活动。众所周知，价格是消费者购买商品时最关心的因素之一，低价促销对消费者有着不可抗拒的吸引力。商品售价的折让是迅速吸引消费者关注的关键因素，并且能起到催生消费者购买欲望的作用，对商品销售量以及企业销售额的提高具有明显的效果。因此，以价格为主的营业推广是企业促销中经常运用的方式。但是，需要注意价格调整的频率，如果经常使用，会使消费者持怀疑态度，在价格回升至原售价时不愿购买，待下次价格折让才会产生购买行为。

2. 以赠品为主的营业推广

以赠品为主的营业推广也是企业促销时经常采用的方式。商家通过馈赠或派送免试用费品，吸引更多消费者，以便宣传商品的属性、特点、优势等。赠品的派送可以让更多潜在消费者使用商品，进而对商品有一个全方位的了解。向消费者馈赠有纪念意义、体验意义、优惠意义的商品作为赠品、样品或赠券兑换之物，可以调动消费者对商品的关注度，刺激消费者购买。在特殊的时间、场景可以利用赠品结合当时、当地的氛围来强化消费者的情感体验，起到良好的促销作用。以赠品为主的营业推广活动，是建立企业与消费者之间感性联系的方法之一，在新产品上市时或者为了维持产品市场份额都可以采用该方式。

3. 以奖励为主的营业推广

以奖励为主的营业推广方式是指在销售商品时设立若干奖励来鼓励消费者购买商品，从而促进销售。主要的形式是鼓励消费者参与销售互动，通常是让消费者参与一些与商品相关的主题活动，设置有一定吸引力的奖品颁发给获奖者。消费者出于对奖品的好奇心，加之轻松愉悦的氛围，很乐于参与到活动中。与此同时，促销活动现场热闹的气氛，会吸引更多消费者的关注和参与，这种方式有利于在较大范围内迅速促成购买行为。

4. 以展示为主的营业推广

以展示为主的营业推广方式是指将商品直接在消费者面前进行展示或演示，以吸引消费者的关注，并调动消费者购买行为的产生。商家在促销时配合商品包装设计、布置货架、设置展台等形式直观地陈列商品，通过示范商品使用来展示效果。这种以展示为主的营业推广可直观地激发消费者购买欲望，除了销售者展示、演示之外，还可以让消费者触摸商品、拿取商品、近距离观察商品，甚至亲自试用商品等，使消费者能够更具体地了解商品，这对吸引消费者的注意力、调动消费者的购买欲望、消除购买异议、增强购买信心有较好的推动作用。

当然在营业推广的同时，也要注意向消费者传达一种信息："优惠并不是天天有，你很走运。"这样，消费者才会更满足，更愿意购买。

// 案例任务 9-5

健康吃出来

ABC 食品公司近期在举行一场"健康吃出来"系列推广活动。

首先，ABC 公司在社交媒体上举办了一项名为"健康挑战"的活动。该活动邀请消费者分享他们的健康生活方式，如健身、饮食、健康习惯等，并配合使用 ABC 公司的产品。参与者可以在社交媒体上发布图片或视频，并在帖子中标记 ABC 公司和指定标签，以参与活动。每周，ABC 公司会选择一名参与者，向其送出一份丰富的健康礼品篮作为奖励。

此外，ABC 公司还与健身房合作，在会员购买 ABC 公司产品时提供额外的奖励。例如，当会员购买一定数量的产品时，将获得一节免费健身课程或一个月的免费会员资格。这样的合作为 ABC 公司带来了大量的新客户，并促使现有客户增加购买量。

为了提高产品知名度，ABC 公司还在当地举办了一项名为"推荐有奖"的活动。该活动鼓励消费者将 ABC 公司产品介绍给亲友，并提供一定的奖励作为回报。例如，如果消费者成功推荐一位新客户购买 ABC 公司的产品，他们将获得一份现金奖励或一份免费产品。

消费者积极参与活动，同时也通过口碑推广为公司带来了更多的潜在客户。ABC 公司在市场上树立了积极健康的品牌形象，成为消费者广泛认可的健康食品品牌。

请思考：ABC 食品公司运用的是哪种营业推广心理策略？

四、公共关系

（一）公共关系的含义

公共关系是树立企业形象的一门艺术。具体来说，公共关系是社会组织与其相联系的社会公众之间的关系，树立社会组织的良好形象是公共关系的核心。企业通过开展公关活动可以改善与社会公众之间的关系，进而促进商品的销售，提高企业的市场竞争力。因此，公共关系与其他促销方式相比较，是一种间接的促销。

（二）公共关系的特征

1. 平等性

公共关系是社会组织建立在真诚合作、平等互利、共同发展的基础上对社会公众所开展的活动。

2. 沟通性

公共关系是社会组织与社会公众之间的双向沟通和交流活动。

3. 目的性

企业开展公共关系活动的目的是在公众心目中塑造企业和品牌的良好形象。

4. 长期性

公共关系是企业开展的一种长期性的活动，着眼于企业长远的发展。

（三）公关促销的类型

1. 宣传型公关

宣传型公关主要是企业利用各种传播媒介直接向社会公众表达展示自己，以求最迅速地将品牌信息传输出去,形成有利于自身的社会舆论。常见形式包括发新闻稿、登公关广告、召开记者招待会、举行新产品发布会、出内部刊物等。宣传型公关能迅速实现社会组织与社会公众的沟通,获得比较大的社会反响。当企业有新产品上市时,宣传型公关能起到一定的促销作用。

2. 交际型公关

交际型公关是以人际交往为主,目的是通过人与人之间的直接接触,为企业广结良缘,建立起社会关系网络,创造良好的发展环境。常见的形式包括招待会、宴会、专访、个人信函等。交际型公关是一种灵活而富有人情味的公关,针对少数重点公关对象开展,适用于小范围的活动,可使公关效果直达消费者情感层次,通过情感连接实现促销,但费用偏高。

3. 服务型公关

服务型公关是以企业向社会公众提供各种实惠的服务工作为主的公关,目的是以实际行动获得社会公众的好评,树立良好的企业形象,达到促销的目的。企业可通过为消费者提供售后服务、消费引导、便民服务、义务咨询等活动来完成。服务型公关能够有效地利用人际沟通达到"行动"层次,是一种促销效果最实在的公关方式。

4. 社会型公关

社会型公关以企业的各种社会性、赞助性、公益性的活动为主,通过对社会的实际支持,为自己的信誉进行投资。其主要形式包括社会捐助,赞助文体、救灾扶贫等。这种形式的公关宣传效果以企业向社会传递正能量为主要内容,获得社会各界公众的支持和信任,为树立企业形象打下良好的基础。

5. 征询型公关

征询型公关是企业以采集信息、调查舆论、收集民意为主来实施公关活动,目的是通过掌握信息和舆论,为企业的管理和决策提供参谋,从而使企业的公关状态能有更好的改善。其主要形式包括开展民意调查、接待消费者投诉、建立信访接待制度等。

◆课堂讨论

请问你知道哪些公关事件?这些公关是哪些类型的?你觉得公关的目的达到了吗?

(四)公共关系的心理策略

1. 加强信任

与人员推广、广告宣传、营业推广等促销方式相比,公共关系活动给消费者的推销不是直接的，并且大多公共关系传播的信息都具有客观性，消费者从主观上不会立即做出拒绝或排斥的态度。另外，公共关系通过构建环境、营造氛围、打造口碑、树立知名度等途径，采取新闻播报、社会舆论等形式作为转播导向，能增加信息传递的可靠性，形式上更加权威和客观，消费者对于此类信息的信任度远超于商业化的信息传播。因此，通过公关活动可以与消费者建立良好的信任关系，实现企业的间接促销。

2. 吸引关注

消费者对于一些故事性强、有轰动效应的新闻消息内容总是会有很强的关注度。与此同时，在接收这些信息时，消费者还会自己建立一定的关联性，带着个人的观点、情感来构建自己对于整个事件的印象，这种印象也会因此加深。随后，消费者会将这种"新、奇、特"的信息关联迁移至企业商品和品牌中，最终影响消费者的心理及购买行为。企业在公共关系活动中要迎合消费者的好奇心，重视"制造新闻"产生的影响效应。

3. 危机公关

企业在运作过程中遇到危机事件是难免的，各种人为的或非人为的因素都有可能造成对企业不利的负面影响。当企业面临突如其来的危机事件时，危机公关是最有效的解决途径之一。只要企业实事求是地向消费者说明事件的真相，就是针对消费者内心的误解和疑虑最有效的解决措施，这也是危机公关的重点。争取到各界公众，尤其是消费者的支持和信任，并转变他们对企业的态度，才能减少危机事件对企业的损失。这也是企业赢得消费者理解，重建消费者信心的最好时机。

单元三　整合营销沟通与消费心理

一、整合营销沟通的含义

促销以及促销组合实质上都是沟通活动，也就是企业发出刺激消费购买的各种信息，利用各种促销方式，把信息传递给一个或更多的目标消费对象，以影响其消费心理和行为。传统的营销沟通组合是将人员推销、广告宣传、营业推广、公共关系和其他营销工具组合在一起，从而实现企业的营销目标。

整合营销沟通是以消费者为核心的双向沟通，是将各种促销方式、营销手段和传播渠道整合起来，形成一致性的营销传播，从而实现品牌与消费者之间的无缝连接和有效沟通。

整合营销沟通不仅包括传统的人员推销、广告宣传、营业推广、公共关系等促销方式，更包括一系列的数字化营销手段，如社交新媒体、移动通信应用、搜索引擎优化和内容营销等。整合营销沟通借助多种传播渠道和多种沟通方式，协调使用各种不同的传播手段，发挥它们的优势，将统一的信息传递给消费者，既可以降低促销成本，又可以提高品牌的知名度和影响力，从而实现企业产品销售和品牌价值的提升。

二、整合营销沟通发展的必然性

（一）营销环境的变化

当今时代飞速发展，无论是企业的市场营销战略，还是面对的消费对象，都在不断的变化之中，加之互联网等通信技术的推进，在很大程度上改变着企业和消费者之间的沟通方式。传统营销通过不同渠道和促销方法向消费者传达的信息，会存在信息相互冲突的问题，导致企业在与消费者沟通出现信息传播混乱的局面。

为了取得最佳的沟通效果，市场营销组合（促销、产品、定价、渠道）的方方面面都必须协调一致。而整合市场营销沟通的一致化营销刚好能解决这一问题，使企业与消费者沟通更加准确有效。

（二）营销沟通模式的进步

在数字化的新媒体发展背景之下，虽然传统媒体依旧存在，但它们的主导地位已在新媒体的冲击下开始动摇，受众对传统大众媒体的关注度开始降低。加上传统大众传播的成本一直偏高，促使企业必须寻找更适合的信息传播沟通路径。

通过把传统的营销沟通方式与互联网沟通的服务能力结合起来，新的市场营销沟通模式逐渐凸显优势。企业利用传统大众媒体传播信息的同时，把其他更加精准化、个性化，更受消费者欢迎的新型媒体平台组合起来，实现更加合理有效的传播沟通，企业整合营销沟通便应运而生。

三、整合营销沟通的特征

1. 系统性

在整合营销沟通过程中，不同的促销方式（人员推销、广告宣传、营业推广、公共关系）和其他营销组合的功能相互取长补短，将各功能结合运用、统筹安排，实现系统性的管理，向消费者传递统一的信息，服务于企业的市场营销目标。

例如，广告宣传在建立企业产品的品牌和知名度方面非常有效，但转化为实际销售的效果还需要人员推销、营业推广等方式的协助来刺激消费者做出购买决策，实现最终的购买。

2. 一致性

整合营销沟通过程中，企业确定统一的促销策略，无论企业使用何种传播媒体或促销工具，只要是与企业营销活动相关的主题、内容、形式等，包括图像、创意、设计、符号、标志、说明等在内，企业产品或服务传播信息内容都具有一致性。这样做的目的是使消费者对企业的营销活动有更清晰的了解。这就意味着企业的每一个营销环节以及每一项促销工具都具有统一性，并能被消费者识别。

例如，企业的公共关系促销与广告宣传促销传播信息有差异，但两类促销信息中都包含一些相似或共同的元素，使信息传播在不同的促销方式下或不同的媒体渠道中能具备连贯性，体现整合营销沟通的特点。

3. 多样性

为了提升整合营销信息传播的准确性和有效性，企业应考虑：一方面，信息传播从传统大众媒体为主开始转向精准度高、效率高、收益好、互动性强，以及受众使用、接受率更高的新媒体平台上；另一方面，企业需要谨慎地组合和搭配其众多的沟通渠道，以便向消费者传递关于企业和产品的清晰的、一致的、吸引人的信息。

在整合营销中，企业为适应新的市场营销沟通模式，无论是传统的大众传播媒介，还是互联网时代下出现的新媒体，企业都可以借助它们各自的优势，结合不同的促销方式和营销组合，形成不同的受众接触点，向消费者传递协调一致的信息。而现代化的多种媒体渠道，可实现企业与消费者之间即时、双向的互动。例如，企业利用广告这一促销方式，借助传统媒介和新媒体的融合，打造多渠道的传播，进一步拉近和消费者之间的互动沟通。

// 案例任务 9-6

整合营销沟通打造专属品牌

ABC 食品公司前几年推出一款奶茶产品，凭借舒适的口感与设计精良的包装在众多年轻消费者心中占据了一定的位置。

最近，ABC 公司采用广告创意设计增强传播效果，并利用多渠道促销方式与年轻消费者开展更多形式的互动，目的是进一步巩固该品牌奶茶在消费者心目中的地位。

首先，在宣传中，ABC 公司利用"名人效应"，通过互联网媒体传播平台发布明星代言的广告信息。

ABC 公司精心设计策划，充分利用互联网时代下的新媒体，借助明星的号召力推广产品，在线上开展"青春嗨翻天""约定星期六"等明星与网友的各种互动活动。这些策略的实施，提升了浏览量，积攒了人气，通过粉丝和网友的力量扩大了品牌传播范围，使消费者尤其是年轻群体对品牌的关注度、知名度在短时间内迅速得到提高，互联网新媒体平台的导流，使线上线下的产品销量明显增加。

其次，在网店内借助各种形式的优惠策略促进商品的销售。

ABC 公司线上旗舰店，在各大网店平台同时开展宣传，网店风格设计采用统一的明星代言画面、文字等为主调，结合不定期的折扣、买赠、入会优惠等形式来刺激消费者光顾，诱导其购买。例如借助"年中大促""双十一""情人节""七夕节"等年轻人比较关注的时间点来加大宣传，提高促销效果。

再次，在实体店开展活动，与线上活动相互配合促进销售。

ABC公司认为，线下实体店的促销同样重要，在各大商场、门店、超市等人流密集的场所，利用节假日，策划开展与消费者互动。例如，邀请明星代言人空降活动现场和消费者一起互动，结合买赠回馈、抽奖等形式，消费者可与亲临现场的代言人一起做游戏、合影留念等。互动的福利对于消费者来说刺激性越强，参与的积极性就高。加之线上线下媒介的现场报道，信息即时传播，使企业品牌推广效果更为显著，从而积累了大量的线上线下用户，并为后续的品牌营销推广奠定了良好的人气基础。

最后，结合年轻消费群体的心理特征对奶茶的外包装进行设计。

ABC公司在充分调查的基础上，结合年轻人感兴趣的元素，把明星代言人的风格、个性与代表潮流的设计融入其中，迎合了年轻人的心理需求，也提升了品牌的附加值，增强了宣传的效果。不同款式系列的包装设计均围绕着一致性的信息内容，向消费者传递品牌的内涵和理念，无论在细节上和主旨上都形成了明显的统一。

请思考：ABC公司是如何有效运用整合营销沟通的？

四、整合营销沟通中的心理策略

1. 创造消费者心目中的传播形象

企业在传播信息时，整合各种传播沟通活动，相互配合，传达一致的信息给消费者，创造出一个企业统一的传播形象，并形成企业与消费者之间双向互动的整合营销沟通系统。在这一沟通过程中，大量的企业信息使消费者可以持续、深入地了解企业，强化消费者对其的注意力，提升关注度。企业则在沟通中寻找到消费者的利益点，准确把握消费者的需求，通过促销方式的运用和策略的实施来影响消费的认知，使消费者形成购买决策并产生购买行为。

2. 接触点沟通强化品牌印象

企业运用各种促销方式或营销策略，借助各种传播媒介渠道形成接触点沟通。消费者可以通过每一个接触点接收到企业品牌相关的信息，形成与企业的沟通。这些接触点一致性的信息，使消费者无论何时何地都可以产生对企业的品牌形象或信息内容的有效感知和体验。例如人员推销、广告宣传、营业推广、公共关系等促销方式，都是消费者与企业之间一致性的品牌接触点。这种以消费者为中心的接触点沟通，有效地利用了消费者的感觉和知觉，当消费者在看到品牌时能把关联的信息结合在一起，强化了品牌印象。

3. 改变消费者的心理诉求

在整合营销沟通中，一方面消费者被大量的企业信息所包围，另一方面，企业每天也会接触到消费者的大量数据。这些直接或间接的消费者数据，通过企业的收集、整理、加工及进一步挖掘、优化后，可获得消费者心理与行为分析的监测与反馈结果，构建出消费者的整体印象，从而更好地了解到消费者的真实需求。在此基础上建立起消费者资料库，可以进一步帮助企业及时调整更加科学、有效的促销方式和策略，从而改变消费者的态度以及心理诉求，影响消费者的购买行为，使企业的营销活动更为精准、高效，最终实现企业的促销目标。

总而言之，整合营销沟通能够有效地加强消费者对企业商品和品牌的辨识度。随着社会经济的发展、时代的更迭，整合营销沟通必须做到与时俱进，及时、准确地洞察消费者心理的特征，了解消费者的需求的变化，企业才能更有效地开展市场营销活动。

> **案例分析**
>
> **达清超市的促销**
>
> 在小镇的超市内，店长达清研究了一些消费心理学的原理，并决定在一个周末举办一场促销活动，以吸引更多的顾客入店购物。
>
> 首先，达清在超市门口设置了一个宣传牌，上面写着："今日特价，低至五折！"这个宣传牌立即吸引了很多路过的顾客，他们进一步了解了促销活动的细节。
>
> 在超市内部，达清将一些热销商品放置在超市最显眼的位置，如进门处或收银台旁边，让顾客容易注意到并进行补充购买。他还将一些价格较高但受欢迎的产品置于促销活动的货架上，以迎合顾客的心理预期。
>
> 其次，达清针对不同消费者群体的心理特点，特别设置了一些增值服务。例如，他在超市内设置了一个试吃区域，供顾客品尝新品或即将过期的产品。这不仅吸引了顾客们的好奇心，还增加了他们购买的意愿。另外，达清抽取了一些商品设定限时折扣，并在其价格上写上"幸运价"，供顾客购买。这种游戏化的促销方式增加了顾客的参与感和乐趣，同时增加了销售额。
>
> 最后，达清在收银台设置了一个推荐附加商品的位置，如口香糖和巧克力。这是基于消费者的心理特点，即大多数人在等待付款时容易受到冲动购物的影响。他们可能会选择一些额外的商品，以满足这种冲动购物的心理需求。
>
> 通过以上的促销手段，达清的超市在这个周末迎来了大量的顾客。促销活动不仅提高了超市的销售额，还增强了顾客的购买体验和满意度。
>
> 【案例分析题】
>
> 试评价达清店长运用消费心理学设计安排的这一场促销活动。

模块小结

本模块介绍了人员推销、广告宣传、公共关系、营业推广、整合营销沟通等基本概念以及它们相互之间的关系，阐述了消费心理学与各类促销方式以及整合营销沟通的连接点，相关心理策略运用等知识。通过介绍消费心理学在不同方式、过程中的变化，分析了消费者的购买兴趣点、欲求，以及促成消费行为的发展过程。

练习题

一、单项选择题

1. 广告宣传的（　　）受互联网和数字技术影响。
   A．报纸广告　　　　　　　　B．路牌广告
   C．新媒体广告　　　　　　　D．电视广告
2. （　　）又称（　　），指企业在短期内刺激消费者对某种或几种产品或服务产生大量购买的促销活动。
   A．促销；促进推广　　　　　B．人员推广；人员促销
   C．营业推广；销售促进　　　D．公告促销；公关推广
3. 公共关系的目标是（　　）。
   A．吸引消费者的注意力　　　B．促销商品
   C．传递商品信息　　　　　　D．打造企业和品牌的良好形象

二、多项选择题

1. 整合营销沟通的特征有（　　）。
   A．系统性　　B．一致性　　C．规模性　　D．短期性
   E．多样性
2. 公共关系的心理策略主要有（　　）。
   A．加强信任　　B．教育导向　　C．引起关注　　D．满足需求
   E．危机公关

三、判断题

1. 整合营销沟通需要通过接触点向消费者传递企业的一致性信息。（　　）
2. 广告宣传的定位就是通过广告活动，使企业或者品牌在消费者心中确定一个或多个位置的方法。（　　）
3. "首因效应"是由指交往双方形成的第一次印象对今后交往关系的影响。（　　）

消费心理分析

一、实训目的

培养对人员推广的分析研究的认知。

二、实训内容

1．根据自己的经历，回忆一次购物过程，总结服务人员的售前、售中、售后服务的策略有哪些优缺点。

2．调查同学们最近的消费活动中，是否有拒绝购买行为，原因是什么，营销人员采取什么方法可能会转化或降低拒绝购买的态度。

三、实训要求

1．按教学班级进行分组，每组 5～8 人，按组进行调查。

2．小组成员针对自身情况逐一陈述分析。

3．由每组组长负责完成分析报告的撰写。

模块十
销售服务策略与消费心理

学习目标

【知识目标】
- 掌握售前、售中、售后服务的概念。
- 掌握销售人员的仪表对消费者心理的影响。

【能力目标】
- 能够灵活运用销售服务的心理策略来影响消费者的购买决策,提升客户满意度和忠诚度。
- 能够根据消费者的心理需求和行为特点,有效运用销售服务策略增强销售效果和竞争力。

【素养目标】
- 通过在销售服务过程中快速应对各种问题和挑战,提高问题解决与应变能力。
- 通过学习销售服务策略与消费心理,提高沟通技巧,更有效地与消费者进行互动和交流。

> **导入情景**
>
> 赵导师今日带着王小小一行来到 ABC 集团的家居店进行实践考察，正巧有一名消费者进入门店，赵导师便安排王小小上前接待。
>
> 王小小："先生，您对这款床感兴趣吗？"
>
> 消费者："是的，ABC 品牌的床我很感兴趣，我听说它的品质非常高。"
>
> 王小小："没错，我们店里的顾客反馈也都非常好。这款床采用高质量的材料制作，保证了舒适度和持久性。"
>
> 消费者："听起来不错。请问还有其他尺寸的吗？"
>
> 王小小："有的，我们店里有多种尺寸可供选择。您需要什么尺寸？"
>
> 消费者："我需要一张双人床和一张单人床。"
>
> 王小小："好的，我现在带您去看看，您这边请。"
>
> 王小小带消费者亲身体验产品，并在详细介绍产品性能和为客户答疑后，消费者有了想要购买的想法。
>
> 消费者："我很满意，我买两张床的话有优惠吗？"
>
> 王小小："目前店里有两件家具打八折的优惠，同时为您免费提供送货和安装服务。"
>
> 消费者："那不错的，我现在就下订单。"
>
> 王小小："非常感谢您的支持。如果您在后续使用中有任何问题或者需要其他帮助，请随时联系我们。"
>
> 赵导师在交易达成后较为满意王小小的表现，并向各位学员讲解销售服务的心理策略。
>
> 【引入问题】
>
> 1. 营销人员该如何向消费者提供满意的服务？
> 2. 研究消费心理对做好销售服务工作有何重要意义？

除了群体、社会文化、商品因素、商业广告、购物环境等会影响消费者心理外，企业所提供的销售服务能够在很大程度上影响消费者心理，进而影响消费者的购买决策。本模块将主要介绍销售服务的基本知识，以及售前服务、售中服务、售后服务与消费心理的关系。

单元一　销售服务的概念

通用电气原 CEO 杰克·韦尔奇曾说："企业的存在就是向客户提供服务，发现客户的需求并满足它，任何企业最重要的问题都是如何做好客户服务。"企业要搞好营销工作，必须分析研究销售服务心理，根据消费者对销售服务的要求，增加服务项目，提高企业服务质量，扩大市场销售。

一、销售服务的含义

销售服务是指企业在产品销售活动过程中，为消费者提供专业的咨询、使用指导、使用价值跟踪等各种服务的总称。销售服务的目的是最大限度地满足消费者需求，增加商品的使用价值。在今天这样竞争激烈的市场环境中，服务扮演着越来越重要的角色，服务也是一种产品。

二、销售服务的主要类型

（一）按产品销售的过程划分，可分为售前、售中、售后服务

按照产品销售的过程划分是销售服务比较常见的一种划分标准。

售前服务，是指在产品销售之前为消费者提供的各种服务，如店面布置、产品陈列、橱窗设计、产品咨询、广告宣传等；售中服务，是指在产品销售的过程中向消费者提供的各种服务，以促进消费者完成购买行为，如产品介绍、挑选建议、价格解读、支付帮助等；售后服务，是指在产品售出之后为消费者提供的各种服务，如产品托运、送货以及"三包"服务等。

（二）按销售服务的性质划分，可分为技术性服务和非技术性服务

技术性服务，是指企业为消费者提供与产品技术和效用有关的服务，如指导消费者如何正确使用产品，帮助消费者安装调试、保养维修等，这种服务需要有专门知识的技术人员负责进行；非技术性服务，是指企业为消费者提供的与产品效用无关的服务，如接受消费者对产品的询问并给出合理性建议、送货上门、分期付款、代理仓储等。

（三）按销售服务的费用划分，可分为无偿服务和有偿服务

无偿服务，是指企业免费为消费者提供的销售服务，如咨询、免费安装、免费送货等不收取费用的服务项目；有偿服务，是指企业在为消费者提供某些服务项目时要向消费者收取一定的费用。但要注意，企业提供的有偿服务的收费要让消费者能够承受，如果收费太高了会引起消费者的抵触，影响产品销售。

（四）按销售服务时间划分，可分为长期服务和短期服务

长期服务是从消费者购买企业产品时开始，企业便为其一直提供的服务，如对产品实行终身保修；短期服务是指企业只局限于一定的时期范围内向消费者提供的服务，如对销售的产品保修三年、购买产品后七天之内包退包换等。

三、销售服务的作用

1. 提升企业市场竞争的实力

随着经济的不断发展，卖方市场已转变为买方市场，以满足消费者需求为导向的现代市场活动更为活跃，各企业在市场中的竞争日益激烈。竞争对手之间围绕着争夺市场份额和争取目标消费者而展开，不仅激烈地进行着各种营销策略和手段的竞争，还需要重视各类销售服务的竞争。参与市场竞争的企业，谁能通过提供优质的销售服务吸引更多的消费者，谁就能占领和拥有更大的市场份额。因此，销售服务已成为企业占领市场的一种重要手段。

2. 提高企业的服务质量

在市场营销整体产品的概念中，不仅包括产品的实体部分，还包括带给顾客的附加利益，而销售服务便是其中的一个重要组成部分。在现代消费观念影响之下，消费者不仅希望购买到优质的实体产品，同时也希望享受到优质的服务产品。因此，企业在产品销售过程中应全心全意为消费者提供各项服务，包括热情、周到的销售服务，从而提高消费者购买的满意度。

3. 建立企业的信誉度

企业的信誉度对企业在市场中的竞争力有着重要影响。作为消费者，从心理上更愿意购买信誉度高的企业产品。因此，企业在消费者心目中的信誉度评价就很重要。为了让消费者达到满意的预期，企业向消费者提供周到的销售服务是其重要途径之一。通过优质的销售服务，企业可以帮助消费者顺利完成购买，以及解决购买中和购买后的各种问题，保证他们能买到自己想要的产品，还能及时体现出产品的使用价值。只有这样，企业才能在消费者心目中树立良好的信誉，收获实实在在的经济效益。

4. 促进企业产品的销售

当消费者享受到企业优质的销售服务之后，心理上得到满足。以后消费者再有需求时，还会重复购买。原因就是消费者对企业销售服务的信赖，让他们觉得放心、有保障、值得消费。因此，企业为消费者提供优质的销售服务，从另一个角度来看，就是一种有效的促销措施。对于消费者而言，销售服务的质量与实体产品的质量一样，都要能够满足他们的需求，同样是影响消费者购买的重要因素。

四、销售服务的原则

1. 热情周到原则

服务态度是构成销售服务的最重要、最基本的内容，直接影响着企业产品的销售和企业的信誉。企业应坚持以热情周到的态度为消费者提供服务，真心诚意地帮助消费者解决购买过程中出现的问题。企业向消费者所提供的优质服务，也是对外宣传的最好素材，同时也达到了促进产品销售的目的。

2. 消费者满意原则

企业向消费者提供销售服务时，必须考虑消费者的实际需要，才能得到消费者的认可，令消费者满意。因此，企业必须从消费者的需要出发，研究制定能够让消费者满意的具体、有效的销售服务项目，以确保销售服务的质量。

3. 一视同仁原则

企业在开展销售服务当中，对所有顾客都应一视同仁、平等相待，提供热情周到的服务。这是企业的义务，也是消费者享有的权利。如果企业做不到这一点，就会失去消费者，无法建立顾客忠诚度，从而影响企业以后的经营。因此，一视同仁是充分发挥销售服务作用的基本条件之一。

4. 追求质量原则

销售服务质量的高低，直接影响企业在市场中的竞争实力。为了不在市场竞争中陷入被动境地，企业必须高度重视销售服务质量，不断改进服务态度和方式，适时拓展服务内容和范围，并富有创新精神，努力为消费者提供高质量的销售服务，保证市场份额，进而在市场竞争中占据优势。

总而言之，销售服务对市场营销活动的开展、企业市场营销目标的实现有着重要的影响。

◆ **课堂讨论**

请你分享自己作为消费者体验过的销售服务，并对这些服务做出评价。

单元二　售前服务与消费心理

一、售前服务的定义

售前服务是指产品从生产环节进入流通环节的过程中还没有触达消费者的期间里所涉及的各种服务，包括货源的组织、商品的运输与储存、商品的广告宣传、柜台布置、橱窗陈列等。售前服务的开展，能够激发消费者对商品的兴趣进而产生想要购买的欲望，是争取消费者的重要手段。

二、售前服务的内容

消费者购买商品的过程，总是从对商品或商店的注意开始的，进而逐步对商品产生兴趣，产生购买欲望。因此售前服务的内容主要体现在利用售前广告引起消费者的注意，利用商品陈列力求使消费者产生兴趣，以及准备货源、检验商品质量等各项工作上。

（一）售前广告

广告作为企业和消费者之间的重要媒介，具有诱导、认知、教育、促销等功能。通过售前广告的设计，使消费者了解商品的情况，既能增强消费者的注意力，又能使企业的商品提高知名度。

（二）购买环境准备

购物环境指固定的商品销售所需要的场所和空间，以及与其相配套的服务设备和附属场所，主要包括商店的店址、营业建筑及外观环境、商店的外观、商店的招牌、橱窗设计等。

1. 选址原则

商店地址与消费者的购买心理密切相关，直接关系到经营活动能否成功实现。为实现企业的经营目标，选址需要综合依据两个主要原则：

（1）方便消费者购物。企业主要根据交通便利、人群聚集来选址。选择交通便利的地段，可以给消费者提供便利购物的条件，例如地铁站、公交站附近。人群聚集的场所主要有两类，第一类如影剧院、商业街、公园名胜和旅游风景区附近，这些地方人群流动性强，可以使消费者享受到购物、休闲娱乐、旅游等多种服务的便利，是商店选址的最佳地点；第二类是人口居住稠密区，这类地段人口密度大，且各店面距离较近，消费者人数足以形成一定的规模，消费者购物省时省力，比较方便。商店地址如选在以上地段，会对消费者产生较大的吸引力，很容易培养忠实消费群体。

（2）有利于商店开拓发展。商店选址的最终目的是要取得经营的成功，因此要着重从以下三方面来考虑如何便利经营。第一方面，商店在选址时，不仅要分析当前的市场形势，而且要从长远的角度去考虑是否有利于扩充规模，提高市场占有率和覆盖率，在不断增强自身实力的基础上开拓市场，以利于商店的长期发展。第二方面，不同行业的商业网点设置，对地域的要求也有所不同。商店在选址时，必须综合考虑行业特点、消费心理及消费者行为等因素，谨慎选址，以利于形成综合服务功能，发挥特色。第三方面，商店选址不仅要注意规模，而且要追求规模效益。因此在商店地址的选择上应尽可能地靠近交通便利地区，这样既能节约成本，有利于合理规划路线，又能及时组织货物的采购与供应，确保经营活动的正常进行。

// 案例任务 10-1

第一家服装店选址

ABC 服装公司在建立初期为了选择合适的第一家服装店地址，市场总监和他的团队开始了解市场，并进行了详尽的调研。他们发现，人流量和消费者购买力强的购物中心是最理想的开店地点。因此，他们决定把目光集中在市中心的购物中心。

ABC 公司依据专业的调研和市场分析，筛选出了三个最有潜力的购物中心：A 区、B 区和 C 区。这些区域的人流量高，并且都有与时尚相关的其他各类品牌商店。由于 ABC 公司的服装设计风格时尚前卫，需要与其他同类品牌形成差异化。

调研团队决定进行实地考察，以更好地了解每个区域的优势和限制。

首先，他们去了 A 区。虽然这个区域有着许多热门商店和餐厅，但他们发现有些过于拥挤，人流量高得难以控制。此外，租金和物业费用也相对较高，这可能会影响到公司的利润。

接下来，他们前往 B 区。这个区域正处于发展的初级阶段，有大规模的工地和崭新的住宅和商业区。他们意识到，如果能够在该区域开设店铺，随着区域发展壮大，将能够获得更多机会和利润。虽然 B 区尚未成熟，但即将到来的发展给了 ABC 公司一个大胆尝试的机会。

最后，他们前往 C 区。C 区是这座城市的文化和时尚中心，有许多艺术画廊、时尚展览和设计师品牌店铺。他们觉得，在这个区域开设店铺将增加公司的品牌价值和形象。然而，C 区的租金相对较高，并且竞争对手也非常激烈。这对于 ABC 公司来说可能会导致一些挑战。

经过深思熟虑，ABC 公司最终决定在 B 区开设他们的第一家服装商店。他们认为，该区域正处于迅速发展阶段，市场潜力巨大。此外，他们还可以在该区域与开发商和建筑公司建立紧密的合作关系。

随着时间的推移，ABC 公司在 B 区的服装商店取得巨大成功。调研团队的前瞻性为公司带来了巨大的利润和品牌价值提升。公司不仅满足了消费者的需求，还打造了一个独特且受欢迎的购物场所，成为当地的时尚地标。

请思考：ABC 公司服装店选址的策略有哪些成功之处？

2. 商品陈列

商店的商品陈列要做到以下几点：

（1）层次清楚，高度适宜。消费者走进商店后，一般都会无意识地环视陈列商品。因此商品的摆放要有层次感，同类商品应尽可能陈列在邻近的位置上，以减少消费者寻找的时间。

（2）适应习惯，便于选购。陈列品种繁多的商品时，应按照消费者的购买习惯，固定摆放，以便他们寻找、选购。一般陈列商品可分为日常生活必需品、衣着出行用品和家用贵重商品。

日常生活必需品使用频繁，消费者希望购买方便、交易便利。因此，可将这类商品陈列在最明显、易于速购的地方，如商店的底层、过道和出入口。

衣着出行用品有时装、皮鞋、提包、自行车等，消费者购买此类商品时，常对价格、款式、色彩、质量等进行综合性的考虑，然后做出购买决定。因此，此类商品应陈列在商店内空间比较宽敞、光线比较充足的地方，便于消费者比较和思考，最后进行决策。

家用贵重商品一般属于高档生活消费品，如家具、家电、珠宝首饰等商品，消费者购买时会慎重考虑。因此，应选择店内冷僻优雅的地方，设立专门区域，提供咨询服务，以满足消费者慎重决策、求信誉、求放心的购买心理需求。

（3）清洁整齐，疏密有致。在陈列的过程中，除了要保持商品本身清洁外，还必须随时更换商店中的损坏品、瑕疵品和到期品。总之，要让商品以最好的面貌（整齐、清洁、新鲜）面对消费者。

3. 店面设计

当今的消费者再也不满足于以往进商店仅是为了购物的单纯需求，他们开始对购物环境提出更高的要求。因此，商店的购物环境好坏对消费者心理的影响作用很大，需要重视环境景观、商店设施和店内气氛等有形、无形的机能，从而为消费者提供高品位的心理服务。

（1）光照、色彩、环境卫生。售货现场是消费者活动的公共场所，商店营业厅明亮、柔和的灯光，不但可以保护营业员和消费者的视力，缩短消费者的选购时间，加快营业员的售货速度，还能起到吸引消费者注意力、调动消费者购物心理的效力。因此现代商场都非常重视合理运用照明设备，营造明快轻松的购物环境。商店售货现场的采光一般有自然采光和人工采光两种，可以相互结合利用。

商店内部的色彩既能体现装饰的风格，又能引发人们的心理感受。营业现场色彩设计的合理性关系到消费者在购物活动中的情绪调解，不同的色彩及其色调组合会使人们产生不同的心理感受。

干净整洁的购物环境能树立良好的店面形象，给顾客带来愉悦感，使顾客对产品和服务品质更有信心，从而增加购买欲望。

（2）橱窗布置。店面橱窗是在商店沿街或商店周围的窗户设立的玻璃橱窗，把所经营的重要商品，按照巧妙的构思设计，通过布景道具和装饰画面的背景衬托，并配合灯光、色彩和文字说明，排列成富有装饰性和整体感的货样群，进行商品介绍和展示的一种综合性艺术形式。通过橱窗布置，商店能通过直接向消费者推介商品来吸引消费者的注意，同时根据消费者的兴趣和季节不同而随时更新橱窗布置，带给消费者新鲜感和亲切感，让消费者通过视觉上的注意引发购买的兴趣进而激发购买动机。

// 案例任务 10-2

品牌形象提升的讨论

ABC家居公司是一家专注于家居产品销售的公司，为顾客提供高品质、时尚的家居产品。随着市场竞争的加剧，ABC家居公司决定通过重新设计店面来提升品牌形象和吸引更多的顾客，并提升顾客的购物体验。

根据公司的要求，设计部经过实地调研和多轮对接后，与公司的家居门店进行讨论来确认设计方案。

马设计师："今天是家居店铺升级设计讨论会。根据前几轮修改，我们设计部给出了最新的设计方案。请刘设计师先说明设计目标。"

刘设计师："设计目标主要是三方面。第一是提升品牌形象，要求创造一个独特、时尚、专业的店面形象，以突出ABC家居公司的品牌理念和产品特点。第二是要打造一个吸引人的店面外观和布局，吸引过路顾客进入店内浏览和购买产品。第三是通过合理的店面布局和展示方式，提升顾客的购物体验，使其能够更方便地找到所需的产品。"

周店长："设计部给出的目标很明确，这正是我们需要的。"

刘设计师："好的，那么请看看我们的详细方案和展示效果吧。首先是店面外观方面，我们设计的是一个现代、简洁的风格，使用明亮的颜色和高质感的建筑材料突出ABC家居公司的专业形象。"

周店长："通过材质来体现高级倒是不错，但是不具备竞争力呀。"

马设计师："周店长，除了材质，我们还为家居门店设计独特流线型的玻璃门搭配极具吸引力的标志牌作为标识符号区别于竞争对手。"

周店长："那还不错，接下来呢？"

刘设计师："在店面布局方面，我们设计的是一个开放式的布局，使顾客能够在进入门店后一目了然地看到各个产品展示区。将产品分门别类地陈列，例如将卧室家具、客厅家具、厨房用品等分别展示在不同的区域，便于顾客按需浏览。"

周店长："建议增加体验区吧。"

刘设计师："周店长放心，我们有做相关设计的。我先继续说明方案。在照明和装饰方面我们建议使用公司设计的智能灯光系统，使用合适的照明设计，使店面充分照亮，以突出产品的质感和色彩。利用装饰品和陈列艺术品来提升店面的整体感觉，例如挂画、小型雕塑等，使店面更具艺术美感。在最后的陈列和展示方面，就有您要求的体验区设计。我们建议使用公司设计的陈列架和展示柜，使产品能够有序地陈列，并充分展示产品的特点和优势。我们在店铺中创造一个舒适的体验区，让顾客能够亲身体验家居产品，提升购物体验。"

> 周店长:"我们希望体验能融入展示中,不要单独分出来。倒是可以设计一个休息区,把公司的食品产品放到休息区。"
>
> 马设计师:"好的,我们会进一步修改设计方案。"
>
> **请思考:** ABC 家居公司目前的设计方案能够达到哪些效果?根据周店长的建议,如果你是设计部的设计师,你认为应该如何实现提升购物体验这一目标?

(三)货源准备

在售前的货源准备中,可以通过线上的或者线下的批发市场寻找货源;要选择有资质的正规的进货渠道;准备的货品必须是符合店铺要求、具备一定价格优势的产品;同时要注意与供货商长期合作形成良好的合作关系,这样便于拿到最新的款式和较优惠的价格,遇到库存积压的情况,也可以比较方便调换。

三、售前服务的消费心理策略

由于顾客产生购买动机受时间、空间、情境等因素的制约,具有多种心理取向,因此针对售前消费者多样化的心理需求,应采取相应的心理策略。

售前服务的
消费心理策略

(一)建立消费者档案

1. 细分市场,确定目标顾客

随着社会经济的发展,所在地区、年龄或职业等方面相同的消费者其价值取向和审美偏好往往表现出趋同化现象。企业需以一定标准来细分市场,确定自己的目标消费群体。

2. 建立数据库

企业可以通过建立数据库,储存目标市场消费者的心理特征、购物习惯等方面的信息,为做好更有针对性的服务提供依据。

(二)认知消费者的欲望

1. 售前消费者心理特点

(1)消费者的自我意识。自我意识指的是个体对自己的各种身心状态的认识、体验和愿望。它是个体在社会生活过程中与他人相互作用、相互交往后逐渐发展所形成的,并非与生俱来。所以了解消费者的自我意识是必须的,能为后续开展营销活动奠定基础。

(2)消费者的期望值。消费者在购买之前通常会对自己想买的东西进行衡量与估算。这个衡量可能是针对品牌,也可能针对价格或是性能等其他因素。这种度量称为期望值。随着时代的发展,消费者的购买正逐渐从以生理需求为主导向以心理需求为主导进行转变。因此企业在生产和销售产品时，既要满足消费者的物质需求，又要满足消费者的心理需求。服务过程中不仅要考虑产品的质量和其他功能，还要考虑人的延伸需求。在售前服务中，营销人员应根据消费者的心理特点，有效把握消费者的期望。

（3）消费者的审美差异。消费审美取向是指消费者对消费对象美的欣赏和情趣的感知。由于成长经历、审美实践、消费方式、知识结构等因素会使个体的审美取向、审美对象的选择以及审美感受、审美创造发生各种各样的差异，主要包括审美心理的时代差异、民族差异和阶层差异。在售前服务中，营销人员必须尊重和包容不同的审美差异。

2. 提供售前信息

消费者最关注的是有关商品的信息，他们需要了解商品的品质、规格、性能、价格、使用方法以及售后服务等内容，这是决定是否购买的基础。

3. 售前咨询答疑

通过售前咨询答疑服务，为消费者创造购买产品的条件，让消费者信任该企业及产品，促使消费者产生购买动机。

（三）满足消费者售前相关需求

1. 提供优雅、舒适的购物环境

为了营造购物中的良好感受和氛围，为消费者提供优雅、舒适的购物环境，商店需要从色彩、光线、空气、音乐、陈列等方面进行打造。同时考虑消费者购物体验，提供休息区、试用区以及咨询区等。

2. 给消费者留下良好的"第一印象"

良好的第一印象是成功沟通的基础，无论是售前还是售后，迎客服务工作如果没有做好，都会直接影响客户购物体验，严重的话还会流失订单。

3. 为消费者提供附加服务

附加服务是核心产品延伸，让消费者体验到增值的东西。附加服务能使顾客感到愉悦的同时增加对企业的偏爱，从而能提高顾客的忠诚度和重复购买率。

// 案例任务 10-3

新 品 调 研

HX 科技公司要推出一款全新的智能手机产品，为了更好地了解消费者的心理特点，公司决定进行市场调研。

调查显示，82%的消费者在决定购买新手机时，一开始是基于"为实现某种需求而购买"的心理。例如，某消费者表示他在考虑购买新手机时，主要是因为自己的旧手机性能不佳，需要更快速、更流畅的使用体验，在选择和比较不同品牌和型号后做出购买决策。75%消费者在购买新手机时，会更多地关注品牌的认知和声誉。他们认为选择知名品牌能够提高购买的安全感和信任感。例如，一位消费者表示她会在购买手机时优先考虑 HX 品牌，因为 HX 产品在市场上具有良好的口碑和高品质的保证，她觉得这是一种值得信赖的选择。有34%的消费者在面临购买决策时，会受到亲友、同事或社交媒体的影响。他们会咨询他人的意见，并参考他人的消费经验。例如，一位消费者说他是通过朋友的推荐才对某款手机产生了兴趣，并在购买前咨询了很多关于该款手机的评论和评价。还有将近89%消费者通常会受到促销活动和优惠的吸引。他们对折扣、赠品和购买套餐等的兴趣较高，这往往能够激发他们购买的欲望。例如，一个消费者表示他会关注手机产品是否有优惠活动，如附赠耳机或延长质保期等，以获取更多实惠。

请思考：基于 HX 公司的市场调查总结出影响消费者售前心理的因素有哪些。

单元三　售中服务与消费心理

一、售中服务的定义

售中服务指在商品销售过程中，直接或间接地为销售活动提供的各种服务，主要包括对商品的介绍、为消费者购买提供意见以及达成交易时的交货与结账流程。优质的售中服务不仅会增加销售成交的概率，更重要的是能够为消费者提供享受感，从而增强消费者购买的欲望，在买卖者之间形成相互信任、融洽自然的气氛。因此，售中服务被视为商业竞争的有效手段。

二、售中服务的内容

售中服务主要包括介绍商品、充当参谋、付货与结算。这些内容都将极大地影响消费者的购买情感。通过深入介绍和启发、让消费者进行商品比较、提供专业知识经验和建议、让消费者亲自体验商品等方式，不仅可以吸引更多的消费者，而且能促进成交，增加消费者的信赖感，建构融洽而自然的气氛。售中服务的核心是为消费者提供方便的条件和实在的物质服务，让消费者体会到拥有商品的愉悦。

（一）介绍商品

销售人员在介绍商品前必须完整掌握自己所卖商品的相关知识。与顾客介绍商品时，将选购商品的好坏标准，商品的卖点、优点通过设计好的销售话术传递给顾客，激发消费者对商品产生好奇心和购买欲望。

（二）充当参谋

消费者都希望买到称心如意的商品，但是由于缺乏商品知识和消费知识，不知如何挑选商品，因此销售人员在售中过程需要帮助顾客挑选商品，增强顾客的购买信心。

（三）付货与结算

消费者选定商品后需要完成付款和结算。销售人员在这一环节要始终保持良好的服务态度，准确计算账单，如果消费者对账单有疑问，应主动解答并重新核对金额。店铺要为消费者准备多种支付方式，保证顺利完成付款和结算，同时在消费者支付过程中注意保护顾客的支付安全。

三、售中服务的消费心理策略

（一）了解消费者对售中服务的心理需求

售中服务是企业销售活动中不容忽视的首要任务和策略之一。由于消费者对商品的需求是千差万别的，因此，他们对商品的售中服务的心理要求也是多方面的。应针对不同的心理要求，采取相应的心理策略。

（二）售中服务的消费心理策略

1. 价格策略

价格是消费者购买活动中最重要、最敏感的因素，因此是影响消费者购买的首要因素。商品价格首先具有衡量价值的作用，其次有比拟作用，最后为刺激需求的作用。销售人员在帮助消费者获得详尽的产品信息后，使消费者准确了解商品，从而帮助消费者确定商品价格的合理性。

2. 包装策略

包装作为商品的附属物，其作用已不仅是保护商品，更重要的是美化商品、诱导消费。在销售过程中，商品包装已成为影响消费者购买的主要因素。因此，在售中服务中，通过具有吸引力的商品包装来传达产品信息，已成为现代推销最有效的方法和手段之一。

3. 服务策略

服务的内容非常广泛，包括营业员的仪表、言语、举止及态度等很多方面。消费者对于售中服务的心理需求是感受到营销人员的热情接待和尊敬。因此服务的好坏往往会直接影响消费者的最终决定。

4. 便捷策略

消费者对售中服务的一个重要期望是方便快捷，具体表现为减少等待时间、尽快受到接待、尽快完成购物过程、方便挑选、方便交款、方便取货等。

（三）售中服务过程中销售人员的表现

1. 销售礼仪

作为销售人员，要尊重每一个顾客，良好的销售礼仪直接影响了销售人员在顾客心中的第一印象，这往往会决定交易的成败。良好的销售礼仪主要包括仪容仪表、行为举止及语言表达。销售礼仪的培养，有助于提高服务行业从业人员的个人素养和自身的职业竞争力。

2. 与消费者良好的沟通与交流

销售人员与消费者的沟通直接影响着企业经营的优劣。一方面，两者之间良好的沟通能够促进成交，提高消费者的满意度；另一方面，即使没有成交，也会使消费者对企业产生良好的印象，为以后在该企业实现购买创造条件。

（1）技巧性。产品介绍要清楚、准确，语言要清晰、明白无误，使消费者易于理解，并且应当用消费者易懂的技巧性语言做介绍。在回答消费者的疑问时，应避免使用"大概如此""也许""可能"等模棱两可的词语，以免引起消费者的不信任感。

（2）针对性。销售人员应当根据消费者的不同性格和需求心理"对症下药"。只有针对性地说服，方能诱发消费者的购买动机。

（3）参与性。销售是买卖双方的事，因此应鼓励引导消费者发表自己的意见，邀请消费者亲自试用产品。

（4）情理性。晓之以理，理智地帮助消费者算细账，向消费者详细指出使用这种产品能够带来的好处，确信自己的决策是合理的；动之以情，努力渲染气氛来打动消费者的心，激发其购买欲望，促使其采取购买行动。

3. 热情周到的售中服务

（1）做好推荐，善于诱导。销售人员在服务过程中需要控制沟通的方向，把握好与客户间沟通的话题，做好产品推荐，引导消费者对商品产生购买欲望。

（2）为消费者提供方便。销售人员在服务过程中，通过全面细致的服务为消费者提供方便，如专业的商品介绍、帮助消费者选购合适的商品、办理成交手续、包装商品等服务。

（3）维护消费者利益。销售人员必须遵纪守法，根据《中华人民共和国消费者权益保护法》及有关规定，在服务过程中充分满足消费者的消费需求，保护消费者权益，引导消费者购买使用名优产品，减少消费者权益受到的损害。同时经营者需要加强质量意识教育和服务意识教育，严格把控内部质量管理和服务质量。

◆ 课堂讨论

消费者的权益受到侵害时，应当如何维护自己的权益？

单元四 售后服务与消费心理

一、售后服务的定义

售后服务指生产企业或零售企业为已购买商品的消费者提供的服务。在市场经济条件下，商品到达消费者手中，进入消费领域以后，企业还需要提供持续的售后服务来增强和消费者的沟通，获得其宝贵的反馈，提高消费者的满意度，进而保持或提高顾客的忠诚度，扩大企业影响，提高品牌信誉，促使顾客再次购买并自发介绍新客户，从而形成良性循环，扩大企业的市场占有率。

二、售后服务的内容

随着消费者服务意识的增强，售后服务的范围也在不断扩大。售后服务主要有三方面的内容：①提供知识性指导及咨询服务，通过实行"三包"服务，使消费者树立安全感和信任感；②帮助消费者解决安装与运输大件商品服务等常使消费者感到为难的问题，为消费者提供方便；③维持和增进消费者的软性服务。

三、售后服务的消费心理策略

随着商品的同质化发展，售后服务成为企业竞争的关键因素之一。为了不断提升消费者的满意度和忠诚度，在售后服务方面有以下消费心理策略可供参考使用。

售后服务的
消费心理策略

（一）了解消费者对售后服务的心理需求

1. 评价心理

商品评论是消费者对商品使用价值进行评价，既包括消费者对于商品性能、规格、材质等客观内容的评价，也包括使用后的主观意见。消费者在购买完成后，会产生对购买进行评价的心理。

2. 求助心理

消费者完成购买后可能会要求店家提供送货、安装、维修等服务，或是因为对商品的不熟悉，会向销售人员咨询使用方法，或是需要销售人员进行操作示范并添加联系方式以便后续使用过程中出现疑问能及时咨询，以及可能出现需要退换商品等求助心理。

3. 退换心理

对于消费者而言，产品的购买是为了满足自己的需求，但是在购买失误或所购产品出现问题而使需求不能得到满足时，就会产生需要退换商品的心理。

(二)提供优质售后服务

1. "三包"服务到位

三包服务到位是指在消费者购买某种商品后,商家对该商品的质量、保修和维修提供完善的服务。所谓的"三包"服务包括三方面,即质量保证、退换货和维修。

质量保证是指商家保证所售商品符合质量标准,并承诺在一定期限内提供免费维修、更换或退货的服务。根据相关法律规定,质量保证期限一般为7～15天,不同商品可能有不同的保证期限。

退换货是指在消费者购买商品后,如果发现商品存在质量问题或不符合购买要求,可以在一定期限内要求商家退货或换货。商家应该按照消费者的要求进行处理,并承担相应的费用。

维修是指在质量保证期过后,商品出现故障或需要维修时,商家提供免费的维修服务。商家应该在合理的时间内解决消费者的问题,并承担相应的维修费用。

三包服务到位可以保障消费者的合法权益,增加消费者的购物信心,同时也可以促进商家提高商品质量和服务水平,提升企业形象。

2. 及时送货安装

及时送货和安装在售后服务中非常重要,除了能够帮助客户节省时间和精力外,还能确保商品的正常使用。例如家具、电器等产品,如果客户购买了这些产品却不知道如何安装,他们可能会感到困惑和不安。此时商家若能够派遣专业的技术人员及时为客户提供安装服务,客户就能够放心地使用产品,而不必担心自己安装不完善导致出现问题,这能够增加客户对品牌的信任和忠诚度。因此,商家应该始终将及时送货和安装作为提供优质售后服务的重要环节,不断努力满足客户的需求和期望。

3. 保持信息通畅

保持信息通畅是提供良好售后服务的重要因素。通过及时回复客户问题、建立集中的沟通平台、制定清晰的工作流程、定期召开会议、培训团队成员、使用技术工具和收集反馈意见,可以保证信息的流动和沟通的效果,提高售后服务的质量和客户满意度。

4. 热情、真诚的服务态度

提供售后服务时,热情真诚的态度对于企业和客户都是非常重要的。它不仅能够让客户感受到被尊重和关怀,建立起良好的沟通和信任关系,还可以传递出企业的文化和价值观。因此,企业应该注重培养员工的服务意识和服务技能,以提供更好的售后服务,提升客户满意度,进而实现企业的长期发展。

5. 处理好售后投诉

积极处理消费者投诉是减少并消除消费者购后不满意的一个重要举措。企业可通过设立客户呼叫中心系统，专人负责处理消费者的投诉。另外，生产厂家可在销售区域设立服务代表或办事处，处理售后服务和消费者投诉等事宜，经销商家也可在商场指定专人负责接待并处理消费者投诉。

6. 售后情感联络与维护

提供售后服务时，情感联络与维护至关重要。通过友好的态度、及时的回应、定期的回访以及建立专业的售后服务团队和流程，可以构建良好的客户关系，增强客户对企业的信任和忠诚度。同时，通过一些特殊方式来维护客户关系，也能够加深客户与企业之间的情感联系，提升企业竞争力。

7. 重视并积极处理对消费者的承诺

重视并积极处理对消费者的承诺可以帮助企业建立良好的企业形象，增强消费者对企业的信任感，提高客户忠诚度。

首先，企业应该重视对消费者的承诺，包括产品质量、服务质量、交付时间等方面的承诺，企业需要确保自己能够兑现承诺，并根据消费者的需求和期望做出相应的改进和提升。

其次，企业应该及时回应和实现对消费者的承诺。如果消费者对产品或服务有任何问题或投诉，企业应该及时回应并积极解决。可以通过快速响应消费者的需求、提供解决方案、提供赔偿或补偿等方式来实现对消费者的承诺，以保证消费者的满意度和信任度。

同时，企业还可以通过建立健全的客户服务体系，包括设立客户服务热线、建立在线客服平台、安排人工客服等方式，为消费者提供全天候的服务支持，及时解答消费者的问题，提供必要的帮助和指导，确保承诺的兑现。

最后，企业还应该定期跟踪和评估消费者的反馈和承诺兑现情况。可以通过客户满意度调查、消费者投诉处理情况统计等方式，了解消费者对企业的评价和反馈，并根据反馈结果进行改进和优化。

// 案例任务 10-4

冬 季 温 暖

2022 年 11 月底，小明新搬进一所可爱的小公寓，他在 ABC 家居公司购买了一套全新的家具。不久之后，他开始注意到沙发上有些许磨损迹象。他决定联系 ABC 家居公司，寻求帮助。

小明拨通了 ABC 家居公司的客服热线。接线员迅速接起电话，并友善地询问他需要什么帮助。小明向她说明了自己遇到的问题，接线员主动记录下他的信息，并保证会尽快将问题反馈给合适的部门。

不到一小时，小明便接到了来自 ABC 家居公司的电话。这是售后服务经理方先生的电话。方先生表达了对小明所遭遇问题的关注和歉意，并鼓励他提供照片或更多细节，以便更好地解决问题。小明感到很受重视，他发送了一些照片和详细的描述。

第二天，小明得到了回复。ABC家居公司提供免费上门维修的服务，他们约定一个合适的时间进行修理。修理师傅准时到达小明家，经过检查后确定沙发需要更换一个新的部件。

沙发部件很快被订购并在几天后送到小明家。修理师傅再次上门，仅用不到半小时就将部件换好。小明对修理结果非常满意，他甚至觉得这个部件的质量好于之前的。

修理完成后，ABC家居公司的售后服务经理方先生再次与小明取得了联系，以确保问题已经圆满解决，并询问他是否对服务感到满意。小明感激地表达了他的满意，并称赞了方先生和整个ABC家居公司团队的专业素质和出色的售后服务。

这次经历让小明对ABC家居公司的品牌形象留下了深刻的印象，并愿意在将来的购买中继续选择他们的产品。同时，他也毫不犹豫地向身边的朋友和家人推荐了ABC家居公司的优秀售后服务。

请思考： ABC家居公司处理小明的售后问题产生了怎样的影响？

案例分析

销量的救星

之前，ABC公司的店面一度销量平平，甚至有些严重下滑，让公司的管理层非常头疼。经过一番调研和分析后，他们发现问题的关键在于店员的销售礼仪不够优秀，导致了顾客的购物体验不佳。

因此，ABC公司找来一家专业的销售培训机构，为全体销售人员进行了为期一个月的强化培训。这次培训内容包括了与客户沟通技巧、形象修养、提供专业咨询和建议、礼貌待客以及销售谈判技巧等方面的专业知识。培训师通过讲座、案例分析和角色扮演等形式，使店员们对销售礼仪有了更深入的了解和理解。参与培训的店员们积极参与，他们都希望通过提高自己的销售礼仪来改变销量平平的局面。

培训注重员工的参与和互动。店员们积极参与讨论，分享自己的经验和感悟，与培训师进行深入交流，并针对不同的销售场景进行模拟练习，以提高实战能力。

随着培训的深入，店员们逐渐学会了与顾客建立良好的沟通关系，提高了自身的职业形象。他们学会了如何主动与顾客打招呼，微笑服务，以及如何利用积极的姿态和语言来引导顾客的购买意向。通过培训，店员们认识到，销售不仅仅是一种工作，更是一种服务，只有真正把顾客的需求放在首位，才能赢得客户的信任和忠诚。

培训结束后，公司立即将培训所学应用到实际销售环境中，店员们渐渐展现出优秀的销售礼仪。店员们在迎接顾客时始终带着微笑，主动向顾客询问需求，并给予专业咨询和建议，不再用强制性语气推销产品，而是以友好和耐心的态度描述产品的优势和特点。如果顾客有投诉或问题，店员们也能积极倾听，耐心解答并及时解决。通过灵活运用培训所学的销售技巧，他们与顾客进行了更加高效而专业的沟通，顾客不再被冷漠和无礼待遇所冷落，相反，他们对店员的服务态度感到满意，对产品的兴趣与购买欲望明显增高，并更加愿意在 ABC 门店购买产品和享受服务，销售人员的信心也因此逐渐增强，更加积极主动地推动销售活动。

随着时间的推移，ABC 公司的销售业绩逐渐取得了显著的提升。客户对销售人员的专业素养给予了高度评价，公司的形象得到了改善，并逐渐赢得了市场的认可。公司因此获得了更多的合作机会，业务范围也得以扩大。

ABC 公司的管理层也意识到，提升店员的销售礼仪就是提升公司形象与品牌价值的重要一环。因此，他们决定将销售礼仪培训纳入公司的常规培训计划，建立了培训档案，每隔一段时间就对销售人员进行定期培训，并进行巩固和跟进，以使其保持良好的销售礼仪和专业素养。他们也开始注重店员们的细节表现，比如穿着整齐、言谈举止得体等方面，为店员提供更全面的培训支持。

【案例分析题】

1. 请从销售服务与消费心理的角度分析 ABC 公司销售情况好转的原因。
2. 请问 ABC 公司还可以进行哪些销售服务培训？这些培训能带来什么作用？

模块小结

本模块介绍了销售服务的相关概念，分别从销售服务的售前、售中、售后三个阶段阐述了其对消费者心理的影响。通过分析，采取相应的销售服务，促成消费者购买行为。

练习题

一、单项选择题

1. 售前（   ）使消费者了解商品的情况，既能增强消费者的注意力，又能使企业的商品提高知名度。

  A．货源准备　　B．广告　　C．店面设计　　D．商店选址

2. 在售中服务过程中，向消费者理智地传递相关信息，体现了销售人员与消费者沟通的（   ）。

  A．技巧性　　B．参与性　　C．针对性　　D．情理性

二、多项选择题

1. 消费者对售后服务的心理需求有（   ）。

  A．评价心理　　B．求助心理　　C．退换心理　　D．咨询心理

2．提升售后消费者满意度和顾客忠诚度应从（　　　）入手。

　　A．热情、真诚的服务态度

　　B．处理好售后投诉

　　C．售后情感联络与维护

　　D．重视并积极处理消费者的承诺

三、判断题

1．一般来说，销售人员的服饰着装整洁大方、美观合体、端庄舒适，并能与特定的营业环境相协调，能够给消费者以安全、信任、愉快的感觉，对购买行为具有积极的影响。（　　）

2．在人际交往中，每个人的仪容都会引起交往对象的特别关注。（　　）

3．商品价格的高低与其周围居民的消费水平没有直接的联系。（　　）

4．除了要保持商品本身清洁外，还必须随时更换商店中的损坏品、瑕疵品和到期品。（　　）

5．在销售服务中，售中服务需要对消费者的心理和行为进行分析。（　　）

实训项目

大型超市选址调查

一、实训目的

通过实地调查了解大型超市的选址及布局。

二、实训内容

利用课余时间，观察当地大型超市的选址情况。

1．选择 3～4 家大型超市及购物中心，观察选址情况及客流统计。

2．比较不同的超市选址的策略，并分析选址对客流的影响。

三、实训要求

1．按教学班级进行分组，每组 5～8 人，按组进行调查。

2．小组成员针对自身情况逐一陈述分析。

3．由每组组长负责完成分析报告的撰写。

模块十一

网络营销与消费心理

学习目标

【知识目标】
- 了解网络营销的含义和特点。
- 理解网络营销中消费者的心理特点。
- 掌握网络营销的心理策略。

【能力目标】
- 能根据消费者的心理特点来制定适合的网络营销策略。

【素养目标】
- 通过对消费者心理的分析,树立正确的营销理念。
- 通过学习网络营销与消费心理,培养创新思维。

> **导入情景**
>
> 周三，在进行新产品推广会议的时候，经理要求王小小和张帅帅为公司的新零食进行推广方案设计，会后王小小与张帅帅边走边聊，进行初步想法的交流。
>
> 张帅帅："这个机会太棒了！新的零食产品听起来很有趣。"
>
> 王小小："是的，我也很兴奋！我想我们需要制订一个全面的网络营销计划来吸引更多的消费者。"
>
> 张帅帅："没错，我们首先需要定位我们的目标受众是谁，这需要通过市场调研来了解他们的兴趣和购买习惯。"
>
> 王小小："市场调研非常重要，我认为我们还需要创建一个吸引人的线上品牌形象。我们可以设计一个专属的标识和网页来展示我们的产品。"
>
> 张帅帅："我们先出方案，设计的事情我们后续对接设计部。我觉得我们还可以通过社交媒体平台来增加品牌曝光度，定期发布有趣的内容来吸引潜在的消费者。"
>
> 王小小："好主意！我们还可以通过与一些相关行业的博主或社交媒体影响者合作，进行产品的评测和推荐。"
>
> 张帅帅："没错，这样可以增加我们产品的知名度和信任度。此外，我们还可以考虑开展一些线上促销活动，如派发优惠券和折扣码，来吸引新顾客。"
>
> 王小小："促销也有必要，促销活动可以帮助我们推动产品的销量。另外，我们还可以通过电子邮件营销和搜索引擎优化提高我们的在线可见度。"
>
> 张帅帅："绝对没错！我们还需要确保我们的网站在搜索引擎中得到良好的排名，这样才能让更多的人发现我们的产品。"
>
> 王小小："总之，我们需要一个有计划的、全面的网络营销策略来提升我们的品牌知名度和销售额。"
>
> 张帅帅："没错，我们要密切合作，确保每个步骤都得以顺利执行。我相信我们能够取得很好的成果！"
>
> 王小小："我也有同样的信心！让我们立即开始制订我们的网络营销计划吧！"
>
> 【引入问题】
>
> 1. 网络营销有何特点？
> 2. 网络营销活动中，消费者心理会有哪些变化？

单元一 网络营销概述

一、网络营销的含义

网络营销就是以互联网为基础，利用网络信息和媒体的交互来实现营销的一种市场营销方式。例如SEO（站外发帖、站内发布、友链交换、论坛散播）、SEM（各种付费搜索引擎推广，如百度、搜狗）、渠道推广（线上渠道推广）、文案策划（活动营销文案、网站营销文案）等都属于网络营销。

随着互联网的发展，网络营销已经成为企业整体营销战略的重要组成部分。网络营销泛指以互联网为基本手段，实现企业向经营目标前进，创造在线经营环境的各种活动。网络营销的实质是利用互联网对产品的销售各环节，包括售前、售中和售后进行跟踪服务，通过寻找新客户、服务老客户，最大限度地满足消费者的需求，从而达到开拓市场、实现盈利的营销目的。

综上，网络营销是基于互联网络及社会关系网络连接企业、用户及公众，向用户及公众传递有价值的信息和服务，为实现顾客价值及企业营销目标所进行的规划、实施及运营管理活动。网络营销也可以称作网上营销、在线营销、互联网营销等。

二、网络营销的产生与发展

网络营销不单是一种营销手段，更是信息化社会的一种新文化。

国际上的网络营销活动产生于20世纪90年代。我国从最初的门户网站到搜索引擎上线，也开始了网络营销的探索。互联网逐渐从政府、科研用途扩展到商业领域。其中众所周知的就是2003年阿里巴巴推出的淘宝网，后来成为全球知名的C2C电商平台。

进入21世纪以来，随着互联网的普及，用户对其依赖性越来越强，从生活、工作、消费等领域都能看到互联网的影响力。企业针对市场上消费者的需求变化，借助互联网的不同渠道来开展营销推广活动，专业化程度也越来越高。从网上的市场调研到网店的开设，企业通过充分利用微博、微信公众号、短视频平台（抖音和快手为代表）、小红书等不断出现的各类新媒体平台，创新开发出许多形式的营销方式。

2020年以来，电子商务环境已经基本出现并迈向成熟。随着短视频用户数量的不断增长以及内容机构的进入、各类平台的更迭，智能技术也不断升级，网络营销的发展在未来必将更加多元化。

三、网络营销的特点和优势

（一）网络营销的特点

由于互联网技术发展的成熟以及联网成本的低廉，互联网好比是一种"万能胶"将企业、团体、组织以及个人跨时空联结在一起，使他们之间信息的交换变得"唾手可得"。网络营销的特点主要体现在以下几个方面：

1. 时域性

营销的最终目的是占有市场份额，由于互联网能够超越时间约束和空间限制进行信息交换，使脱离时空限制进行交易变为可能，企业有了更多时间和更大的空间进行营销，可以每天24小时随时随地提供全球性营销服务。

2. 富媒性

互联网可以传输多种媒体的信息，如文字、声音、图像等，使为达成交易进行的信息交换能以多种形式存在和交换，可以充分发挥营销人员的创造性和能动性。

3. 交互性

互联网通过展示商品图像，提供商品信息资料库以便消费者查询，来实现供需互动与双向沟通，还可以进行产品测试与消费者满意调查等活动。

4. 个性化

互联网上的促销是一对一的、理性的、消费者主导的、非强迫性的、循序渐进式的，而且是一种低成本与人性化的促销，避免推销员强势推销的干扰，并通过信息提供与交互式交谈，与消费者建立长期良好的关系。

5. 成长性

互联网使用者数量快速增长且遍及全球，这部分群体购买力强而且具有很强市场影响力，因此是一项极具开发潜力的市场渠道。

6. 整合性

网络营销可从商品信息介绍至收款、售后服务一气呵成，因此也是一种全程的营销渠道。

7. 超前性

互联网是一种功能最强大的营销工具，它同时兼具渠道、促销、电子交易、互动顾客服务以及市场信息分析与提供的多种功能。它所具备的一对一营销能力，正符合定制营销与直复营销的未来趋势。

8. 高效性

计算机可储存大量的信息供消费者查询，可传送的信息数量与精确度远超过其他媒体，并能根据市场情况及时更新产品或调整价格，因此能更高效地满足消费者的需求。

◆**课堂讨论**
1. 你每天的上网时长是多少？你上网一般是为了做什么？
2. 你觉得网络消费给你的生活带来了什么？

（二）网络营销的优势

鉴于网络营销具有上述特点，因此与传统的营销方式相比，网络营销具有以下优势：

1. 即时互动

通过互联网，企业可以和消费者即时沟通，速度快，效率高，不仅如此，消费者还可以主动搜索产品信息，减少等待时间。

2. 低成本

网络营销的低成本优势首先来源于其信息传播的时间成本很低，通过互联网传递信息，瞬间就可以传递到全球任何一个能接触到互联网的地方，其时间成本是微乎其微的。其次，利用网络营销的经济成本也越来越低，发一封电子邮件的成本是可以忽略不计的，而且随着网络用户规模的庞大，网络服务商的规模效应得以发挥，网络所需设施的成本也将越来越低。再次，互联网的应用在一定程度上弱化了渠道中间商的作用，尤其是网上直接销售，这将大大降低通路成本。最后，因网络上的广告按阅读人数收费，提高了广告的有效性。

3. 有利于企业和顾客的良好沟通

传统的沟通方式是"一对多"的沟通，企业提供的信息缺少针对性，而通过互联网，企业可以做到"一对一"的沟通，沟通更有针对性，也更加有效。并且可以通过制作调查表收集顾客的意见，让顾客参与产品的设计、开发、生产，使生产真正做到以顾客为中心，从各方面满足顾客的需要，避免不必要的浪费。

4. 有利于企业提供更优质的服务

网络营销的一对一服务，会留给顾客更多自由考虑的空间，避免冲动购物，可以更多地比较后再做决定。网络营销可以提供 24 小时的服务，不仅更加方便快捷，而且能够保证服务质量。

5. 有利于企业提高产品促销的多媒体效果

网络营销既有平面媒体的信息承载量大的特点，又具有电波媒体的视觉、听觉效果，可谓图文并茂、声像俱全。而且，广告发布无须印刷，节省纸张，不受时间、版面限制，顾客只要需要，就可随时索取。

// 案例任务 11-1

ABC 酒店的营销策略

ABC 酒店品牌享誉全球，为满足不同消费者的需求设立了经济型酒店、舒适型酒店和尊享型酒店三种类型。不同类型的酒店有不同的经营策略，但是却有着四条基础的营销策略。

首先，在旅游旺季、重要节假日或者特殊活动期间，ABC 酒店会在社交媒体平台上发布特惠促销信息，提供限时优惠码，并且他们会在官网的"ABC 全知道"页面上发布交通路线推荐、景区简介、美食地图等信息，住店的顾客还会获得"出行推荐"。

其次，ABC 酒店在官网以及第三方平台上会持续更新并发布高质量的图片和视频，展示酒店的豪华设施、美味的餐饮、舒适的客房等，让用户能够直观地感受到 ABC 酒店的魅力。此外，ABC 酒店还会在微博、抖音等社交媒体平台上发布有趣的互动内容，例如调查问卷、抽奖活动等，来增强用户与酒店的互动。

再次，ABC 酒店的官网上设立在线预订系统，用户可以根据自己的需求来选择合适的酒店房间、预订日期等，提供了方便快捷的预订方式。并且还有一个客户反馈平台，顾客入住房间后扫描二维码即可进入反馈平台，随时可以向酒店提出意见和建议，并能够得到及时的回复。

最后，ABC 酒店充分利用大数据分析和个性化推荐技术，根据用户的兴趣和偏好，推送针对性的促销信息和优惠活动。比如，他们会根据用户的搜索历史、预订记录等信息，向用户推荐适合的酒店套餐和旅游推荐目的地，提高用户的转化率和忠诚度。

通过这些策略的实施，ABC 酒店取得了显著的营销效果，成功地吸引了更多的用户关注和参与，提高了在线预订和入住率，加强了与用户的互动和沟通，提升了品牌形象和影响力。

请思考：ABC 酒店的营销策略利用了网络营销的哪些特点？

四、网络营销的类型

依托于互联网平台，网络营销的方式多种多样，常见的类型主要包括以下几类：

1. 搜索引擎营销

搜索引擎营销是指通过搜索引擎优化和付费搜索广告等手段，提高网站在搜索引擎结果页面的排名，从而吸引更多的潜在客户。这是目前主要的网站推广营销手段之一，主要方法包括竞价排名、分类目录登录、搜索引擎登录、付费搜索引擎广告、关键词广告、搜索引擎优化等。

2. 微博营销

微博营销是指通过微博平台为商家、个人等创造价值而执行的一种营销方式，也是商家或个人通过微博平台发现并满足用户的各类需求的商业行为方式。不同于微信营销，微博营销主攻陌生人市场，具有较强的媒体属性。

3. 微信公众号营销

微信公众号平台是基于微信本身最核心的即时通信功能之上的重要附加功能，其主要的作用是向微信公众号用户推送图文信息，目前常见的是服务号、订阅号、小程序、企业微信几种。由于微信能较好地满足受众社交传播的需求，其用户群体相当庞大。所以，无论企业、政府、媒体等各类社会机构，都可以利用微信平台达到其传播信息的目的，微信公众号营销应运而生。

4. 短视频营销

短视频营销是指基于新媒体平台，以内容为核心、以创意为导向，将产品信息移入视频短片中，被大众所吸收，实现产品营销与品牌传播的一种新型网络营销方式。企业营销的相关短视频，通过抖音、快手、微信视频号等平台迅速传播，达到企业获得品牌提升或是产品销量增长的目的。

5. 直播营销

直播营销是指利用互联网直播的方式，在电脑端或移动端，为企业、商家、个人等进行品牌宣传推广、产品促销等，从而获取利润提升的营销活动。直播营销是在传统营销方式上的创新，尤其是与用户的即时互动，使受众与主播实现有效的沟通与交流，提升了消费者的参与感。企业采用直播营销的方式，借助精心设计的营销策略，可以在很大程度上取得理想的营销效果。

6. 社群营销

社群营销是指商家为了满足用户的需要，通过各种社群平台推销自己的产品或服务，形成的一种新形态的网络营销模式。商家主要借助于社群关系，通过社群成员的互动交流，实现信息的传递互换来开展营销活动。

单元二　网络营销心理因素分析

网络营销现已成为企业获得利润、维持发展的重要营销模式，在网络经济时代，人们的思想观念、行为习惯和工作方式等都已发生了巨大的改变，因此要想在激烈的市场竞争中取得一席之地，企业必须全面了解网络消费者，制定合适的网络营销策略。

一、网络消费者的心理特征

在网络营销中，消费者的购买行为与实体营销时有一定的区别，主要源于网络购物时消费者不同的心理特征。网络营销中消费者的心理特征主要表现在以下方面。

（一）消费心理个性化

随着 21 世纪的到来，世界变成了一个计算机网络交织的社会，消费品市场变得越来越丰富，消费者能够以个人的心理愿望为基础在全球范围挑选和购买商品或服务。消费者不仅能选择，而且渴望选择，并开始制定自己的消费准则。心理认同感是消费者做出购买决策的前提，个性化消费逐渐成为网络消费的主流。

（二）消费的主动性增强

有人称网络时代是"一个坚持己见积极为自己的主张辩护的时代"，网络消费者不习惯被动接受，而习惯于主动选择。这种消费主动性的增强一方面来源于以互联网为标志的信息媒体技术的发展，另一方面来源于现代社会不确定性的增加和人类需求心理稳定和平衡的欲望。网络时代信息技术的发展使消费者能够更方便地进行信息的收集、分析并进行双向沟通，从而在商品选择上拥有更大的主动性。

（三）追求购买的方便和购物乐趣

目前，人们对消费过程出现了两种追求的趋势：一方面，人们的生活节奏加快，消费者会对购物的方便性有越来越高的要求，他们追求时间和劳动成本的尽量节省，希望购物能用较少的时间获得更高的价值，希望少一点麻烦多一些选择，特别是对需求和品牌选择都相对稳定的日常消费者，这一点尤为突出；另一方面，由于劳动生产率的提高，人们可供自由支配的时间增加，购物已经成为某些消费者的生活乐趣，这可以使他们保持与社会的联系，赢得尊重，减少内心孤独感。对这些人而言，购物是一种精神享受。

（四）价格仍是影响消费心理的重要因素

从消费者的角度来说，价格不是决定消费者购买的唯一因素，但却是消费者购买商品时必然要考虑的因素。网上购物之所以具有生命力，重要的原因之一就在于网上销售的商品价格普遍要低于实体店铺的商品。

（五）消费心理稳定性减少，转换速度加快

现代社会发展和变化速度极快，新生事物不断涌现，消费心理受这种趋势带动，稳定性降低，在心理转换速度上趋向与社会同步，在消费行为上则表现为产品生命周期不断缩短，消费品更新速度加快，品种花色层出不穷。产品生命周期的缩短反过来又会促使消费者的心理转换速度进一步加快，消费者求新求变的需求欲望进一步加强。

二、网络消费者的心理表现

（一）从众心理

从众是社会心理学中一种普遍现象，人们生活在一定的社会环境中，有一种希望与自己应归属的社会圈子同步的趋向，既不愿突出，也不想落伍。受这种心理支配的消费者构成了后随消费者群。这是一个相当大的顾客群。研究表明，当某种产品的消费率达到40%后，将会产生该消费品的消费热潮。网上商城购物，如淘宝网、京东商城、当当购物、卓越亚马逊等，将购买某商品的数量、评价等信息完整地挂在本款商品的下面，随后的消费者就会根据前面消费者的购买人数、评价数量、好评度、网友讨论的信息决定是否购买本款商品，这种消费行为就是典型的从众心理反应，并且这种消费者数量非常庞大，必须重视对这种消费者的营销活动。

（二）追求感性消费的心理

多年来消费者一直被假设为是理性群体，但如今，随着经济的发展、社会的进步，部分消费者收入增高，消费者在注重商品质量的同时也开始注重情感的愉悦和满足，因此许多网络消费者从传统的理性消费分化为感性消费。感性消费是指消费者购买商品或服务的目的在于通过消费而满足某种心理倾向。理性消费注重对"物"即商品或服务本身的功能、质量、价格等因素的满足，而感性消费更注重感性满足，如感官的享受、情感的体验、风格的展示、精神的愉悦和个性的张扬等。感性消费时代的到来是生产力发展的必然，也是社会进步的重要标志。

（三）追求便捷的心理

随着现代化的生活节奏使越来越快，促使越来越多的消费者为了节约时间，但同时又可以选择好品质的物品，从而选择网购。与此同时网络提供 24 小时服务，不存在节假日或营业时间限制，茶余饭后就可以搞定网上购物，这也是网购便捷性的一大表现。

（四）追求物美价廉的心理

目前，网上商城与传统商城的同等商品的价格差异是刺激网络消费者选择网上购物的重要因素。由此可见，目前我国网购消费者追求的主要还是物美价廉。

// 案例任务 11-2

要做一名理性的消费者

郑先生是 HX 手机的忠实用户，在他使用 HX 手机前曾有过一次不好的手机网购经历让他记忆犹新。

2018 年郑先生在网上看到一款新手机的广告，听说这款手机功能强大，性能优越，受到了很多消费者的赞美。他决定购买这款手机，并加入了一些手机群组，以了解更多关于这款手机的信息。

在群组中，郑先生看到了很多人讨论这款手机，分享他们的购买体验和感受。他们纷纷赞扬这款手机的各种功能和性能，说这是他们用过最好的手机。郑先生更加坚定了购买决策，觉得自己也需要拥有这样一款优秀的手机。

不久后，郑先生在一个电商平台上看到了这款手机的限时促销，价格也比他的预期要低。他怕错过这个机会，于是立即下单购买了这款手机。他觉得自己做了一个明智的选择，因为他相信这款手机是大家都在赞美的，所以一定不会错。

然而，当郑先生用上这款手机时，他却逐渐发现自己并不喜欢它。手机的操作系统不够流畅，电池续航时间也不长，而且手机的外观也与广告中描述的不同。他开始对自己的购买决策感到后悔，觉得自己受到了其他消费者的误导。

从此以后电子类产品他都要亲身体验后才会购买。

请思考：从这个案例中你有什么收获？

三、网络消费者的购买决策过程

消费者是时代的产物,不同的媒体环境孕育出不同的消费群体。消费者网上购买过程也是网络消费者购买行为形成和实现的过程,从消费者的角度来看,一般可分为五个阶段。

(一)网络消费需求确认

唤起需求是网络消费者购物的起点,需求是由消费者理想状态与现实状态之间的差距引起的。消费者需求有的来自身心的内在刺激,也有的来自外部环境的诱因,对于网络购物来说,诱发需求的动因可以通过文字的表述、图片的设计、声音的配置、视觉冲击等方式。因此可以通过突出网上商店的自身特色、产品的独特性,提高产品的显示效果,采用折扣策略,在物流配送方面及时将消费者订购的产品准确、完好地送到消费者手中,开展灵活多样的促销推广活动等方式来吸引更多的消费者,诱导其消费需求的产生。

(二)网络消费信息收集

消费者为了避免决策失误或减少购买风险会事先通过各种途径收集有关商品的信息。网络营销者应注重消费者教育,满足消费者信息需求,即时修复问题,提高网站的连接速度及网页的响应速度,优化有效搜索引擎。

(三)网络消费商品评估

消费者为了使消费需求与自己的购买能力相匹配,会在广泛收集信息的基础上,对同类产品的信息进行比较、分析与选择,然后根据自身的特点,从中选出"足够好"或"满意"的产品。为了促使消费者购买产品,网络营销要重点抓好产品宣传和推广方面的工作,提升自己的品牌信誉和知名度。例如国内电子商务企业阿里巴巴,为消费者比较选择这个因素专门开设了一个新平台"一淘网",一淘称为"比较购物引擎",所做的不仅是帮助消费者比较价格,还帮助他们比较商家的综合实力、售后服务、商品配送等多个环节,一淘网的开设使得消费者网络购物更加快捷,逐渐形成比较购物。

(四)网络消费购买决策

消费者在进行产品价格、质量、支付方式等方面的比较后,会做出购买某种商品的决策。

(五)网络消费购后行为

消费者在购买商品后,往往在商品的使用过程中对自己的购买选择进行检验和反省,重新考虑购买决策是否正确、效用是否理想、服务是否周到等问题。这种购后评价往往影响消费者的下一次购买决策及消费者的口碑营销。因此网络营销人员必须及时了解顾客的意见及建议,并及时针对相应的问题进行处理。

四、影响网络消费的心理因素

网络营销突破了空间、时间上的限制,非常便捷,已成为不可逆转的趋势,但是还是有些消费者对网上营销"望而却步",只有进一步了解制约消费者网上购物的心理因素,才能打消消费者的疑虑,制定更有效的网络营销策略。

影响网络消费的心理因素

(一)传统购物观念的影响

传统购物模式中,商品都是看得见、摸得着的,商家的产品、规模、服务等都是触手可及的,消费者对于产品的体验更直观,消费者的购物心态会比较放松;网络购物是通过虚拟的网络进行交易的,对于商品的了解只能通过页面的简介或视频的观看,因此对商品的实际形态会存在一定的疑问,购物体验与传统购物完全不同。因此,受传统购物观念的影响,网络营销对于某些特定商品或某些特定人群并不适合。

(二)对网购商品质量缺乏信心

网络营销中一个无法避免的问题就是,所有的关于商品或服务的信息都是通过网页或虚拟的形式表现出来的,这无可避免地会产生虚假信息或虚假商品,使消费者无法鉴别其真伪,无法通过近距离观看、触摸、操作等行为对商品进行直观了解。网络店铺相对于实体店铺而言,更加容易建立和经营,但也更加容易产生虚假的信息和虚假商品,因此消费者对网购商品质量存在谨慎的心理。

(三)担心网络消费的安全性

网络消费的安全性一直是网络消费者关注的重要问题。消费者在进行网络消费时,因为网络安全问题的原因,致使消费者个人的一些重要资料被泄露,甚至钱财等被非法套取或转移,给自己造成不必要损失的现象并不少见。目前,网络交易的安全机制还不健全,很多网络病毒和恶意后台程序也窥视着电脑、手机中消费者的个人数据,而当前的网络防护技术和数据加密技术还不能完全保证网络环境的安全,这在很大程度上影响了网络消费者的积极性。

(四)个人隐私保护不足

随着电子商务的发展,商家不仅要抢夺已有的客户,还要挖掘潜在的客户,因此消费者进行网上购物时,通常需要注册会员,填写相关个人信息,而商家对于个人信息隐私权的保护有时并不到位,容易泄露客户个人信息。由于隐私权得不到保障,许多消费者对网络购物持谨慎的态度。

(五)销售服务保障缺乏

网络的开放性和自由性的特征使得网络营销快速发展,但是与之相关的法律法规却没有完全跟上网络营销的发展步伐。当消费者通过网络购物购买到某种商品或服务时，若在使用的过程中出现了问题或者产品的实际性能与宣传的不相符，那么消费者维权的过程相对于实体店铺而言要麻烦很多。虽然新的消费者权益保护法对网络销售商品的质量问题及其售后做了相关的规定，但是网络购物的地域性问题是消费者在进行维权时面临的最棘手的问题。

◆**课堂讨论**

在互联网为我们带来众多改变的同时，你是否经历过大数据"杀熟"的情况？"杀熟"这个情况你是如何看待的？

单元三　网络营销的心理策略

一、全面提升消费者的网购体验

消费者通过网络购买商品或享受服务，只有消费者整个购物行为结束之后才能看到商品实物，因此，相对于传统的购物方式而言，在网上购物过程中消费者面临着很大的不确定性，这种不确定性表现在很多方面。网络品牌的信誉保证、配送、客服态度等都有可能影响着消费者的购物体验。因此要想提升消费者的购物体验，可以从以下几个方面入手。

网络营销的心理策略

（一）网购商品放心

网上零售品牌的塑造者应该把最核心的价值提供给消费者，对消费者进行精确定位，赢得消费者对该品牌的忠诚度。因此，网上零售商必须提高商品品牌的知名度与信赖度，确保产品质量，从而使消费者对网购商品更有信心。

（二）网购配送细心

网上购物网站必须协调好与配送部门之间的合作关系，建立起一个完善的配送系统，在保证商品及时、安全地到达客户指定地点前提下，使配送更人性、服务更周到。

（三）网购服务用心

在交易中，客服要细致了解顾客的具体问题，耐心地解决问题，全心全意为顾客服务，增进与顾客的关系，提高顾客的购物体验，增强顾客黏度。

如果交易后顾客有不满之处，客服首先要理解顾客的心情，做一个耐心的倾听者，让顾客感受到自己被认同和肯定。认真听取顾客反馈的问题，并安抚顾客情绪，除此之外，进行必要的解释，把顾客遇到的问题判断清楚，然后正确、及时地解决问题，直到顾客满意。

（四）网购价格舒心

产品售出后，可能因为某些特殊节日做一些促销活动，以至于价格比之前销售时低。此时一些降价前购买过的消费者可能因为价格的下调而感到不公，从而产生负面评价。若店铺不支持补差价，为避免这种情况发生，应在店铺主页的显著位置做成情况说明，在顾客咨询时，耐心解释情况；若店铺支持补差价，当遇到这种情况，客服人员要及时回复并请顾客耐心等候。

（五）网购交易安心

努力打造安全的交易机制，在保证安全的前提下，简化交付流程，并积极完善消费者个人隐私保护机制，确保个人信息及购买信息不泄露，让消费者安心网购。

二、网店商品展示符合消费者需求

消费者有时购买的不仅是商品本身，更多的是商品带给他们的利益点，因此，要尽可能地展示出商品能够带给消费者的利益点，博得消费者认可与信任的同时，更多地激发消费者的购买欲，从而为店铺赢得更高的收益率。一个好的产品展示主要包括产品详情页中的信息布置和准确的产品描述，必须能够使消费者直观、明晰地判断产品是否满足其要求，从而缩短购物时间。

三、网购商品折扣优势明显

价格是影响消费者心理和购买行为的重要因素之一，网上店铺因其自身运营的特殊性，其综合成本比传统店铺要低得多，因此有更多的让利空间，可以在综合计算前提下，设置适当折扣，让消费者真正看到实惠，从而增强购买欲望。

四、各网购平台设置合理

网购消费者都有一个共性，那就是追求便捷，因此网购平台的设置尤为重要。我们必须从消费者角度出发，合理设置网购平台，使消费者充分体会网购的便捷性，能够轻松地找到自己心仪的产品，并能和其他产品做出比较，从而满足其购买要求。

总之，随着我国互联网的普及和发展，网络购物必将繁荣发展。但不可否认，现在的网络购物过程中仍有许多不足之处，有一些问题限制了消费者参与网络购物的热情，降低了消费者的满意度，从而使顾客黏度降低，甚至失去顾客。所以，网络购物平台及商家都应该正视这些问题，并以积极的态度改进和完善，促进网络购物的长远发展。

案例分析

你的衣服怎么来的

在ABC服装公司的官网上有一个栏目叫作"你的衣服",这是公司将服装从设计一直到消费者手中经历的环节以视频的方式向消费者和合作商进行展示,其中点击量最高的视频系列叫作"你的衣服是怎么来的",通过四集视频展示了服装设计和工厂生产过程。

第一集从ABC公司的设计部门开始。视频介绍了公司的设计师团队,展示了设计师们的创意和灵感来源。观众可以看到设计师们在工作室里进行头脑风暴,他们通过图纸、色彩和面料样本来创造出不同的服装设计。

第二集展示了ABC公司的样衣制作过程。观众可以看到工匠们如何按照设计师的要求,一针一线地将面料制作成样衣。视频讲述了他们使用的技术和工具,展示了他们的技巧和经验。

在第三集中,ABC公司展示了他们的工厂生产过程。观众可以看到大规模的生产线上忙碌的工人们,他们将面料剪裁、缝制和整理,最终形成一件完美的服装。ABC公司强调自己的品质控制标准,让观众了解到他们如何确保每一件服装都符合高品质的要求。

在最后一集中,ABC公司展示了他们对环保和可持续发展的承诺。观众可以看到ABC公司在生产过程中使用环保材料和技术,以减少对环境的影响。视频还介绍了他们与供应商和合作伙伴的合作,共同推动可持续发展的目标。

【案例分析题】

1. "你的衣服是怎么来的"系列视频观看量最高体现了什么样的消费者心理?
2. ABC服装公司通过纪录片向消费者传达了哪些信息?

模块小结

本模块从网络营销的基本概念入手,介绍了影响消费者网上购物的因素、网上购物的产生与发展、网上购物的决策过程,分析了基于消费心理的网络营销策略。

练习题

一、单项选择题

1. 在网络消费者中,消费者在注重商品质量的同时也开始注重情感的愉悦和满足,这是他们的(　　)心理。

    A. 从众　　　　B. 追求便捷　　　C. 求惠　　　　D. 追求感性消费

2. 网络营销的内容不包括（　　　）。
   A．网址推广　　B．信息发布　　C．市场调研　　D．实体交易

二、多项选择题

1. 网络营销的特点有（　　　）。
   A．时域性　　　　　　　　B．富媒性
   C．整交互合性　　　　　　D．个性化
   E．成长性
2. 网络营销的优势有（　　　）。
   A．即时互动　　　　　　　B．低成本
   C．有利于企业和顾客的良好沟通　　D．有利于企业提供更优质的服务
   E．有利于企业提高产品促销的多媒体效果

三、判断题

1. 网络营销的效果一定优于实体线下营销。（　　）
2. 互联网是网络营销的基础，没有互联网就没有网络营销。（　　）
3. 网络营销不能进行市场调研。（　　）
4. 网购交易安全有利于促进消费者选择网上购物。（　　）
5. 企业应该重视其产品质量以便更好地实现网络营销。（　　）

实训项目

网络营销消费策略分析

一、实训目的

能基于消费心理选择不同的网络营销策略。

二、实训内容

以小组为单位，假设你是一家花卉种植公司的营销主管，公司需要你用传统营销和网络营销两种不同方式对该公司的花卉进行销售，你将会如何设计和操作？

三、实训要求

1. 按教学班级进行分组，每组 5～8 人，按组进行调查。
2. 小组成员针对自身想法逐一陈述分析。
3. 由每组组长负责完成分析报告的撰写。

参 考 文 献

[1] 菲利普·科特勒, 凯文·莱恩·凯勒, 亚历山大·切尔内夫. 营销管理: 第 16 版 [M]. 陆雄文, 蒋青云, 赵伟韬, 等译. 北京: 中信出版社, 2022.

[2] 陆雄文. 管理学大辞典 [M]. 上海: 上海辞书出版社, 2013.

[3] 肯尼思·克洛, 唐纳德·巴克. 广告、促销与整合营销传播: 第 8 版 [M]. 王艳, 等译. 北京: 中国人民大学出版社, 2021.

[4] 王丽丽. 网络营销实战 [M]. 北京: 高等教育出版社, 2021.

[5] 拉姆·查兰. 客户说: 如何真正为客户创造价值 [M]. 杨懿梅, 萧峰, 译. 北京: 机械工业出版社, 2022.

[6] 臧良运. 消费心理学 [M]. 2 版. 北京: 北京大学出版社, 2021.

[7] 黄合水, 曾秀芹. 广告心理学 [M]. 5 版. 厦门: 厦门大学出版社, 2021.

[8] 乔·吉拉德, 凯瑟琳·吉拉德. 销售为王: 从破产到世界冠军 [M]. 张海玉, 译. 南京: 江苏凤凰科学技术出版社, 2022.

[9] 王宗湖, 张婷婷. 消费心理学——理论、案例与实践 [M]. 北京: 人民邮电出版社, 2021.

[10] 白玉苓. 消费心理学 [M]. 2 版. 北京: 人民邮电出版社, 2022.

[11] 冯晓莉. 市场营销基础与实务 [M]. 成都: 电子科技大学出版社, 2021.

[12] 孟迪云. 消费者行为分析 [M]. 北京: 人民邮电出版社, 2020.

[13] 刘燕萍, 沈远强. 推销实务 [M]. 上海: 上海交通大学出版社, 2022.

[14] 李东进. 广告实务: 理论、案例与实训 [M]. 北京: 人民邮电出版社, 2023.

[15] 毕思勇. 市场营销 [M]. 5 版. 北京: 高等教育出版社, 2020.

[16] 安贺新. 销售管理实务 [M]. 4 版. 北京: 清华大学出版社, 2023.